A TRANSIÇÃO
INACABADA

COLEÇÃO ARQUIVOS DA REPRESSÃO NO BRASIL
Coordenação de Heloisa M. Starling

O Brasil contra a democracia: A ditadura, o golpe no Chile e a Guerra Fria na América do Sul, Roberto Simon

Contra a moral e os bons costumes: A ditadura e a repressão à comunidade LGBT, Renan Quinalha

Os fuzis e as flechas: História de sangue e resistência indígena na ditadura, Rubens Valente

Herói mutilado: Roque Santeiro e os bastidores da censura à TV na ditadura, Laura Mattos Soares Quintas

Lugar nenhum: Militares e civis na ocultação dos documentos da ditadura, Lucas Figueiredo

Tanques e togas: O STF e a ditadura militar, Felipe Recondo

A Torre: O cotidiano de mulheres encarceradas pela ditadura, Luiza Villaméa

A transição inacabada: Violência de Estado e direitos humanos na redemocratização, Lucas Pedretti

A TRANSIÇÃO INACABADA

VIOLÊNCIA DE ESTADO E DIREITOS HUMANOS NA REDEMOCRATIZAÇÃO

COLEÇÃO ARQUIVOS DA REPRESSÃO NO BRASIL

LUCAS PEDRETTI

COORDENADORA DA COLEÇÃO
HELOISA M. STARLING

COMPANHIA DAS LETRAS

Copyright © 2024 by Lucas Pedretti

Grafia atualizada segundo o Acordo Ortográfico da Língua Portuguesa de 1990, que entrou em vigor no Brasil em 2009.

CAPA E PROJETO GRÁFICO
Kiko Farkas e Gabriela Gennari/ Máquina Estúdio

FOTO DE CAPA
Décio França/ Arquivo Nacional

PREPARAÇÃO
Débora Donadel

CHECAGEM
Érico Melo

ÍNDICE REMISSIVO
Probo Poletti

REVISÃO
Clara Diament
Luís Eduardo Gonçalves

Dados Internacionais de Catalogação na Publicação (CIP)
(Câmara Brasileira do Livro, SP, Brasil)

Pedretti, Lucas
    A transição inacabada : Violência de Estado e direitos humanos na redemocratização / Lucas Pedretti. — 1ª ed. — São Paulo : Companhia das Letras, 2024. — (Coleção Arquivos da Repressão no Brasil / coordenadora Heloisa M. Starling)

    ISBN 978-85-359-3679-7

    1. Democracia 2. Direitos humanos – Brasil 3. Ditadura – Brasil – História – 1964-1985 4. Violência I. Starling, Heloisa M. II. Título. III. Série.

24-189276   CDD-320.98108

Índice para catálogo sistemático:
1. Brasil : Ditadura militar : História política 320.98108

Cibele Maria Dias – Bibliotecária – CRB-8/9427

Todos os direitos desta edição reservados à
EDITORA SCHWARCZ S.A.
Rua Bandeira Paulista, 702, cj. 32
04532-002 — São Paulo — SP
Telefone: (11) 3707-3500
www.companhiadasletras.com.br
www.blogdacompanhia.com.br
facebook.com/companhiadasletras
instagram.com/companhiadasletras
twitter.com/cialetras

Para Virna, com quem vim até aqui,
e para Marina, por quem vamos daqui em diante.

Era a brecha que o sistema queria
Avisa o IML, chegou o grande dia
Depende do sim ou não de um só homem
Que prefere ser neutro pelo telefone
Ratatatá, caviar e champanhe
Fleury foi almoçar, que se foda a minha mãe
Cachorros assassinos, gás lacrimogêneo
Quem mata mais ladrão ganha medalha de prêmio

O ser humano é descartável no Brasil
Como Modess usado ou Bombril
Cadeia? Guarda o que o sistema não quis
Esconde o que a novela não diz

Ratatatá, sangue jorra como água
Do ouvido, da boca e nariz
O Senhor é meu pastor, perdoe o que seu filho fez
Morreu de bruços no Salmo 23
Sem padre, sem repórter
Sem arma, sem socorro
Vai pegar HIV na boca do cachorro
Cadáveres no poço, no pátio interno
Adolf Hitler sorri no inferno
O Robocop do governo é frio,
não sente pena

Só ódio,
e ri como a hiena

Ratatatá, Fleury e sua gangue
Vão nadar numa piscina de sangue
Mas quem vai acreditar no meu depoimento?
Dia três de outubro, diário de um detento
Mano Brown e Josemir Prado,
"Diário de um detento"

INTRODUÇÃO 11

1. HERÓIS, BANDIDOS OU VÍTIMAS? 29
2. AS CLASSES PERIGOSAS E OS CIDADÃOS DE BEM 45
3. LENTA, GRADUAL E SEGURA 71
4. ENTRE PRESOS POLÍTICOS E PRESOS COMUNS 91
5. AS VÍTIMAS DA DITADURA 108
6. REVANCHISMO E CONCILIAÇÃO 127
7. NUNCA MAIS 140
8. A QUARTA TENTATIVA 154
9. DIREITOS HUMANOS PARA QUEM? 166
10. BANDIDO BOM É BANDIDO MORTO 200
11. ENTRE FARDAS, ÓDIOS E NOJOS 231

AGRADECIMENTOS 259
NOTAS 263
ÍNDICE REMISSIVO 301

INTRODUÇÃO

EM 26 DE JULHO DE 1990, onze moradores da favela de Acari, no Rio de Janeiro, desapareceram. Sequestrados no município de Magé por policiais militares ligados a um grupo de extermínio conhecido como Cavalos Corredores, os jovens nunca mais retornaram para suas famílias. O crime ficou conhecido como Chacina de Acari, sendo a primeira de uma série de chacinas que marcariam o início daquela década — como as do Carandiru (1992), da Candelária e de Vigário Geral (1993), e de Nova Brasília (1994).

No mesmo período, o jornalista Caco Barcellos localizou uma vala comum clandestina no cemitério de Perus, em São Paulo. Desde 1979, familiares de militantes políticos desaparecidos na ditadura militar (1964-85) denunciavam que o local teria sido usado para enterrar seus cadáveres.

Tanto os jovens mortos na Chacina de Acari como os militantes cujas ossadas estavam na Vala de Perus foram indivíduos assassinados por agentes do Estado, provavelmente sob tortura, que tiveram seus corpos ocultados. Apesar das semelhanças no modo como as vítimas foram mortas e da proximidade temporal entre os acontecimentos, a sociedade e as instituições estatais não consideraram os dois eventos fenômenos da mesma natureza.

A Vala de Perus foi compreendida como um problema relacionado aos chamados "mortos e desaparecidos políticos", entendidos como vítimas da ditadura recém-encerrada no país. Após sua localização, a Câmara de Vereadores de São Paulo instaurou uma comissão parlamentar de inquérito (CPI) sobre o tema. Foi o passo inicial de uma longa trajetória, que se desdobraria ao longo das décadas seguintes na forma de políticas públicas, como a Comissão Especial sobre Mortos e Desaparecidos Políticos (CEMDP), criada pela lei nº 9.140 de 1995; a Comissão de Anistia (CA), instituída pela lei nº 10.559 de 2002; e a Comissão Nacional da Verdade (CNV), estabelecida pela lei nº 12.528 de 2011.

Apesar das diferenças, as comissões partiam de um ponto comum. Tinham como objetivo reconhecer, esclarecer e reparar atos do regime autoritário tidos como *violências políticas* praticadas contra opositores do regime. O caso da Vala de Perus deixa isso evidente: embora houvesse mais de mil ossadas no local, os esforços institucionais se voltaram para a identificação de apenas algumas dezenas — as que possivelmente pertenciam aos militantes oposicionistas do regime militar.

A Chacina de Acari, por sua vez, seria compreendida publicamente a partir de outras referências. Ela não foi vista como uma violência política. Aquele era um problema relacionado à *violência urbana*. E se nos primeiros anos do regime inaugurado com a Constituição de 1988 a violência política era digna de repúdio, a violência urbana gerava outras respostas. Os personagens que surgiam — e surgem até hoje — no imaginário social quando se fala desse tema não são opositores de um regime autoritário, mas jovens negros moradores de favelas e periferias, todos percebidos como "bandidos" por um senso comum racista.

Poucos anos antes desses acontecimentos, em 1986, nas primeiras eleições realizadas após a saída do último general-ditador do poder, o deputado estadual mais votado do Brasil havia sido Afanásio Jazadji, um radialista que fez sua carreira louvando a violência policial. Já eleito, defendeu publicamente que era preciso dar "cacete em bandidos para arrancar a verdade". Para se defender de críticas, justificou: "Não admito tortura para presos políticos, mas para o bandido comum reconheço que em certos casos o policial não tem outra ferramenta que não seja a força bruta para arrancar a verdade".[1] A fala é reveladora de como, no final da longa abertura política, essa dicotomia rígida entre os presos políticos e os "bandidos comuns" já estava consolidada, sendo explicitamente reafirmada pelos atores sociais.

Por isso, para casos como os da Chacina de Acari, não houve comissões da verdade, programas de reparação ou políticas de memória. Pelo contrário. A resposta que a Nova República ofereceu foi o aprofundamento das formas de violência do Estado contra essas pessoas, como o encarceramento e o extermínio. No lugar de um repúdio discursivo a essa violência, o regime democrático pós-1988 foi marcado pelo crescimento das visões de mundo que entendem a tortura, a execução e o desaparecimento desses jovens como legítimos e mesmo desejáveis.

Mas como e por que a democracia brasileira, conquistada depois de mais de duas décadas de ditadura, convive com uma separação tão radical entre uma tortura inadmissível e uma tortura desejável? Essa questão é o ponto de partida deste livro, e o caminho que proponho para refletir sobre ela é recuperar os debates sobre direitos humanos e violência de Estado ocorridos ao longo da abertura política.

"Nas favelas, a ditadura nunca acabou." Essa é uma frase que os movimentos sociais de favelas e o movimento negro usam para chamar a atenção para o fato de que a democracia construída após o regime autoritário não chegou para todos da mesma forma. Diante de inúmeras chacinas e de outros casos de graves violações dos direitos humanos cometidas por agentes do Estado todos os dias, esses setores apontam como é frágil a ideia de que autoritarismo e violência de Estado ficaram no passado.

Durante os trabalhos da Comissão Nacional da Verdade, instalada em 2012 para investigar os crimes dos militares no período da ditadura, essa ideia apareceu com frequência. À medida que as investigações da CNV avançavam, cresciam os questionamentos sobre os silêncios da comissão em relação a sujeitos e grupos sociais que seguiam sendo alvos de violência.

Em 2013, por exemplo, policiais da Unidade de Polícia Pacificadora (UPP) da favela da Rocinha, no Rio de Janeiro, prenderam arbitrariamente, assassinaram sob tortura e desapareceram com o corpo do pedreiro Amarildo Dias de Souza. A ação remontava de forma muita evidente a práticas típicas do autoritarismo, revelando que a ditadura seguia de várias maneiras no presente da democracia.

As críticas sobre essa limitação da Comissão Nacional da Verdade ampliaram o interesse nas discussões acadêmicas e no debate público por agendas até então praticamente inexistentes sobre a ditadura. Ao olhar para um presente em que o Estado não parava de produzir vítimas, por sua ação ou omissão, era inevitável se questionar sobre como o regime iniciado em 1964 havia impactado aqueles que, mesmo na democracia, não deixaram de ter seus direitos humanos violados.

Nesse cenário, militantes e pesquisadores intensificaram as críticas à forma pela qual essa noção de violência política foi historicamente compreendida no Brasil.[2] Essa categoria delimitava a compreensão pública das características da violência da ditadura e de quem havia sido por ela atingido, constituindo uma imagem da vítima que, em geral, remetia a jovens guerrilheiros ou integrantes do movimento estudantil, majoritariamente homens, brancos, universitários, oriundos das classes médias ou altas e dos centros urbanos do Rio de Janeiro ou de São Paulo.

Em dezembro de 2014, a Comissão Nacional da Verdade apresentou seu relatório final. Ele era composto de três volumes. O primeiro apresentava uma descrição aprofundada do que havia sido a ditadura, inclusive nomeando responsáveis pelos crimes. Era complementado pelo terceiro volume, no qual havia perfis individuais de 434 pessoas consideradas as vítimas do regime, com uma análise circunstanciada de cada caso.

O segundo volume tinha um caráter distinto. Trazia textos temáticos, assinados apenas por membros específicos do colegiado, o que diminuía sua força como documento oficial. Foi nele que a Comissão buscou dar conta dessas críticas, incluindo textos sobre a violência contra os trabalhadores urbanos e rurais, os povos indígenas e a população LGBTQIA+. Ainda assim, outros temas estavam ausentes — como a violência contra a população negra e os moradores de favelas. A exceção era o tema da violência contra as mulheres, tratada em um capítulo muito robusto no primeiro volume do relatório.

É impossível não notar a tensão que esse formato do relatório final expressa. O texto sobre indígenas, por exemplo, traz logo em seus primeiros parágrafos a seguinte afirmação: "Como resultados dessas políticas de Estado, foi possível estimar ao menos 8350 indígenas mortos no período de investigação da CNV, em decorrência da ação direta de agentes governamentais ou da sua omissão".[3] Ora, mas como é possível que o mesmo relatório fale de milhares de indígenas assassinados no período, mas aponte oficialmente a existência de 434 vítimas?

"É positivo para quem lutou para sair da invisibilidade o fato de que a Comissão da Verdade tenha relatado aqueles anexos", afirmou o ex-preso político Gilney Viana sobre a existência do segundo volume do relatório da CNV. Viana, que naquele momento ocupava um cargo no governo federal, apresentou suas considerações em uma audiência pública no Senado Federal, no dia seguinte à entrega do documento. Ele se direcionou diretamente a Pedro Dallari, último coordenador da CNV: "Porque vocês na verdade colocaram duas categorias de mortos e desaparecidos, são 434 e são os milhares de povos indígenas e os milhares de camponeses. Isso, a meu ver, é o ponto mais débil deste relatório. É o ponto mais débil. É fraco, é fraco. É o ponto fraco".[4] Após a entrega do relatório, multiplicaram-se as pesquisas e investigações conduzidas por acadêmicos, movimentos sociais ou comissões da verdade setoriais acerca das questões silenciadas pela CNV.

Iniciativas como a Comissão Camponesa da Verdade e os trabalhos de pesquisadores como Leonilde de Medeiros, Fabrício Teló e Alessandra Gasparotto mostram como as lutas por terra e os conflitos fundiários estiveram no centro de inúmeras disputas desde antes do golpe de 1964.[5] Com isso, diversas formas de violência estatal e paraestatal foram direcionadas contra os trabalhadores rurais durante o regime ditatorial, tais como a prisão arbitrária, a tortura e o assassinato de lideranças sindicais, das Ligas Camponesas e de outras entidades de trabalhadores do campo.[6] O próprio Gilney Viana é autor de um estudo que aponta para mais de 1200 casos do tipo.[7]

Junto dos camponeses, os trabalhadores urbanos também foram profundamente atingidos pela ditadura. Desde as pesquisas de René Dreifuss, sabe-se que a aliança empresarial-militar que deu origem ao golpe tinha um projeto econômico para o país, baseado no aprofundamento das desigualdades sociais.[8] Mais recentemente, autores como Pedro Henrique Pedreira Campos têm amplificado o nosso conhecimento sobre o quanto essa cumplicidade empresarial com o regime autoritário causou danos profundos à classe trabalhadora, representados pela perda de poder de compra, pelo aumento de acidentes de trabalho, pelo sufocamento de suas entidades representativas, pelas perseguições e demissões nos locais de trabalho, entre muitas outras formas de violência.[9]

Quanto aos povos indígenas, os trabalhos de antropólogos, historiadores e jornalistas como Orlando Calheiros, Marcelo Zelic e Rubens Valente apontam para um verdadeiro etnocídio perpetrado pela ditadura militar.[10] Como argumenta Calheiros, diante do ideal político do regime pautado no binômio "desenvolvimento e segurança", que tinha como uma de suas expressões maiores o objetivo de explorar a região amazônica, a própria existência indígena passou a representar um contraponto ao projeto nacional dos militares. Daí se desdobrou uma série de violências contra esses grupos, que iam desde o contágio deliberado por doenças até a utilização de armas químicas contra aldeias inteiras. É a partir desses casos que a CNV aponta para o total de mais de 8 mil indígenas vitimados.

Em relação à população LGBTQIA+, destacam-se as pesquisas de autores como Renan Quinalha, James Green e Benjamin Cowan.[11] Os estudos demonstram que o projeto dos militares para o país continha também uma importante dimensão moral, baseada na cis-heteronormatividade — eram a "moral e os bons costumes", que deveriam ser protegidos pelo Estado. Para além disso, a perspectiva autoritária e conspiratória dos militares entendia outras formas de vivenciar a sexualidade como tentativas de subverter a ordem social e, consequentemente, o regime político. Com isso, a ditadura perpetrou um amplíssimo rol de formas de controle e repressão ao cotidiano, bem como às expressões artísticas e políticas da comunidade LGBTQIA+.

Como afirmei, essas temáticas chegaram a ser objeto de capítulos, ainda que com limites significativos, do relatório da CNV. O informe, no entanto, silenciava em absoluto sobre as violências perpetradas nas favelas e periferias e contra a população e os movimentos negros.

Trabalhos como os de Thula Pires e Gabrielle Abreu têm apontado as profundas imbricações entre a Doutrina de Segurança Nacional dos militares e o mito da democracia racial.[12] Sustentando a ideia de que o Brasil seria um país sem racismo, a ditadura mobilizou todo o seu aparato repressivo para monitorar e reprimir as formas de associação cultural e políticas baseadas na luta antirracista e na celebração da identidade negra, que ganharam extraordinária força nos anos 1970. As pesquisas mostram, ainda, que para além da repressão às formas organizadas de atuação do movimento negro, o regime autoritário foi um momento de aprofundamento do racismo institucional das forças de segurança do Estado, que teve como consequência, por exemplo, o aumento expressivo de esquadrões da morte e de grupos de extermínio, cuja atuação tem como vítimas majoritárias a juventude negra e periférica.

No que diz respeito à atuação do regime nas favelas e periferias, ganham destaque trabalhos como os de Marco Pestana, Juliana Oakim, Mauro Amoroso, Rafael Soares e Mario Brum.[13] Essas pesquisas comprovam que, atendendo a interesses da especulação imobiliária, o regime despendeu enormes recursos para viabilizar programas de erradicação de favelas baseados na remoção forçada violenta dos moradores. Em meio a esses processos, houve intensa perseguição e repressão a lideranças e entidades das associações de favelas. Do mesmo modo, o cotidiano desses espaços da cidade passou a ser cada vez mais controlado e reprimido, sobretudo a partir do aprofundamento da autonomia, da militarização e da impunidade das forças policiais.

Sabemos, portanto, que as violências perpetradas pelo regime autoritário foram amplamente disseminadas. Mas por que apenas algumas delas passaram a ser nomeadas como políticas? Por que somente alguns sujeitos e grupos foram reconhecidos como vítimas da ditadura? Ao perseguir essa resposta, podemos compreender as razões pelas quais a sociedade brasileira, durante a redemocratização e ao longo da Nova República, passou a repudiar de forma simbólica apenas certas formas de violência — ou melhor, passou a repudiar a violência quando ela era destinada a determinadas pessoas e corpos.

"Mas quem vai acreditar no meu depoimento?" Com essas palavras, os Racionais MC's encerram a música "Diário de um detento", que escolhi como epígrafe para este livro. O rap narra os dias que antecederam o Massacre do Carandiru, chacina perpetrada em 1992, que, segundo a versão oficial, deixou 111 mortos na Casa de Detenção de São Paulo. O trecho é outra forma de enfatizar a questão que tento responder aqui. Afinal, por que determinados depoimentos de violência são socialmente apreendidos como legítimos — isto é, encontram quem neles acredite — enquanto outros permanecem sem qualquer acolhida?

Muitos trabalhos acadêmicos têm se dedicado a compreender como se estabelece a figura da vítima, tão presente nas sociedades contemporâneas. Essas reflexões mostram que não é o tipo da violação sofrida por um sujeito ou um grupo — ou seja, a brutalidade do ocorrido — que leva à caracterização como vítima de uma violência ilegítima. Esse reconhecimento social depende da forma pela qual os fatos ocorridos são descritos, nomeados, classificados na arena pública.[14] Isso não significa relativizar o sofrimento dos que logram ser considerados vítimas, mas apenas exige a compreensão de como essa é uma categoria social e historicamente construída.

A filósofa Judith Butler nomeia esse fenômeno "distribuição desigual do luto". Com o termo, ela chama a atenção para o fato de que, em qualquer sociedade, algumas mortes são mais pranteadas que outras — e essa diferença corresponde, evidentemente, ao valor que essa mesma sociedade atribui àquelas vidas.[15] Assim, marcadores sociais de classe, de raça, de gênero e de território importam para definir quem é digno do luto coletivo.

No entanto, muito antes de Butler, no início dos anos 1950, o intelectual Aimé Césaire já havia formulado uma crítica incisiva nesse sentido. Em seu clássico *Discurso sobre o colonialismo*, Césaire, uma das grandes referências do movimento da *négritude*, chamou a atenção para o fato de que, do ponto de vista das práticas de violência, o Holocausto tinha muita semelhança com aquilo que, por décadas, as potências imperialistas europeias haviam promovido nas suas colônias na África e na Ásia.[16] O intelectual ressaltava, então, que o choque e o repúdio dos europeus não eram causados exatamente pela brutalidade daquelas práticas, mas sim pelo fato de que a violência havia sido promovida na Europa, contra homens brancos.

No nosso caso, assim como se construiu essa dicotomia entre o político e o comum, outras clivagens também foram estabelecidas ao longo da abertura política: entre passado e presente; entre ditadura e democracia. Hoje, esses binarismos são tomados como naturais. Isto é, a violência do Estado promovida no passado contra militantes políticos contrários a uma ditadura é vista como distinta, em sua essência, de outras formas de violações de direitos perpetradas por agentes estatais. No entanto, essas fronteiras possuem uma história. Elas foram estabelecidas como resultado de intensas disputas, as quais tento recuperar neste livro.

No entanto, meu objetivo não é oferecer uma resposta definitiva à pergunta sobre quais violências do regime devem ser nomeadas como políticas. Em outros termos, não se trata de um esforço normativo. Pelo contrário: a questão é narrar e descrever a história da conformação da própria ideia de violência política durante a redemocratização, apontando os grupos, sujeitos e formas de violência que a definição abarcava, mas também aqueles que foram excluídos dessa classificação.

Em outro trecho de "Diário de um detento", os Racionais MC's sentenciam: "Cadeia? Guarda o que o sistema não quis". A ideia nos permite compreender os milhares de prisões de opositores políticos durante a ditadura instaurada com o golpe de 1964. Naquele momento, projetos alternativos de país não tinham espaço. Opositores do regime eram apresentados publicamente como "terroristas" e "subversivos", e à luz dessa caracterização tornou-se legítimo bani-los da convivência pública.[17] O sistema não os queria, por isso a cadeia era seu lugar.

Na virada dos anos 1960, as oposições começaram a utilizar uma nova arma contra a ditadura: o discurso dos direitos humanos. As torturas, os assassinatos e os desaparecimentos forçados passaram a ser descritos como "violações aos direitos humanos", uma categoria que então ganhava força no mundo todo. Tanto setores liberais que haviam apoiado o golpe como grupos da esquerda revolucionária que antes viam os direitos humanos como mera formalidade burguesa passaram, aos poucos, a incorporar essa bandeira.

Começaram, então, a se multiplicar as denúncias sobre as violências perpetradas pelo regime. Primeiro, no exterior, pelas mãos de exilados e suas redes de apoio. Aos poucos, as notícias da repressão também passaram a circular no país, sobretudo a partir de casos emblemáticos que o regime não conseguia silenciar, como os assassinatos de Alexandre Vannucchi Leme, em 1973, e de Vladimir Herzog, em 1975.

À luz da linguagem dos direitos humanos e da força dessas denúncias, os opositores passaram a disputar com o regime como nomear as práticas da ditadura e os sujeitos por elas atingidos. Como resultado desses conflitos classificatórios, a imagem pública dos presos políticos foi sendo paulatinamente transformada. De perigosos subversivos, eles passaram a ser vistos como vítimas de uma violência injusta e ilegítima.

Essa disputa chegou ao ápice durante os debates sobre a anistia, que ganharam força na segunda metade dos anos 1970. A medida significaria o perdão jurídico aos sujeitos por ela beneficiados, representando, na prática, uma confirmação de que a violência perpetrada pelo regime contra esses opositores havia sido injusta. Seus efeitos imediatos seriam a reversão de atos como cassações e aposentadorias compulsórias, o retorno de exilados e a libertação de presos políticos. Ora, se a cadeia guarda o que o sistema não quer, definir quem se beneficiaria da anistia significaria, em última instância, estabelecer quem eram aqueles que poderiam ser vistos como participantes legítimos da vida pública.

Por isso, os conflitos acerca da medida foram intensos. E eles não se restringiram à oposição entre o regime e a sociedade civil. No âmbito dos movimentos sociais, surgiram inúmeras possibilidades sobre seu possível alcance. Embora tenha se consagrado na memória coletiva a palavra de ordem da anistia "ampla, geral e irrestrita", havia outras concepções em jogo. Alguns grupos não queriam a anistia "irrestrita", que abarcaria os militantes da luta armada. Outros aceitavam a proposta de uma anistia que beneficiasse também os militares responsáveis por torturas e assassinatos.

Mas havia, ainda, aqueles que demandavam que a medida fosse estendida também para os chamados presos comuns, argumentando que essa clivagem entre presos políticos e presos comuns reproduzia desigualdades e silêncios. Organizações como o Movimento Negro Unificado (MNU) e a Comissão Teotônio Vilela produziram, a partir de diferentes lugares, reflexões e ações políticas voltadas para afirmar que indivíduos encarcerados, mesmo sem qualquer militância, também deveriam ter seus direitos humanos respeitados. Essa ideia de que todos os seres humanos precisam ter sua dignidade preservada chegaria a ocupar o centro da agenda dos governos estaduais de Leonel Brizola (PDT) e Franco Montoro (PMDB), eleitos em 1982.

Para além do debate no âmbito da sociedade civil, o regime também formulou sua proposta de anistia. Era restrita, porque não incluía os militantes revolucionários, e era baseada antes de tudo no objetivo de garantir a não responsabilização dos militares. E, de fato, esses foram os termos da Lei da Anistia aprovada em agosto de 1979.

No entanto, por mais que o texto legal tenha definido esses limites para a anistia, as denúncias de violações perpetradas pela ditadura seguiram se multiplicando na arena pública. Ao contrário do que desejavam os militares, o debate sobre a violência do regime não foi interrompido depois de 1979. Pelo contrário, novos testemunhos e novas ações vieram à tona, afirmando a legitimidade da luta dos opositores — inclusive os que haviam optado pela luta armada. Aos poucos, aqueles que antes haviam sido enquadrados como "subversivos" e "terroristas" também foram sendo reincorporados política e moralmente pelo conjunto da sociedade.

Ao mesmo tempo, porém, o regime também lançou mão de uma grande operação política e discursiva, a partir da qual começou a reenquadrar a narrativa sobre o golpe, a ditadura e o papel das Forças Armadas nesses processos. Em meio à sua autoproclamada "distensão lenta, gradual e segura", os militares formularam a noção de que a anistia deveria significar o "esquecimento" do passado e a "reconciliação" da sociedade. Outros projetos de abertura política, notadamente os que buscavam o esclarecimento dos crimes e a punição dos torturadores, passaram a ser considerados formas de "revanchismo" e estariam colocando em risco a possibilidade de se construir uma democracia.

Esse discurso encontrou adeptos entre os setores mais moderados da oposição e se impôs. Foi o que deu o tom dos principais momentos desse longo processo de redemocratização, também no pós-anistia: as eleições de 1982, a campanha pelas "Diretas Já", a sucessão indireta de 1984 e a Assembleia Nacional Constituinte de 1987-8. Com base nessas ideias, os militares e seus aliados conseguiram garantir que o limitado reconhecimento simbólico da existência de vítimas da ditadura não representasse transformações práticas profundas. Mesmo durante a redação da Constituição de 1988, em meio a um importante processo de participação popular, as Forças Armadas asseguraram, com um forte lobby de bastidores e com escancaradas formas de pressão, que o texto da nova Carta Magna fosse bastante limitado no que diz respeito ao enfrentamento do legado da ditadura.

Assim, a democracia brasileira pós-regime autoritário herdou uma estrutura altamente militarizada do Estado. De um lado, isso se expressa na manutenção de Forças Armadas privilegiadas e insubmissas ao controle civil, além de altamente politizadas. Uma corporação militar que seguiu estabelecendo como missão a de atuar como poder moderador, cuja função maior seria o combate às esquerdas. De outro lado, essa militarização se traduz na arquitetura institucional da segurança pública que segue operando na lógica de uma guerra contra inimigos internos. Ou seja, polícias militares estaduais igualmente insubmissas a formas de controle externo e democrático.

Assim, a sociedade seguiu sendo atravessada por dois grandes imaginários no que diz respeito à violência de Estado. No primeiro, referente às práticas do regime autoritário contra seus opositores, há certo reconhecimento simbólico da existência de vítimas da ditadura, que, no entanto, é limitado pelo discurso em que é preciso "esquecer" dessa violência em nome da "conciliação". No segundo, que diz respeito à violência cotidiana perpetrada pelas polícias, impera a visão de que "bandido bom é bandido morto", e que a solução do problema da violência urbana é aumentar a repressão estatal.

Diante desse cenário, em plena democracia, as forças de segurança seguiram produzindo prisões arbitrárias, torturas e mortes nas favelas, nas periferias e no campo. As chacinas se multiplicaram. Nunca as polícias mataram tanto. Só no estado do Rio de Janeiro, entre 1998 — quando o Instituto de Segurança Pública iniciou a contagem — e 2018 — primeiro ano do governo de Jair Bolsonaro —, as polícias mataram 17 473 pessoas, segundo os dados do próprio ISP. Uma média de mais de 800 por ano.

Além disso, da Operação Rio, em 1992, à Intervenção Federal de 2018, passando pelas operações de garantia da lei e da ordem (Glos), cada vez mais as Forças Armadas foram mobilizadas para atuar no âmbito da segurança pública, deixando também seus mortos pelo caminho — como o músico Evaldo Rosa, morto em abril de 2019 por militares do Exército brasileiro.

Muitos dos que trabalhavam, pesquisavam ou militavam nesse campo que chamamos de lutas por Memória, Verdade, Justiça e Reparação compartilhavam da expectativa de que com a Comissão Nacional da Verdade haveria avanços concretos. Sobretudo na direção da incorporação definitiva dos recortes de raça, classe, gênero, orientação sexual e território nos debates e nas políticas públicas sobre a violência ditatorial. Mas a publicação do relatório final da CNV, em dezembro de 2014, foi um processo quase melancólico. Diante de uma eleição presidencial extremamente polarizada em 2014, marcada pela ascensão da chamada nova direita, a cerimônia de entrega do documento ocorreu praticamente a portas fechadas.

A despeito da emoção da presidenta Dilma Rousseff (PT) ao receber o informe, poucos encaminhamentos práticos foram dados às recomendações da CNV no seu novo governo. Dali em diante, a conjuntura política seguiu mudando radical e velozmente. Em 2016, ocorreu o golpe parlamentar na forma de um impeachment ilegítimo, durante o qual o então deputado federal de extrema direita Jair Bolsonaro dedicou seu voto a um dos maiores torturadores da ditadura, Carlos Alberto Brilhante Ustra. Já no governo de Michel Temer (PMDB), os militares retornaram ao primeiro plano da cena política, e com eles as visões que relativizavam, legitimavam e mesmo comemoravam a violência da ditadura militar.

Nesse novo cenário, não apenas se tornou impossível vislumbrar qualquer novo avanço nas políticas públicas existentes, como, na verdade, elas passaram a atuar sob constantes ameaças de desmonte. O que estava ruim entre 2016 e 2018 piorou de forma contundente com a eleição de Bolsonaro para a Presidência da República.

Bolsonaro, um militar, fez sua carreira política como um deputado do baixo clero do Congresso, defensor de pautas corporativas da caserna e de agendas conservadoras. Foi um dos agentes mais importantes da visão punitivista e repressora que demandava mais violência policial como forma de responder ao problema da segurança pública durante a Nova República. Por exemplo, em outubro de 2018, falou abertamente em defesa de grupos de extermínio:

> Quero dizer aos companheiros da Bahia — há pouco ouvi um parlamentar criticar os grupos de extermínio — que enquanto o Estado não tiver coragem de adotar a pena de morte, o crime de extermínio, no meu entender, será muito bem-vindo. Se não houver espaço para ele na Bahia, pode ir para o Rio de Janeiro. Se depender de mim, terão todo o meu apoio, porque no meu estado só as pessoas inocentes são dizimadas. Na Bahia, pelas informações que tenho — lógico que são grupos ilegais —, a marginalidade tem decrescido. Meus parabéns![18]

Apesar de expressar suas ideias de forma exacerbada, Bolsonaro sempre encontrou muitos colegas parlamentares que pensavam da mesma maneira e defendiam medidas semelhantes. Do mesmo modo, essas ideias encontravam significativo respaldo em parcela da sociedade.

Mas Bolsonaro tinha outra faceta. Ele foi um dos poucos atores políticos da Nova República que nunca aceitou as regras do jogo democrático pós-1988, segundo as quais a violência política era inaceitável. "Eu sou favorável à tortura, tu sabe [sic] disso. E o povo é favorável a isso também", disse o então parlamentar em 1999, sugerindo que houvesse um pau de arara na sala de uma CPI.[19] Segundo ele, o erro da ditadura teria sido torturar e não matar:

> Através do voto você não vai mudar nada nesse país, nada, absolutamente nada. Você só vai mudar, infelizmente, quando um dia nós partirmos para uma guerra civil aqui dentro. E fazendo um trabalho que o regime militar não fez, matando uns 30 mil. Começando com FHC, não deixando ir para fora, não. Matando! Se vai morrer alguns inocentes [sic], tudo bem.[20]

Bolsonaro rompia, sem melindres, com a dicotomia que marcara a Nova República desde o início, segundo a qual era aceitável apoiar a violência como resposta ao problema da segurança pública, mas inadmissível defender a violência estatal como arma do jogo político. Diferente, portanto, do discurso dominante que repudiava a violência política, mas aceitava as violações de direitos humanos nas favelas e periferias, o deputado defendia a legitimidade de ambas.

Em 2018, Bolsonaro se candidatou à Presidência da República. Durante a campanha, manteve o tom. Na entrevista ao *Jornal Nacional*, defendeu policiais assassinos:

> Não se pode tratar essa gente como um ser humano normal, que tem que ser respeitado, uma vítima da sociedade. Nós temos que fazer o que em local que você possa deixar livre da linha de tiro as pessoas de bem da comunidade? Ir com tudo para cima deles, e dar para o policial, dar para o agente da segurança pública, o excludente de licitude. Ele entra, resolve o problema. Se matar 10, 15 ou 20 com 10, 15, 30 tiros cada um, ele tem que ser condecorado, e não processado.[21]

Ao mesmo tempo, em um já célebre discurso, falou com todas as letras em "fuzilar a petralhada", enquanto utilizava o tripé de uma câmera para imitar o gesto de disparo com uma metralhadora.

Em 28 de outubro daquele ano, Jair Bolsonaro foi eleito.

Uma das grandes contribuições da história como campo do saber é recuperar o sentido de imprevisibilidade dos períodos históricos estudados — aquilo que o historiador alemão Reinhart Koselleck chamou de "horizonte de expectativas".[22] Perceber que o presente foi um dos desdobramentos possíveis do passado, entre inúmeras outras possibilidades que estavam abertas, é algo que nos permite imaginar futuros diferentes.

Como sabemos o que efetivamente aconteceu nas décadas seguintes à ditadura militar — e quais os contornos, os limites e as potências da democracia prometida pela Constituição de 1988 —, tendemos a imaginar que não seria possível ser diferente. Revisitar os debates sobre direitos humanos e violência durante a abertura política tem o objetivo neste livro de tentar recuperar o amplo horizonte de expectativas oferecido. Espero mostrar que a democracia em que vivemos nas últimas décadas foi um dos resultados possíveis da abertura.

Foram nossas escolhas políticas, enquanto sociedade, que nos levaram a um regime que permite nossa vivência com números de violência que se assemelham a países em guerra; que sustenta uma das desigualdades mais brutais do planeta; que aceita a tortura, a morte e o desaparecimento forçado de parcelas significativas da sociedade, a depender da cor de pele e do local de moradia.

Havia, contudo, projetos distintos para o país. Elaboradas por movimentos sociais, por organizações de direitos humanos, por intelectuais ou por grupos político-partidários, muitas foram as tentativas de se dizer que um regime, para merecer a alcunha de democrático, não poderia ter tais características.

Esses projetos foram, no entanto, derrotados. As escolhas feitas pela sociedade brasileira definiram os contornos do que viveríamos nos anos e nas décadas seguintes. Passamos a conviver tranquilamente com políticos que faziam elogios públicos a grupos de extermínio e milícias. Acreditamos ser natural que programas policiais passassem nas rádios e nas televisões, durante horas, clamando por mais sangue, por mais mortes, por mais violência. Entendemos que, em nome de uma punição rápida e eficaz, regras como a presunção de inocência, o devido processo legal, o direito de defesa eram exageros desnecessários. Alimentamos um desejo de punição que confundia justiça com vingança. Com isso, chegamos a Bolsonaro.

Hoje, vivemos os termos de um novo processo de reconstrução do país pós-governo autoritário. As circunstâncias são diversas daquelas da abertura política que se seguiu à ditadura militar, embora existam semelhanças. No marco dos sessenta anos do golpe de Estado e da necessidade de enfrentar os legados do que se convencionou chamar de "bolsonarismo", há muito a aprender com um olhar atento para a redemocratização.

Um dos motes que permitiu a constituição da frente ampla que derrotou Bolsonaro nas eleições de outubro de 2022 foi a defesa da democracia. Após o Oito de Janeiro, a tentativa de golpe de 2023, tornou-se ainda mais forte o coro, vocalizado por vários setores sociais, sobre a necessidade de construir formas de resguardar e defender o regime democrático contra a ameaça representada pelo bolsonarismo. Mas o que significa, na prática, essa defesa? Quais falas e atos recebem o repúdio dessa parte da sociedade que se entende como defensora da democracia?

Bolsonaro buscou, ao longo de todo seu mandato, deslegitimar o sistema eleitoral e pavimentar o caminho para sua manutenção no poder por meio de uma série de ensaios de golpe de Estado. Em setembro de 2021, houve o mais barulhento deles. Na ocasião, muito se falou sobre o risco de uma politização das forças policiais. Havia no ar uma tensão, e muitos analistas se perguntavam sobre o que aconteceria se as polícias estaduais resolvessem aderir a uma aventura. Mas a tentativa golpista não prosperou, e o país respirou aliviado, convicto de que suas polícias estavam protegidas dos riscos do extremismo ideológico e da politização.

Menos de dois meses depois, houve mais uma chacina na favela do Salgueiro, em São Gonçalo, Rio de Janeiro. Desta vez, os ardorosos defensores da democracia não julgaram ter motivos para se preocupar. Com a certeza de que a violência policial que se reproduz todos os dias na forma do genocídio da população negra ficará restrita aos territórios, corpos e grupos historicamente vistos como matáveis e torturáveis, parte significativa dos nossos ditos democratas acha possível ignorar — ou mesmo aplaudir e apoiar de forma tímida — essas chacinas, tal como aconteceu, no início dos anos 1990, com as de Acari, Vigário Geral, Candelária, Carandiru e Nova Brasília.

É preciso lembrar que o fascismo cresce em meio ao silêncio daqueles que têm a plena certeza de que a violência não os atingirá. Fortalecido, ele então emerge e estende seus tentáculos também sobre os que julgavam estar resguardados. Daí, instaura-se a indignação coletiva, quando a luta contra o extremismo e em defesa da democracia se torna uma prioridade. Uma vez restabelecida a ordem em que a barbárie atinge apenas o Outro, então voltamos à normalidade e ao silêncio.

Essa lógica só poderá ser rompida quando entendermos que essa violência, que não costuma ser entendida como *política*, mas como algo *comum*, for enfrentada de forma definitiva. Um país pós-bolsonarista que repudie os golpistas do Oito de Janeiro, mas que siga aceitando as chacinas policiais e o racismo institucional, seguirá convivendo com os mesmos limites que marcaram nossas escolhas após 1988. Estaremos, assim, apenas adiando mais um ciclo de violência e autoritarismo.

1. HERÓIS, BANDIDOS OU VÍTIMAS?

"POR QUE PRESOS POLÍTICOS?", anotou João Batista Figueiredo a lápis, na margem de uma carta datada de maio de 1975, assinada por militantes presos na ilha Grande. O documento que Figueiredo, então chefe do Serviço Nacional de Informações (SNI), tinha em mãos era uma denúncia de violências sofridas pelos signatários, e um anúncio de que eles ficariam em greve de fome até que fosse respeitada sua "dignidade de presos políticos".[1]

A carta não era uma ação isolada. A partir do final dos anos 1960, iniciativas voltadas para denunciar as práticas repressivas da ditadura cresceram de forma significativa — primeiro no exterior, depois no país. Também não era isolada a visão expressa por Figueiredo em sua anotação. Enquanto as denúncias se multiplicavam e ganhavam força, o regime tentava negar a violência e a própria existência de pessoas detidas em razão de sua atuação política.

O texto dos presos e a reação de Figueiredo colocam em evidência um conflito relevante que existia naquele momento. Quem eram, afinal, os opositores da ditadura que estavam sendo encarcerados ou assassinados? Eram eles presos políticos ou criminosos comuns? Vítimas da violência ou criminosos pagando pelos seus atos? Combatentes e heróis, ou violentos terroristas e subversivos?

A disputa em torno dessas definições não era irrelevante naquele momento. A depender da maneira como eles fossem vistos pela opinião pública nacional e internacional, o tratamento a ser recebido era muito distinto.

Enquanto os militares tivessem capacidade de afirmar que esses presos eram perigosos bandidos e terroristas sanguinários, a brutal violência da repressão seria vista como legítima aos olhos da sociedade. Se, do contrário, conseguissem demonstrar que estavam reclusos apenas em razão de sua visão ideológica e de sua luta política, então as torturas, os assassinatos e os desaparecimentos forçados, que se avolumavam com rapidez, seriam cada vez mais objeto de crítica.

Enquanto nas ruas, praças e mesmo nas matas do interior do país o regime e as oposições empreendiam uma luta política que ganhava ares cada vez mais violentos, a disputa sobre as formas de nomear e classificar os envolvidos se tornava também mais intensa.

Nas ruas, os militares lotavam as paredes com cartazes que continham nomes e fotos de militantes de organizações revolucionárias, chamando-os de terroristas e oferecendo recompensas para quem fornecesse informações sobre eles. Em declarações públicas, os dirigentes do regime repetiam incansavelmente aquela mesma ideia que Figueiredo anotara na margem da carta: não há presos políticos no Brasil.

Por sua vez, os militantes buscavam todos os meios possíveis para denunciar a violência a que vinham sendo submetidos. Afirmando-se ora como heróis, combatentes e revolucionários, ora como vítimas, as oposições elaboravam cartas, relatórios e panfletos descrevendo a situação. Muitas vezes, fizeram greve de fome para chamar a atenção para as violências. E, aos poucos, aqueles que eram vistos como inimigos pelo regime passaram a dispor de uma nova arma discursiva: os direitos humanos.

Na virada dos anos 1960, a noção de direitos humanos começou a ganhar força em todo o mundo ocidental. A origem dessa ideia remete ao Iluminismo, mas foi após a Segunda Guerra Mundial, em 1948, que ela se estabeleceu em definitivo com a publicação da Declaração Universal dos Direitos Humanos pela Organização das Nações Unidas (ONU). No entanto, o historiador Samuel Moyn nota que apenas na década de 1970 "as pessoas começaram a utilizar a linguagem dos direitos humanos para expressar e agir em relação a sua esperança por um mundo melhor".[2]

Uma organização de grande importância na consolidação dessa mudança foi a Anistia Internacional. Na década de 1960, a Anistia começou a praticar uma forma de ativismo a partir da bandeira dos direitos humanos, cujo modelo de atuação marca até hoje esse campo. A grande novidade foi a criação de uma nova maneira de denúncia, com destaque ao sofrimento individual.

A organização dava publicidade a casos específicos de violações, apostando que jogar luz sobre as condições vivenciadas por pessoas sob situações de violência seria uma forma de despertar solidariedade e compaixão. O objetivo era levar o público a se sentir vinculado ao sujeito que tinha seus direitos e sua integridade violados. Como mostra a historiadora Renata Meirelles, esse tipo de ação revelava uma das características mais marcantes da Anistia Internacional: a identificação de seus fundadores com um éthos religioso, mais precisamente cristão.[3]

Havia, ainda, uma segunda característica na forma de atuação da Anistia Internacional: a centralidade dada aos chamados "presos de consciência". O termo foi cunhado em 1961, durante a campanha que está na origem da organização. Na prática, a ideia revelava a tentativa da organização de se colocar acima das disputas políticas que marcavam aquele período de Guerra Fria: entre esquerda e direita; entre comunismo e capitalismo. Ao tentar construir uma "moralidade não partidária" que existiria "de forma externa e acima" das "utopias políticas", a Anistia dava força para sua própria utopia: a dos direitos humanos.[4]

Junto da Anistia Internacional, outros agentes discutiam e atuavam a partir da ideia de que era preciso garantir limites morais aos conflitos políticos. Entre eles, o clero progressista, cuja atuação foi fundamental no contexto das ditaduras militares latino-americanas. Como observa o historiador Paulo César Gomes, a década de 1960 foi marcada por reformas na Igreja católica que abriram caminho para a possibilidade de posicionamentos mais avançados.

Com a encíclica *Pacem in Terris*, de 1963, a Declaração Universal dos Direitos Humanos se tornou parte dos ensinamentos oficiais da Igreja. E essa preocupação com o tema se consolidou com o Concílio Vaticano II (1962-5), caracterizado por Gomes como "uma das mais amplas reformas da história da Igreja". De fato, não apenas a questão dos direitos humanos, mas também o debate sobre justiça social passaram para o primeiro plano das preocupações da Igreja católica naquele momento.[5]

* * *

O contexto da virada de década era propício, portanto, para a circulação internacional de denúncias sobre a ditadura brasileira. Renata Meirelles identificou que, no âmbito da Anistia Internacional, a preocupação com o Brasil aparece pela primeira vez em 1969, em uma troca de correspondências entre a organização e o Conselho Mundial de Igrejas sobre a perseguição a religiosos.[6] É o mesmo ano em que, segundo o historiador James Green, uma campanha "mais agressiva" contra a tortura praticada no Brasil foi desencadeada no exterior.[7]

Um dos documentos que marcam a fase inicial dessas ações data de 16 de dezembro de 1969. Era o *Livre noir: Terreur et torture au Brésil* [Livro negro: Terror e tortura no Brasil], dossiê organizado pelo arcebispo d. Hélder Câmara e assinado por dezenas de lideranças católicas europeias. O *Livre noir* reunia onze documentos produzidos em contextos distintos. Ainda que houvesse uma variação de conteúdo, em geral os textos buscavam oferecer descrições em primeira pessoa de violências vividas, ou testemunhadas, com destaque à repressão contra figuras religiosas. A estratégia deu tão certo que o documento chegou ao papa Paulo VI.

Poucos meses após a publicação do *Livre noir*, foi criado, nos Estados Unidos, o American Committee for Information on Brazil, que reunia acadêmicos e líderes religiosos. O comitê publicou, em abril de 1970, um texto intitulado "Torture in Brazil"[8] e um dossiê do mesmo nome. "Torture in Brazil: A Dossier" vinha precedido por uma lista de assinaturas intitulada "Nós não podemos permanecer em silêncio", que continha os nomes de 34 acadêmicos, religiosos, artistas e políticos.[9]

Parte das denúncias apresentadas nesses dossiês vinha da chamada Frente Brasileira de Informações (FBI), uma entidade sem contornos muito claros, que reunia brasileiros exilados e tinha como principal representante o ex-deputado Márcio Moreira Alves. Descrito pelo historiador James Green como "articulado, fluente em inglês e francês, filho de família da elite e com pedigree de 'barão do café'",[10] o político carregava os predicados necessários para estabelecer redes de contato com acadêmicos e religiosos no exterior a fim de transmitir as notícias que chegavam do Brasil e alimentar os circuitos que garantiriam maior visibilidade e repercussão.

Tal como Moreira Alves, havia outros brasileiros no exílio capazes de mobilizar esse tipo de apoio. Assim, a circulação das denúncias de tortura no Brasil passava pela existência de uma rede dotada de recursos materiais e simbólicos, capaz não apenas de ampliar o alcance dos relatos, mas de conferir a eles legitimidade perante a opinião pública internacional.

Em 1972, a Anistia Internacional publicou *Report on Allegations of Torture in Brazil* [Relatório sobre alegações de tortura no Brasil], um informe exclusivo sobre o país, deslocando o Brasil para o centro de suas preocupações e de sua mobilização.[11] Ao longo de 1970, a organização buscara respostas do governo brasileiro sobre as denúncias que vinha recebendo, mas não obtivera retorno algum. Ao tentar realizar uma missão ao país para investigar as acusações in loco, o governo ditatorial informou à organização que não permitiria a entrada de delegações estrangeiras, afirmando que o país respeitava os direitos humanos. Ao apontar a falta de cooperação do regime brasileiro, a Anistia justificava a elaboração do relatório a partir de "material disponível na Europa e na América do Norte".[12] Diante disso, a organização solicitava que o governo respondesse às acusações ali presentes e permitisse a entrada de uma comissão de inquérito independente no país.

O núcleo central do relatório era composto da descrição de casos individuais. A organização realizou entrevistas com dezenas de "prisioneiros políticos vivendo fora do país" e, em seus próprios termos, promoveu uma escolha "altamente seletiva" de documentos, a partir de uma "enorme quantidade de material".[13] Com isso, chegou a onze casos.

Tratava-se dos casos de Antônio Expedito Carvalho Pereira, Ladislaw Dowbor, Lúcio Flávio Uchoa, Vera Sílvia Araújo Magalhães, Fernando Gabeira, Tullo Vigevani, Roberto Cardoso do Amaral, frei Tito, Carlos Vainer, Jean Marc van der Weid e Andrés Campos. No texto, cada caso era apresentado individualmente. Um primeiro parágrafo identificava o nome, a idade e a ocupação de cada um deles. Em seguida, vinham as descrições das circunstâncias de prisão e tortura. Naquele momento a Anistia Internacional já assumia a defesa de prisioneiros políticos de modo geral, independentemente de a pessoa ter adotado métodos violentos de luta. Na descrição dos casos, porém, não havia qualquer menção à militância de nenhum deles. Para a organização, interessava apenas evidenciar a violência praticada contra aqueles indivíduos.

A OPOSIÇÃO LIBERAL-DEMOCRÁTICA

No mesmo ano em que a Anistia Internacional publicou seu relatório, em 1972, militantes encarcerados no Presídio Tiradentes, em São Paulo, iniciaram uma greve de fome. Há registros de iniciativas do tipo desde pelo menos 1969, mas foi nesse ano que os grevistas tiveram, pela primeira vez, a capacidade de angariar redes de apoio externas de maneira sólida e obter um reconhecimento público significativo para suas demandas.

A ação teve início no dia 12 de maio, após cinco presos do Presídio Tiradentes serem transferidos para a Penitenciária do Estado, no complexo do Carandiru. Diante da separação imposta, entraram em greve não apenas os cinco militantes transferidos, mas também 39 presos que permaneceram no Presídio Tiradentes e 13 presas na Torre das Donzelas, a ala feminina do mesmo presídio.[14] Usando como exemplo o caso de Eduardo Leite, o Bacuri, que em novembro de 1970 fora retirado das celas do Departamento Estadual de Ordem Política e Social de São Paulo (Deops/SP) e assassinado por agentes da repressão, os grevistas apontavam para a existência de riscos à vida dos militantes transferidos.

Na carta de anúncio da greve, os presos criticavam a inexistência de um regime de prisão especial para os presos políticos. Para sublinhar essa dimensão, reforçavam a distinção entre eles e os presos comuns. Em sua visão, era ilegal a "medida de isolamento entre marginais". Para o Carandiru, argumentavam, só eram enviados "presos comuns condenados", o que não seria o caso dos "companheiros" transferidos, já que, "além de se tratar de presos políticos, muitos deles, apesar de detidos há quase três anos, não foram sequer julgados".[15]

Após cinco dias de greve, as autoridades estaduais se comprometeram a reunir, novamente, todos os militantes em um mesmo local. Como a promessa não foi cumprida, a greve foi retomada em 9 de junho, com o objetivo de reunir os presos políticos em um presídio exclusivo. A segunda etapa da greve duraria 33 dias. Nesse período, circularam diversos panfletos e documentos denunciando as condições dos presos e dando publicidade às suas demandas.

Um desses panfletos era intitulado "Ao povo brasileiro".[16] O texto se voltava para denunciar "mais um odioso crime" da "ditadura militar fascista que nos oprime". A transferência dos presos políticos aparecia como mais uma ação "brutal" contra aqueles "aprisionados pela ditadura" por não "concordarem com a exploração e opressão". Assim, conclamava o panfleto, era um "dever de todos homens e mulheres honrados" denunciar o que ocorria e apoiar "a luta justa dos patriotas presos por melhores condições e garantia de vida".

No texto, os presos políticos eram identificados como "patriotas" presos em razão de sua "luta", e a denúncia das violências a que eram submetidos era compreendida como um posicionamento contra a ditadura, vista como "fascista" e "inimiga do povo". Tratava-se de um vocabulário próprio da perspectiva revolucionária dos grupos da luta armada.

Mas outros documentos, que narravam a mesma questão de forma muito distinta, também circularam. Por exemplo, uma carta assinada pelas mães dos presos.[17] A missiva tinha início com uma apresentação das signatárias: "Nós, os familiares dos presos políticos, vimos às autoridades que ainda combatem pela justiça, liberdade de opinião e direitos da pessoa humana, na defesa dos nossos filhos, detidos em São Paulo, acusados de atos políticos contrários ao governo vigente".

O grupo de mães afirmava que não queria a libertação dos filhos, mas a defesa da vida deles. Para além do perigo representado pelos órgãos repressivos, os vinculados tanto à polícia como ao Exército, o grupo apontava que os filhos vinham sendo "separados de seus companheiros e confinados com marginais". Sobre estes, afirmava não fazer "nenhuma apreciação moral", mas apontava que "pelas suas próprias condições de subvida", eles "infligem violentos maus-tratos uns aos outros e representam um perigo presente e concreto para os presos políticos no ambiente carcerário".

As signatárias apontavam para a "aflição de nossas famílias" ao acompanhar o périplo dos presos por presídios distintos e a própria iniciativa da greve de fome. A crueldade não era imposta apenas aos filhos que cumpriam pena, mas aos familiares também. O documento era encerrado com "esperando amor, compreensão e justiça" e aguardando "confiantes" o atendimento a seu "apelo".

Na carta, portanto, não havia nenhum traço de heroísmo. Tratava-se de um apelo baseado na expectativa de "solidariedade humana, comum a todo homem bem formado" para que fossem interrompidas as "atitudes tomadas de desamor" que "feriam o sentimento de nossas famílias". Estava em jogo, portanto, uma súplica com fortes traços morais, orientada por uma distinção entre os "presos políticos" e os "marginais".

Outra forma de descrever a situação pode ser vista em um manifesto que circulou no período, assinado por centros acadêmicos, professores universitários, líderes religiosos e artistas, que se autodesignavam "democratas, cientes da situação atual dos presos políticos".[18] Os signatários reproduziam vários trechos de uma carta da Conferência Nacional dos Bispos do Brasil (CNBB) e afirmavam que estavam "conscientes de que a garantia dos Direitos Humanos é um dos pressupostos para a existência da Democracia". Assim, apelavam que as reivindicações dos presos políticos fossem atendidas "em observância ao que lhes assegura a Declaração Universal dos Direitos do Homem, da ONU, e a própria Constituição Federal".

A greve de 1972 também levou a um conflito entre os dois principais jornais de São Paulo. Em editorial publicado em 25 de junho, *O Estado de S. Paulo* defendeu uma solução para o "problema dos presos políticos no Brasil". O jornal caracterizava a situação dos presos políticos de São Paulo como "deprimente", uma vez que a eles se dispensava um tratamento "desumano". Ressaltando que não se tratava de defender a "impunidade para um delinquente", o jornal apontava que os "criminosos políticos" não poderiam receber o mesmo tratamento de "presos comuns".

O *Estadão* ancorava seu argumento no princípio liberal de que a pena não pode ultrapassar os termos da lei. "A punição não pode ultrapassar os limites do razoavelmente justo", apontava o editorial, "devendo-se evitar infligir, aos condenados pela prática de delitos desta ordem, sofrimento maior do que aquele que requer a defesa da sociedade."[19]

Cinco dias depois, a *Folha de S.Paulo* publicou seu próprio editorial, respondendo ao concorrente. "Vez por outra lá fora se tenta levantar de forma pejorativa o tema do tratamento dispensado a presos políticos (?) no Brasil". O ponto de interrogação na primeira frase estava também no título do texto: "Presos políticos?".

Assumindo a posição de defesa do regime, a *Folha* responsabilizava as "esquerdas mundiais" por essa "distorção da verdade". O editorial defendia que havia liberdade de expressão no país e que "ninguém conhece a existência de um só homem de esquerda que esteja preso em decorrência exclusiva de seu pensamento". Quem estava preso, na ótica da *Folha*, eram apenas "assaltantes de bancos, sequestradores, ladrões, incendiários e assassinos", que agiriam "com maiores requintes de perversidade que os outros, pobres-diabos, marginais da vida".[20]

Afinal, quem eram os militantes que fizeram a greve de fome? Patriotas, revolucionários, presos políticos, filhos, assaltantes de bancos? A existência de várias formas de nomeá-los mostra que estava em pleno curso a disputa em torno da classificação daqueles que lutavam contra o regime ditatorial.

Para além do relatório da Anistia Internacional e da greve de fome do Presídio Tiradentes, 1972 foi o ano em que surgiu a Comissão Justiça e Paz (CJP) da Arquidiocese de São Paulo. Capitaneada por d. Paulo Evaristo Arns, o grupo, oficialmente criado em 8 de agosto daquele ano, foi a primeira iniciativa formalmente organizada em torno do objetivo de acolher, registrar e compilar denúncias de violências praticadas pela ditadura vigente no país.

Composta por advogados convocados e reunidos por Arns, a CJP também oferecia apoio e assistência aos presos e seus familiares. Entre os nomes vinculados ao grupo, estavam Dalmo Dallari, Fábio Konder Comparato, Margarida Genevois, Hélio Bicudo, José Gregori e José Carlos Dias — pessoas que seriam fundamentais na institucionalização das políticas públicas de direitos humanos no pós-ditadura.

Como já mencionei, uma das razões pelas quais a bandeira dos direitos humanos ganhou força foi sua estreita vinculação com certa ética cristã. No plano internacional, as mudanças da Igreja têm a ver com o Concílio Vaticano II e com a II Conferência Geral do Episcopado Latino-Americano. Aqui, a CNBB também sentiu os impactos dessa mudança e, no final dos anos 1960, começou a fazer críticas ao regime.

Como aponta o historiador Paulo César Gomes, desde 1968 a CNBB denunciava as violações de direitos promovidas pela ditadura, mas eram, ainda, manifestações "esparsas" e "moderadas".[21] À medida que religiosos passaram a ser alvos de prisões, torturas e assassinatos, o tom das denúncias aumentou. Mas foi apenas em 1970, na XI Assembleia Geral do órgão, que a CNBB divulgou um documento mais contundente, afirmando que "seríamos omissos se não frisássemos, neste momento, nossa posição firme contra toda e qualquer espécie de tortura".[22] Nos anos seguintes, o fosso entre setores da Igreja católica e o regime ditatorial iria se ampliar.[23]

O surgimento da Comissão Justiça e Paz foi um dos resultados mais importantes desse afastamento. Pouco depois de sua constituição oficial, a CJP se veria envolvida em um caso que redefiniria os rumos do regime: o assassinato do estudante de geologia da Universidade de São Paulo (USP) Alexandre Vannucchi Leme, em 17 de março de 1973.

Naquele mesmo mês, d. Paulo Evaristo Arns estava no Vaticano para ser nomeado cardeal pelo papa Paulo VI. Arns retornou ao Brasil no dia seguinte à morte de Leme e foi procurado por lideranças estudantis, que pretendiam organizar uma missa pelo colega morto. Apesar da hesitação, o agora cardeal Paulo Evaristo Arns aceitou fazer a homenagem para Alexandre Vannucchi Leme e celebrou a missa — que reuniu mais de 3 mil pessoas — na catedral da Sé, centro de São Paulo.

A celebração foi a primeira mobilização social expressiva desde as passeatas de 1968 e o decreto do AI-5. O ato foi acompanhado de perto pelas forças policiais da ditadura, e a mobilização dos estudantes naquela ocasião deixou os militares em alerta, temerosos de uma rearticulação do movimento estudantil.[24]

Mas por qual razão o caso de Alexandre Vannucchi Leme gerou tamanha mobilização? Dentre as muitas explicações possíveis, destaco duas, a partir da análise feita por Kenneth Serbin sobre o caso. A primeira é o fato de que Leme vinha de uma família católica importante de Sorocaba, no interior de São Paulo. Ele tinha três tias freiras e um tio padre — Aldo Vannucchi, que conhecia d. Paulo Evaristo Arns.[25]

A segunda explicação é a imagem pública que se consolidou sobre o estudante. Ainda que Vannucchi fosse próximo à Ação Libertadora Nacional (ALN), as forças repressivas não tiveram capacidade de apresentá-lo publicamente como um perigoso integrante da guerrilha.[26] As tentativas de classificá-lo como "subversivo" e "terrorista" não funcionaram. Pelo contrário. No panfleto do Centro Acadêmico XI de Agosto, da Faculdade de Direito da USP, o estudante era assim descrito: "Alexandre Vannucchi Leme, aluno do quarto ano de Geologia-USP, era conhecido e estimado por todos os seus colegas e professores. Classificado em primeiro lugar no vestibular e em sua turma". E seguia: "Pequeno e franzino, era por isso conhecido por 'Minhoca' em todo o campus, assíduo às aulas, era o 'amigão' de todos".[27]

Atuando junto à família de Leme, os advogados da Comissão Justiça e Paz Mário Simas e José Carlos Dias interpelaram a polícia, cobrando dos militares que entregassem o corpo para uma autópsia e investigassem o acidente. Para justificar o pedido, explicavam que "seu motivo não era político. Queriam apenas a 'descoberta da verdade'".[28]

A imagem que se tornou publicamente reconhecida foi a do jovem estudante, frágil, inocente, estudioso, dedicado e de família católica. Esses dois aspectos — a ética religiosa de uma família que ocupava lugar importante nas redes da Igreja católica local e a força da imagem de um estudante não envolvido em formas violentas de luta política — eram exatamente aqueles que permitiram a ascensão da bandeira dos direitos humanos.

O conjunto de manifestações em torno de sua morte jogava o caso para o terreno da moral, não mais da política. Com isso, o caso de Alexandre Vannucchi Leme se tornou a primeira tradução do vocabulário dos direitos humanos no contexto da luta de setores sociais contra a ditadura brasileira. Nos termos de Serbin, tratou-se de um marco a partir do qual "a noção de direitos humanos passou de abstração a ação concreta".[29] A partir daquele momento, a bandeira que vinha servindo para denúncias de violência no exterior e para manifestações pontuais no Brasil — como vimos no caso da greve de fome — se tornava capaz de gerar a primeira mobilização social expressiva contra o regime desde 1968.

A greve de fome de 1972 e o assassinato de Vannucchi Leme em 1973 são exemplos do crescimento da insatisfação de setores médios em relação ao regime. Em 1964, grande parte dos liberais brasileiros se colocou a favor da solução militar para impedir o avanço das esquerdas e decidiu apoiar o golpe de Estado. Esse afastamento entre parcelas dos grupos que haviam apoiado o golpe e o regime abria espaço para a constituição de uma oposição liberal-democrática à ditadura. Capitaneada por organizações como a CNBB, a CJP, a Ordem dos Advogados do Brasil (OAB) e a Associação Brasileira de Imprensa (ABI), essa oposição teria como um dos fundamentos a defesa dos direitos humanos.

AS ESQUERDAS E OS DIREITOS HUMANOS

"A violência desencadeada no Brasil pelo regime militar de 1º de abril e que perdura até os dias de hoje demonstra que a violência reacionária é consequência lógica do apetite insaciável das classes dominantes."[30] Com esses termos, os presos políticos autores do documento "A repressão militar-policial no Brasil" explicavam as razões da violência promovida pela ditadura militar brasileira.

Enquanto a bandeira dos direitos humanos ganhava força nas denúncias de tortura no exterior e entre setores liberais insatisfeitos com a ditadura, os grupos da luta armada seguiam sob uma repressão brutal. De dentro do cárcere, os militantes que haviam sobrevivido tomavam iniciativas para documentar e denunciar a violência do regime.

"A repressão militar-policial no Brasil" foi produzido nos primeiros anos da década de 1970, na Casa de Detenção de São Paulo. Entre os presos, o texto era conhecido simplesmente pelo codinome "João". Foi escrito por um grupo composto em sua maioria de militantes da Ação Libertadora Nacional (ALN). Mas havia também integrantes do Movimento de Libertação Popular (Molipo) e da Vanguarda Popular Revolucionária (VPR) entre seus autores. "João" saiu da cadeia em 1974, quando os primeiros militantes da ALN começaram a ser liberados. Sua redação final data de 1975.

À luz de uma leitura marxista, "João" buscava conferir um sentido mais geral para o regime ditatorial a partir de uma relação entre a dimensão econômica e o aspecto repressivo. O golpe de Estado de 1964 e a ditadura militar eram apresentados como formas de garantir a exploração de classe. Por sua vez, o aprofundamento da repressão após o AI-5 e o desenvolvimento de um aparato repressivo apareciam como resposta contra as resistências àquela exploração.

O texto era marcado por uma constante tensão entre indivíduos e sujeitos coletivos. Havia menções constantes a casos individuais de violência, mas os autores do documento afirmavam que seu interesse ao citá-los era apenas o de exemplificar a "trajetória seguida, nesses anos de opressão, pelo aparato repressivo instalado pelos militares golpistas no Brasil".[31]

Quanto aos sujeitos coletivos, eram comuns termos como "combatentes", "revolucionários" e "patriotas" para se referir aos que estavam presos ou haviam sido mortos. Um exemplo é o trecho no qual os autores afirmavam que "combatentes revolucionários cujos assassinatos são conhecidos compõem uma extensa relação de heróis do povo brasileiro".[32]

"João" trazia uma listagem nominal de casos de militantes mortos, dividida em três categorias: nome, circunstâncias da morte (definida por apenas uma palavra ou expressão) e data. Nela, um dos termos que mais aparecia para descrever a circunstância das mortes, ao lado de "tortura", era simplesmente "combate".

O lugar específico dos "combatentes revolucionários" ficava mais evidente quando contrastado com outras categorias de afetados pela violência. O documento apontava que os "presos de direito comum" viviam em "condições miseráveis de vida".[33] No entanto, a questão aparece fundamentalmente para denunciar que o regime tentava submeter os presos políticos à mesma condição. Já o surgimento dos esquadrões da morte era narrado como um resultado dos conflitos das forças de segurança com "marginais" e "bandidos",[34] e explicado a partir de uma visão segundo a qual os assassinatos dos "marginais" seria apenas um passo inicial diante da verdadeira missão dos grupos de extermínio: "estender sua atuação repressiva contra patriotas e combatentes revolucionários".³⁵

Marcado pela perspectiva da luta armada, "João" analisava a violência sofrida pelos presos e pelos militantes livres como uma luta heroica, em que alguns combatentes se sacrificam pelo povo. Se esse era o diagnóstico, a solução apresentada era a revolução. Nesse sentido, a ideia de preso político era utilizada com um sentido bastante específico, que correspondia à imagem do revolucionário.

Também em 1975, mesmo ano em que "A repressão militar-policial no Brasil" ganhou sua redação final, parte de seus autores se engajou na escrita de um segundo documento. O novo texto foi uma reação dos presos a uma declaração pública do presidente da OAB, Caio Mário da Silva Pereira, à *Folha de S.Paulo* em agosto. Na ocasião, o advogado dissera que a instituição estaria com dificuldades de reunir relatos de "fatos concretos, respostas objetivas, específicas" sobre as violações de direitos humanos ocorridas nos cárceres da ditadura.³⁶

Diante da assertiva, os militantes presos no presídio do Barro Branco, em São Paulo, elaboraram um documento que também teria um codinome: "Bagulhão". Enviado para Caio Mário em 23 de outubro, o relatório era apresentado pelos signatários como um "relato objetivo e pormenorizado" das "vítimas, sobreviventes e testemunhas de gravíssimas violações aos direitos humanos no Brasil".³⁷ O texto começava na primeira pessoa do plural, com a ênfase dos signatários de sua condição de "sobreviventes", "vítimas de violência militar-policial" e "testemunhas".

O último tópico do documento, intitulado "presos políticos assassinados ou mutilados em virtude de torturas sofridas nos órgãos repressivos", era um "testemunho pessoal" de fatos acompanhados pelos signatários do texto. Seguia-se, então, uma listagem nominal de dezesseis casos individualizados, com uma descrição com a data da prisão, as violências sofridas, os agentes envolvidos e as circunstâncias da morte de cada um deles.

No mesmo tópico estavam os relatos de "famílias de dezenove presos políticos mortos sob tortura e dados como desaparecidos", novamente em formato de listagem nominal, com informações pessoais tais como idade e ocupação e a data presumida da prisão. O documento mencionava, ainda, outros vinte "presos políticos assassinados sob tortura e tidos como desaparecidos", em uma lista que continha apenas os nomes e as datas presumidas de cada prisão.[38]

Após os três tópicos, os signatários de "Bagulhão" afirmavam que "face a toda essa situação de extrema violência política dirigida contra os opositores ao regime", eles apoiavam "a luta pelos direitos da pessoa humana em nosso país, dela participando".[39] O documento se encerrava com as assinaturas manuscritas de 35 presos.[40]

"Bagulhão" e "João" têm algumas semelhanças e significativas diferenças entre si. Em ambos, a violência como tema central é aquela voltada contra os militantes encarcerados, apresentados como presos políticos. Com "Bagulhão", porém, os militantes não faziam um esforço de explicação do sentido mais geral do regime, mas focavam a descrição objetiva das violências sofridas. Assim, não havia nenhuma vinculação entre as violações aos direitos humanos a um determinado projeto econômico da ditadura.

"A repressão militar-policial no Brasil" era um texto marcado pelo vocabulário da luta armada e da revolução. Nele, a figura do preso político correspondia a um "resistente", um "combatente". Eram noções como essas que caracterizavam, também, os outros militantes alvos da violência do regime, inclusive os mortos e desaparecidos. Assim, a comunidade de afetados pelas diferentes formas de violência do regime era composta dos militantes revolucionários, e, em menor grau, de outros militantes políticos.

Já "Bagulhão" utilizava outro vocabulário: o dos direitos humanos. Nesse documento, os presos políticos eram vítimas, testemunhas e sobreviventes. Tampouco os mortos e desaparecidos eram apresentados como heróis: na descrição das circunstâncias da morte dos casos individuais listados, o foco recaía sobre a violência sofrida, não havendo espaço nem mesmo para uma ampla descrição acerca de sua militância.

Os dois textos foram elaborados no mesmo período e, em parte, pelas mesmas pessoas. Ainda que não haja o propósito de recuperar as intencionalidades originais dos autores dos documentos, é possível afirmar que essas diferenças mostram como o vocabulário dos direitos humanos já representava, naquele momento, uma opção estratégica valiosa também para os militantes da esquerda revolucionária, a partir da qual era possível obter maior legitimidade pública para suas demandas.

Ao mesmo tempo, a comparação entre os documentos mostra que a afirmação dessa bandeira não ocorreu necessariamente em detrimento dos ideais revolucionários. Essas duas perspectivas coexistiram naquele momento.[41] Mas, como destaca Samuel Moyn, "com o passar do tempo, o que antes era uma estratégia virou uma filosofia".[42] O processo então iniciado apenas ganharia força nos anos seguintes, e a esquerda brasileira — dos exilados aos presos, passando por quem estava na clandestinidade e pela chamada oposição democrática — enfrentaria a questão dos direitos humanos não apenas em termos táticos, mas como objeto de reflexão e autocrítica.

2. AS CLASSES PERIGOSAS E OS CIDADÃOS DE BEM

"**NA ALEMANHA, UMA DAS COISAS QUE MAIS ME IMPRESSIONARAM** foram os seus institutos dedicados especialmente às pesquisas sobre questões raciais." Essas palavras foram escritas pelo psiquiatra brasileiro Antônio Carlos Pacheco e Silva, em uma visita à Alemanha, em 1937. "O que se está fazendo, nesse sentido, é efetivamente coisa de gigantesco e de maravilhoso no plano exclusivamente de ordem científica", concluiu o renomado médico, que foi ao país a convite do então ministro da Propaganda nazista, Joseph Goebbels.[1]

Embora tenha buscado se dissociar do nazismo nas décadas seguintes, Pacheco e Silva seguiu reforçando laços com políticos de extrema direita. Entre maio e julho de 1971, mais de trinta anos depois da visita às clínicas de Hitler, o médico sairia em nova expedição oficial. Dessa vez, como emissário da ditadura militar brasileira.

Naquele momento, denúncias de tortura se avolumavam no plano internacional e incomodavam os militares. Num esforço de contrapropaganda, o general-ditador Emílio Garrastazu Médici escalou personalidades dispostas a colocar suas biografias a serviço da ditadura. A missão dos escolhidos seria fazer contatos com políticos, empresários e veículos de imprensa estrangeiros, com o intuito de negar a existência de violações aos direitos humanos no país e tentar frear a disseminação de críticas contra o regime.

Entre aqueles que se dedicaram à tarefa estava Antônio Carlos Pacheco e Silva, que produziu relatórios detalhados sobre as viagens, endereçados ao então ministro da Justiça, Alfredo Buzaid. De acordo com ele, seu objetivo era "contribuir para desfazer a imagem distorcida do Brasil, criada pela campanha difamatória contra nós desfechada, sobretudo em relação às pretensas violências e torturas aqui praticadas".[2]

No informe elaborado ao final do tour, o psiquiatra esboçou seu diagnóstico. Para ele, era impossível negar que o Brasil se encontrava em um processo de expansão. A pujança dessa "grande potência" forçava os "subversivos" a apelar para outras formas de desqualificação do país. Valendo-se de sua "técnica diabólica", os comunistas teriam iniciado um esforço coordenado de ataques contra o regime, a partir de informações "falsas, forjadas, deformadas ou adulteradas".

No relatório enviado a Buzaid, Pacheco e Silva listou o que ele considerava as principais "calúnias" disseminadas com o intuito de atingir a imagem do Brasil:

> Genocídio dos índios; violências e torturas; escravatura dos trabalhadores; ditadura militar; esquadrão da morte; assassinato de estudantes; perseguição de padres e freiras; censura dos jornais e de outros meios de comunicação e informação; presos políticos; imperialismo; capitalismo; mortalidade infantil; limitação da natalidade; secas e inundações.

A viagem do psiquiatra estava plenamente de acordo com as ações previstas na "Política Governamental de Comunicação Social no Campo Externo". Elaborado por um Grupo de Trabalho integrado por representantes do Serviço Nacional de Informações, da Assessoria Especial de Relações Públicas, do Ministério das Relações Exteriores e do Estado-Maior das Forças Armadas, esse documento fazia parte das estratégias da ditadura para lidar com a profusão das denúncias de tortura no Brasil.

Essa nova política definia que o governo brasileiro deveria enfrentar e combater, "sistematicamente, a guerra psicológica adversa no campo externo, em especial a campanha de difamação contra o Brasil, movida pelo comunismo internacional, a fim de neutralizá-la ou, pelo menos minimizá-la no mais curto prazo". Para isso, listava uma série de iniciativas a serem adotadas, entre elas "estimular e organizar viagens de representantes da cultura brasileira, em todos os campos — científico, literário, técnico e artístico".

No entanto, antes de mobilizar seus apoiadores para defender a própria perspectiva, a ditadura precisou organizar uma narrativa unificada sobre o que acontecia no país. Daí nasceu outro documento, simbolicamente intitulado "Livro branco" — em evidente referência ao *Livre noir*, primeiro documento de denúncia de tortura que circulou internacionalmente.

O "Livro branco" foi elaborado, na prática, como uma resposta a denúncias enviadas ao órgão responsável pelo monitoramento da situação dos direitos humanos nos países-membros da Organização dos Estados Americanos (OEA), a Comissão Interamericana de Direitos Humanos (CIDH).

Naquele contexto da virada de década, com o fortalecimento do vocabulário dos direitos humanos, órgãos como a CIDH passavam por importantes transformações internas. Aos poucos, afastavam-se de seu caráter anticomunista inicial e se tornavam mais sensíveis às violências cometidas também nos países sob influência dos Estados Unidos.[3] Com isso, crescia a possibilidade de retaliações ao Brasil diante das denúncias apresentadas — aumentando, portanto, a preocupação da ditadura.

Com extensão próxima a um parágrafo, o nome oficial do "Livro branco" explicitava o cinismo do regime: "Informações do governo brasileiro para esclarecer supostas violações de direitos humanos relatadas em comunicações transmitidas pela Comissão Interamericana de Direitos Humanos da Organização dos Estados Americanos (OEA)".

O documento de tamanho enciclopédico era dividido em três volumes.[4] O primeiro deles, intitulado "Terroristas, pseudos [sic] presos políticos", tinha os objetivos de "caracterizar":

> — A inexistência dos chamados "presos políticos" no BRASIL;
> — Ser maior o interesse criminoso dos terroristas na prática de seus atos do que possíveis objetivos políticos;
> — A busca de objetivos violentos aliados a requintes inhumanos [sic] de barbaridade, por parte dos grupos terroristas em suas atividades normais.

Por sua vez, o segundo volume tinha o título de "As prisões dos terroristas" e afirmava que:

> — O tratamento humano e condigno proporcionado aos presos no BRASIL é uma sistemática institucional do Governo;
> — Que os terroristas recebem tratamento mais esmerado consequente de suas origens e recursos próprios;
> — Não há torturas ou violências nas prisões [e que] infrações consideradas graves [são] energicamente reprimidas [...]

A terceira e última parte, "A campanha de difamações contra o Brasil", se voltava para demonstrar:

> — Serem espúrias, ilegais e clandestinas as origens e as fontes das denúncias;
> — A existência de uma estrutura difamante contra o Brasil orientada do exterior dentro do esquema da Guerra Psicológica do MCI [Movimento Comunista Internacional];
> — O apoio parcial dado por várias organizações internacionais, ideologicamente unidas às organizações terroristas em atividades no BRASIL, fonte das calúnias.

No final de sua expedição, Antônio Carlos Pacheco e Silva chegou a algumas conclusões. Entre elas, indicou que a divulgação do chamado "Livro branco" e sua tradução para quatro idiomas seriam uma iniciativa bem-vinda, pois "a imprensa não aceita respostas genéricas".

Cerca de um ano após o tour de Antônio Carlos Pacheco e Silva pela Europa, a Anistia Internacional publicou seu *Report on Allegations of Torture in Brazil*. Momento-chave para a circulação de denúncias sobre as violações de direitos humanos que ocorriam no país, o informe serviu para colocar a Anistia na mira do regime.

Em outubro de 1974, o Serviço Nacional de Informações produziu um relatório sobre a entidade.⁵ O documento de 29 páginas tinha o objetivo de tratar das "atividades infamantes" da Anistia Internacional em relação ao Brasil. Em sua introdução, a Anistia era caracterizada como uma "sociedade humanitária" que atuaria "sob a égide soviética" ao lado de diversas outras organizações.

"No propósito de acelerar o seu objetivo real", dizia o informe, "passaram a desenvolver esforços no sentido de captar a simpatia, senão o apoio de organismos internacionais, particularmente o das NAÇÕES UNIDAS." A perspectiva do regime sobre esse "objetivo real" estava bem sintetizada no início do segundo tópico do relatório, voltado para a "caracterização da campanha de difamação contra o Brasil no exterior":

> A campanha difamatória contra o BRASIL, no Exterior, é parte integrante da Guerra Psicológica, tecnicamente planejada pelo Movimento Comunista Internacional, cujo objetivo é contribuir para a derrubada do Regime Institucional vigente no país, com a consequente conquista do poder e implantação de um estado marxista-leninista.

A origem da referida campanha, segundo o relatório, datava de meados de 1967. Na ocasião, os comunistas teriam "resolvido desenvolver" uma "campanha ofensiva ao Regime", a partir da "denúncia de 'torturas a presos políticos'". O objetivo dessa campanha, "transpondo fronteiras", seria "sensibilizar áreas influentes da Opinião Pública internacional".

Após discorrer sobre algumas das organizações que estariam na origem da campanha e sobre o papel da Igreja nas iniciativas de denúncia, o relatório chegava à Anistia Internacional. "A central em LONDRES acumula volumosa documentação a respeito de 'vítimas' de perseguições políticas em todo o mundo", apontava o SNI, com a palavra "vítimas" marcada entre aspas. À medida que avançava o vocabulário dos direitos humanos, o regime se preocupava em se contrapor à ideia de que o Brasil vivia uma ditadura que deixava vítimas.

Os militares brasileiros avaliavam, então, que a Anistia "desde logo tornou-se uma organização de frente do MCI e passou a servir aos desígnios da propaganda comunista". Para eles, ao se colocar "a favor de terroristas e subversivos brasileiros", a organização vinha se tornando "um dos mais ativos, perigosos e bem-sucedidos agentes de difamação da Imagem do BRASIL no Exterior".

Em seguida, o documento se voltava para o relatório de 1972, *Report on Allegations of Torture in Brazil*. O SNI se propunha a fazer uma "análise minuciosa" do informe, a partir da qual chegava a conclusões que, em linhas gerais, giravam em torno da caracterização do documento como resultado de uma técnica de propaganda comunista, financiada pelo comunismo internacional.

Após apresentar essas conclusões, o órgão de informações da ditadura brasileira se debruçava sobre a atuação da Anistia em organismos internacionais e regionais — em uma evidente preocupação com os efeitos das denúncias de tortura no âmbito da ONU e da OEA. Em determinado momento, o relatório sintetizava sua avaliação: "'Violação aos direitos humanos' é o argumento habitualmente utilizado pelos detratores da Imagem do Brasil".

O SNI explicitava, então, as principais linhas argumentativas do regime para responder às denúncias. Segundo o documento, "a Defesa brasileira, para cada caso, é sempre orientada por três premissas básicas":

> — é inadmissível considerar que seja constitucional, no BRASIL, a prática de torturas contra presos de quaisquer espécies;
> — não há presos políticos no BRASIL: os encarcerados são apátridas, terroristas profissionais, comandados do Exterior. Jamais foi cerceada a liberdade política ou individual ou preso qualquer sacerdote, em face de sua missão evangélica e eclesiástica; e
> — a Revolução Democrática de 31 mar. 1964, inspirada nos anseios do povo, aceita crítica construtiva; na legislação, institucionalizada e inserida na Constituição, estão os instrumentos legais necessários à proteção do desenvolvimento nacional em bases sólidas.

Os militares se mostravam ressentidos com a pouca acolhida que suas respostas geravam nos organismos internacionais — o que creditavam à infiltração comunista nesses órgãos. "As denúncias sobre alegadas violências [...] encontram fácil acolhida", dizia o relatório, "enquanto [...] se nota, de um modo geral, uma tendência para a indiferença diante dos argumentos oficiais apresentados para refutá-las."

O relatório do SNI é emblemático de como os militares interpretavam o crescimento das denúncias de violações aos direitos humanos praticadas por seus agentes. A ação dos militares se baseava em reafirmar que não havia presos políticos no país e que as denúncias de violências eram mentiras, frutos de uma conspiração. Pela lógica dos agentes do regime, aquela era apenas mais uma ação movida no contexto da guerra revolucionária.

GUERRA PSICOLÓGICA

A disseminação do ideário dos direitos humanos gerava mudanças nas concepções entre as esquerdas, de um lado, e o afastamento de alguns setores liberal-democráticos e o regime, de outro. No entanto, documentos como o "Livro branco" e o relatório do Serviço Nacional de Informações ressaltam que os militares seguiam interpretando essas transformações a partir das orientações cognitivas e simbólicas da chamada Doutrina de Segurança Nacional.

Por essa leitura, "direitos humanos" era apenas mais uma nova roupagem assumida pelos "subversivos" e "terroristas", agora no âmbito de uma "guerra psicológica", termo que aparece com frequência nesses e em outros documentos produzidos pelas agências de repressão.

A noção de "guerra psicológica" ocupava papel central na Doutrina de Segurança Nacional, a base do pensamento e da ação dos militares brasileiros. Essa doutrina, formulada no interior da Escola Superior de Guerra (ESG), tinha duas grandes influências: o pensamento militar norte-americano sobre a questão da "segurança nacional", criado no contexto da Guerra Fria; e a doutrina militar francesa da "guerra revolucionária", constituída no quadro da repressão às lutas anticoloniais.

Como explica a cientista política Maria Helena Moreira Alves em um trabalho seminal sobre o tema, a Doutrina de Segurança Nacional começa com uma "teoria da guerra", centrada na noção de "guerra total". Isto é, ela parte da ideia de que, no mundo pós-1945, diante do "imenso poder destrutivo das armas nucleares e do inevitável confronto das duas superpotências — os Estados Unidos e a União Soviética", a guerra não teria mais limites territoriais ou setoriais.[6]

O inimigo estava em todo lugar — inclusive dentro do país. Por isso, era preciso adequar as Forças Armadas, seus serviços de informação e sua forma de agir para controlar e neutralizar esse inimigo interno.

A doutrina da "guerra revolucionária" francesa chamava a atenção para um aspecto específico dessa nova forma de atuação do inimigo interno. Como destaca outro cientista político, João Roberto Martins Filho, a ênfase era no fato de que "a guerra revolucionária é diferente da guerra convencional porque coloca o recurso às armas no final e não no começo do conflito".[7]

O início do processo revolucionário se daria, portanto, com a tentativa de conquista da chamada opinião pública. E aqui entrava em cena a tal "guerra psicológica", que aparecia no centro da doutrina da "guerra revolucionária", já que os militares franceses acreditavam que, para barrar o avanço do inimigo interno, seria necessário "derrotar os revolucionários com suas próprias armas".[8]

Na Escola Superior de Guerra brasileira, os militares convocaram, para aprofundar sua compreensão sobre os significados da "guerra psicológica", um renomado psiquiatra: Antônio Carlos Pacheco e Silva. "A ação psicológica se exerce sem tréguas, donde a necessidade de empregá-la, neutralizá-la e impedir os seus efeitos", escreveu o médico em um artigo publicado na revista *A Defesa Nacional*, editada pelo Exército brasileiro, em 1965.[9]

Nos termos de Pacheco e Silva, o "escopo" da "guerra psicológica" seria o de "abater o inimigo já declarado ou em potencial, buscando minar-lhes as reservas morais, aniquilar a vontade, desmoralizar os chefes civis e militares". E, na sua perspectiva, os grandes operadores dessa guerra eram os comunistas, figura que se plasmava na ideia de "inimigo interno" para a ditadura brasileira.

"No trabalho de solapamento da estrutura social das Democracias", escrevia o psiquiatra no artigo, "os comunistas empregam sempre a mesma técnica, hábil e manhosa, atuando sobre o espírito público de forma sorrateira, como que por uma ação subliminal, em que as ideias são inoculadas sem que o indivíduo disso se aperceba." Em seguida, diz que os comunistas

> exploram, também, com grande proveito os anseios nacionais do povo, deturpam os fatos, iludem os de boa-fé, destorcem [sic] a verdade, lançam as classes uma contra as outras, fomentam a dissenção entre os partidos políticos, incitam greves, sabotagens e atos de destruição, numa atividade incessante e maquiavélica, com o objetivo de enfraquecer o poder e a segurança nacionais.

O trecho evidencia que, diante dessa concepção, não restava qualquer campo de atuação que estivesse livre da suposta manipulação comunista na "guerra psicológica". O resultado é a consolidação de um olhar altamente paranoico — pois tudo e todos se tornam potenciais ameaças — e profundamente autoritário — tendo em vista que qualquer projeto de país alternativo ao que a própria ditadura propunha é necessariamente visto como "subversivo" e, portanto, ilegítimo.

Em sua frase de encerramento do texto, Pacheco e Silva expressava com perfeição esse olhar autoritário e paranoico. "As democracias precisam estar alertas ante o perigo representado pelas ações psicológicas que visam a sovietização do Universo", afirmava, demonstrando que a preocupação com o suposto perigo comunista não se restringia ao Brasil, nem mesmo à América Latina, mas chegava aos astros e às estrelas.

ORDEM POLÍTICA E SOCIAL

Nos meses que se seguiram à abolição da escravidão, em 1888, a Câmara dos Deputados passou a enfrentar um debate parlamentar que se colocou como prioritário para as elites políticas e econômicas. "Preocupados com as consequências da abolição para a organização do trabalho", explica o historiador Sidney Chalhoub em seu livro *Cidade febril*, "o que estava em pauta na ocasião era um projeto de lei sobre a repressão à ociosidade."[10] Diante das profundas mudanças que o fim formal da escravidão trazia, as elites brasileiras percebiam a necessidade de reorganizar as formas de controle social.

Chalhoub mostra que, a partir de uma leitura de compêndios policiais franceses, nossos parlamentares constituíram a seguinte linha de raciocínio: "os pobres carregam vícios, os vícios produzem os malfeitores, os malfeitores são perigosos à sociedade". Em resumo: "os pobres são, por definição, perigosos".[11]

A formulação sustentava a ideia de "classes perigosas". Muito disseminada a partir do início do século XX, essa noção esteve no centro de todo um arcabouço discursivo e ideológico que justificou o ataque à ociosidade — que passaria a ser designada por categorias como "vadiagem" e "vagabundagem", termos que criavam uma linha de corte moral entre o "trabalhador" — portador das virtudes — e os "vagabundos" e "vadios" — detentores dos vícios e do perigo.

Esse discurso foi acompanhado de mudanças institucionais, que consolidaram todo um aparato jurídico e policial voltado para a punição a esses sujeitos supostamente portadores do mal. De fato, como aponta Sidney Chalhoub, "a noção de que a pobreza de um indivíduo era fato suficiente para torná-lo um malfeitor em potencial" se transformou em "um dos fundamentos teóricos da estratégia de atuação da polícia nas grandes cidades brasileiras desde pelo menos as primeiras décadas do século XX".[12]

Ocorre que, na experiência histórica do Brasil, pobreza e cor, ou classe e raça, não são elementos separáveis. Ou seja: aqui, a noção de "classes perigosas" surgia com um evidente componente racial. Afinal, o que estava em jogo era "imaginar como seria possível garantir a organização do mundo do trabalho sem o recurso às políticas de domínio características do cativeiro".[13]

Como se sabe, a escravidão foi uma instituição que perdurou por mais de três séculos, primeiro no território colonial da América portuguesa e depois durante toda a existência do Estado monárquico. Diferentes formas de controle e violência foram constituídas ao longo do tempo para manter a exploração do trabalho forçado de africanos sequestrados e trazidos à força para o continente americano.

"Em suas terras e sobre os seus, o senhor era soberano", aponta o historiador Marcelo Ferraro para descrever a concepção de domínio existente entre a classe senhorial brasileira. "Membros da classe dominante de um império tropical", aponta o pesquisador, os fazendeiros brasileiros "recorreram a conceitos e vocábulos monárquicos para definirem a extensão e a natureza de seu poder".[14]

Nesse quadro, eram eles, os fazendeiros, que administravam a justiça e as punições no interior de seus domínios. "A violência doméstica era uma prerrogativa dos proprietários", sintetiza Ferraro.[15] A despeito disso, esses membros das classes dominantes procuravam justificar o exercício da violência recorrendo a imagens de autolegitimação segundo as quais haveria todo um respeito a critérios como a proporcionalidade entre a gravidade do delito e a pena aplicada.

Contudo, o pesquisador destaca que, apesar desses "esforços retóricos", o "verniz liberal que [os fazendeiros] atribuíram à sua justiça privada se esvanecia na realidade material do cativeiro".[16] Por vezes, contudo, os conflitos não se limitaram às "fronteiras da propriedade". Assim, Marcelo Ferraro aponta que, "quando os poderes privados não bastavam, uniam-se a eles as instituições públicas". Nesses casos, "todo o aparato repressivo do Estado estava a postos para combater o inimigo doméstico e, assim como os fazendeiros, ele nem sempre respeitava os limites de sua própria lei", conclui.[17]

O historiador se refere a uma série de acontecimentos das décadas de 1830 e 1840, primeiras décadas após a emancipação política do Brasil. São casos como as revoltas de Carrancas, que se deu em 1833 em Minas Gerais, dos Malês, ocorrida na Bahia em 1835, e aquela conduzida por Manuel Congo na região do Sul Fluminense, em 1838.

Marcados pelo medo da revolta escrava na ilha de São Domingos, que dera início à Revolução Haitiana, os senhores de terras e as instituições do Estado imperial ampliaram o rigor e a violência na aplicação de penas contra os escravizados revoltosos.

Multiplicou-se, naquele contexto, contra os escravizados, o uso da pena de morte baseada no artigo 113 do Código Criminal do Império de 1830, que previa o crime de Insurreição. Dizia a lei que "julgar-se-á cometido este crime, reunindo-se vinte ou mais escravos, para haverem a liberdade por meio da força". As penas se dividiam: "aos cabeças — de morte"; "aos mais — açoites".[18]

Abordando a história das polícias no Brasil e, de forma mais específica, no Rio de Janeiro, outro historiador, Thomas Holloway, aponta para direção semelhante. "Uma razão importante para a criação da polícia foi suplementar a disciplina coercitiva tradicionalmente ministrada pelos senhores de escravos", afirma ele.[19] Com o passar do tempo e a constituição de um "ambiente urbano cada vez mais complexo e impessoal", as forças policiais apareciam para atuar em espaços em que a autoridade do senhor não conseguia alcançar.

"No entender das autoridades", sustenta Holloway, "quando os senhores de escravos não podiam ou não se dispunham a manter sua propriedade humana sob controle, ordenava-se à polícia que preenchesse a lacuna." Assim, era essa a instituição responsável por impedir "os escravos de portar armas, frequentar tavernas, antros de jogos ou as ruas à noite, criar tumulto ao redor de chafarizes ou integrar maltas de capoeira".[20]

Com isso, articulavam-se de forma intensa a aplicação da violência privada, por parte dos senhores; e a mobilização da violência estatal, por meio de um aparato legal e institucional que operava dando garantias às classes proprietárias de que nenhuma ameaça de subversão da ordem poderia prosperar. O peso de cada uma dessas formas de punição variou bastante ao longo do tempo, sobretudo porque a própria instituição da escravidão também passou por transformações profundas na segunda metade do século XIX.[21]

Ferraro mostra em sua pesquisa, por exemplo, que o recurso à violência privada voltou a crescer à medida que as lutas abolicionistas avançaram, incluindo as fugas em massa de escravizados e os assassinatos de senhores. Nesse sentido, os anos que precederam a abolição foram marcados por uma explosão de violência das classes proprietárias contra os escravizados, inclusive aumentando de forma radical o fenômeno dos linchamentos.[22]

Ainda que com mudanças e gradações, essa lógica que congregava a administração privada da justiça e as punições legais perdurou ao longo da vigência da escravidão. Por meio dessas relações, as classes senhoriais e o Estado tentavam operar o controle social dos escravizados, submetê-

-los à ordem escravocrata e garantir a manutenção da exploração de sua força de trabalho.

Com o fim da escravidão, imediatamente seguido do queda da monarquia e da Proclamação da República, algo precisou ser construído no lugar. O que se colocava "para os detentores do capital [era] a questão de garantir a continuação do suprimento de mão de obra, e tal objetivo só poderia ser alcançado caso houvesse uma mudança radical no conceito de trabalho vigente numa sociedade escravista", aponta Sidney Chalhoub. De algo visto como essencialmente negativo, o trabalho precisava passar a ser enquadrado a partir de uma "valoração positiva".[23]

Esse processo, é preciso dizer, já estava em curso pelo menos desde a década de 1870, quando a Lei do Ventre Livre já colocara para as classes proprietárias a necessidade de "atuar na coerção ao trabalho formal", como nota a historiadora Maria Fernanda Cunha.[24] De fato, a mesma norma que determinou que os filhos de mulheres escravizadas nasceriam livres em teoria também reforçava um dispositivo do Código Criminal de 1830 sobre a chamada "vadiagem". Dizia a lei que "os escravos libertados em virtude desta lei ficam durante cinco anos sob a inspeção do governo. Eles são obrigados a contratar seus serviços sob pena de serem constrangidos, se viverem vadios, a trabalhar nos estabelecimentos públicos".

"Viver vadio" era suficiente para que esses indivíduos recém-libertos fossem "constrangidos" a trabalhar nos estabelecimentos públicos. O que estava em jogo, aqui, era a construção, "na letra da lei", de "um sentido racializado de quem era o vadio, isto é, homens e mulheres de pele negra egressos do cativeiro", como aponta o historiador Paulo Cruz Terra. "Enfatizava-se, portanto, a necessidade de que os trabalhadores negros libertos fossem submetidos a um patrão", sintetiza o pesquisador.[25]

Mais do que um corte radical após o ano de 1888, a criação de formas de controle social dos trabalhadores livres se deu gradualmente, no curso do "processo de substituição da lógica de domínio senhorial, com o avanço da legislação emancipacionista".[26] Esse avanço se acelerou à medida que as lutas abolicionistas aprofundaram a crise da escravidão, levando à sua derrocada no final do século XIX.

A despeito de ser um processo que remete às últimas décadas do Império, o fato é que essa preocupação foi o eixo fundamental da constituição da modernidade republicana no Brasil pós-abolição. Termos como "ordem", "progresso" e "civilização", que davam o tom da nova ordem social burguesa que se tentava construir, passaram a ser compreendidos como "conceitos vizinhos" à própria noção de "trabalho". "Desejava-se, na verdade", aponta Sidney Chalhoub, "que os homens livres internalizassem a noção de que o trabalho era um bem, o valor supremo regulador do pacto social."[27]

Foi nesse ponto que as instituições de controle e punição encontraram sua nova vocação. O controle social dos sujeitos em meio à reorganização do mundo do trabalho cumpriu o papel de reforçar as linhas morais demarcadoras dos "trabalhadores", de um lado, e dos "vadios" e "vagabundos", de outro. E aqui surgiu o aparato discursivo e institucional em torno das "classes perigosas".

É recorrente a lembrança de que, no Brasil republicano, a elaboração de um Código Penal em 1890 veio antes mesmo da primeira Constituição, que só seria promulgada no ano seguinte. Sinal da urgência de construir meios para garantir o controle e a repressão de crimes e corpos. No artigo 399, esse Código Penal previa como crime:

> Deixar de exercitar profissão, ofício, ou qualquer mister em que ganhe a vida, não possuindo meios de subsistência e domicílio certo em que habite; prover a subsistência por meio de ocupação proibida por lei, ou manifestamente ofensiva da moral e dos bons costumes.

Em seu parágrafo primeiro, o artigo ainda determinava: "pela mesma sentença que condenar o infrator como vadio, ou vagabundo, será ele obrigado a assinar termo de tomar ocupação dentro de quinze dias, contados do cumprimento da pena". No capítulo precedente, os alvos da lei eram os "mendigos e ébrios". O artigo 391 estabelecia como crime "mendigar, tendo saúde e aptidão para trabalhar".

Mas, como aponta a pesquisadora Fernanda Pradal, o Código Penal detalhava quem seriam seus principais alvos, ao proibir o exercício ilegal da medicina, de magia, espiritismo e curandeirismo", além da capoeira. "Também se multiplicaram as leis penais nos anos seguintes, proibindo casas de batuque e zungu", complementa Pradal.[28] Ao criminalizar práticas e manifestações das religiosidades e das culturas afro-brasileiras, a República mostrava que o controle social das "classes perigosas" era estruturado pela dimensão racial.

Diante dessas inovações legais, a República criaria uma série de instituições e agências voltadas para garantir o cumprimento das leis e a aplicação das sanções e penas.

O centro dessas transformações foi a cidade do Rio de Janeiro, que seguiu como capital do país. "O que se fazia no Rio de Janeiro, no que diz respeito às leis, às reformas político-administrativas", afirmam as historiadoras Lúcia Carpi e Jéssica Moura, "era uma referência para o resto do país." A Polícia Civil do Distrito Federal passou, então, por uma série de mudanças, que as autoras dividem em três eixos fundamentais: a ampliação do efetivo e do número de delegacias; a profissionalização da instituição; e a criação de órgãos especializados.[29]

Exemplar desse momento foi a construção de um novo prédio para sediar a Repartição Central de Polícia, cuja construção teve início em 1908. Localizado na rua da Relação, no centro do Rio de Janeiro, o prédio expressava, em sua arquitetura, a necessidade de "uma polícia à altura das transformações modernizadoras: aparelhada, científica, imponente e centralizadora", nota Fernanda Pradal.[30]

Outro exemplo foi a instalação da Colônia Correcional na ilha Grande. Estudado pela socióloga Myrian Sepúlveda dos Santos, o local foi criado a partir de um decreto publicado ainda em 1893, que autorizava "a criação de um estabelecimento voltado para a correção, pelo trabalho, dos vadios, vagabundos e capoeiras que fossem encontrados na Capital Federal".[31]

Naquele início do século XX, uma nova preocupação se somou à questão do controle social das "classes perigosas". Com a vitória da Revolução Russa em 1917, bem como o fortalecimento das lutas operárias no Brasil, que no mesmo ano culminaram na primeira greve geral no país, iniciada em São Paulo em fábricas têxteis, entrou em cena o "perigo vermelho".[32] Ideologias políticas baseadas na crítica ao capitalismo, como o comunismo, o socialismo, o anarquismo e o anarcossindicalismo, passaram rapidamente a compor o rol de preocupações que afligiam os grupos sociais dominantes.

Evidentemente, as forças policiais foram rápidas ao incorporar esse ponto. Assim, a década de 1920 vai assistir ao surgimento oficial de "um modelo de organização no aparelho do Estado com setores destinados à atividade de polícia política", como mostra a historiadora Ângela Britto.[33] O organismo que concentrou essa atribuição, naquele momento, foi a chamada 4ª Delegacia Auxiliar.

Britto aponta em suas pesquisas que esse corpo policial dava atenção especial à movimentação de iniciativas revolucionárias, de organizações operárias, bem como de candidatos oposicionistas naquele contexto da Primeira República. Mas a 4ª Delegacia Auxiliar também era responsável pela "produção de listas daqueles que eram definidos pela polícia como 'indesejáveis'".[34] Segundo a autora, a partir do conjunto documental por ela analisado, é possível atestar que "a esmagadora maioria das pessoas detidas apresentava como causa da detenção os crimes de roubo e vadiagem".[35]

Isso porque a 4ª Delegacia Auxiliar era responsável tanto pela função de polícia política, ou seja, pelo monitoramento e repressão aos críticos do regime, como pelo controle da chamada ordem social. Isso significa que, para as forças policiais e instituições repressivas constituídas pelo Estado brasileiro naquele início de século, o sufocamento da dissidência política e a garantia do controle social das "classes perigosas" eram ambas funções complementares, essenciais para a manutenção de certo estado de coisas.

Por isso, como destaca a historiadora Luciana Lombardo, anarquistas, agitadores, comunistas e subversivos passavam a figurar lado a lado de categorias como "vadios", "mendigos", "bêbados", "prostitutas", "menores no rol de alvos das polícias", por "[recusarem] a adesão à ordem estabelecida".[36]

As profundas transformações político-sociais que se seguiram às primeiras décadas do século XX, tanto nacional como internacionalmente, trouxeram novos elementos para essa realidade. A Revolução de 1930, bem como o início e o fim do Estado Novo (1937-45), marcam as mudanças ocorridas no Brasil. Nesse período, surgiram os primeiros grandes movimentos de massa no país, com ênfase na Aliança Nacional Libertadora. Por sua vez, o fim da Segunda Guerra Mundial e o início da chamada Guerra Fria, com o aprofundamento do sentimento anticomunista, são os grandes acontecimentos no plano externo.

Nesse quadro, a 4ª Delegacia Auxiliar foi transformada, em 1933, na Delegacia Especial de Segurança Política e Social (Desps). Que, onze anos depois, se tornou a Divisão de Polícia Política e Social (DPS). Em 1962, ainda dois anos antes do golpe de Estado de 1964, surgiria o Departamento de Ordem Política e Social, o famigerado Dops.

Enquanto mudanças aconteciam na arquitetura institucional das forças de segurança, transformações legais adensaram e complexificaram o processo de criminalização de certas condutas. Como mostram os casos das revoltas escravas descritas anteriormente, o crime de insurreição já constava no Código Criminal do Império de 1830, e líderes desses movimentos foram condenados à morte por causa dessa previsão.

O Código Penal da República de 1890 previa igualmente crimes dessa natureza, tais como "crimes contra a segurança interna da República". Em 1935, uma lei específica definiu pela primeira vez os "crimes contra a ordem política e social".[37] No ano seguinte, foi instituído o Tribunal de Segurança Nacional (TSN), que julgava tanto civis como militares, Em 1953, uma nova lei foi editada para abarcar os "crimes contra o Estado e a ordem política e social".[38]

Para além da previsão dos crimes, um aspecto importante dessas leis era a determinação do foro em que as condutas consideradas criminosas seriam julgadas. O TSN, criado em 1936, tinha como segunda instância de apreciação o Supremo Tribunal Militar (STM). Por sua vez, a de 1953, instituída no período da experiência democrática inaugurada com o fim do Estado Novo, retomou para a Justiça comum o julgamento dos crimes contra a segurança do Estado. Apenas em 1965, já na ditadura militar, a Justiça Militar voltaria a julgar civis e militares acusados de crimes dessa natureza.

Uma consequência dessa especialização policial em termos de polícia política e da previsão legal cada vez mais específica acerca de crimes contra a segurança do Estado foi o sobredimensionamento do chamado crime político no rol de preocupações das agências estatais. Isso não significou em momento nenhum, no entanto, o abandono da preocupação com o controle social das "classes perigosas".

Ocorre que, no âmbito da historiografia, houve um deslocamento importante de preocupações. Se os trabalhos voltados para o início do século costumam enfatizar essa dimensão do controle social, "o estudo da polícia após 1930 é ainda incipiente", como notam os historiadores Marcos Bretas e André Rosemberg. Isso porque "a atividade de polícia política ganha enorme destaque num momento em que a historiografia como um todo passa a privilegiar as questões políticas".[39]

Ou seja, não se trata de uma substituição das atividades de controle social pela repressão política, mas de uma questão de foco das análises históricas. Essa correlação entre as chamadas "ordem política" e "ordem social" permaneceu existindo. Ainda que transformações fossem operadas no interior desses organismos, essa marca não seria desfeita, deixando evidente como as forças repressivas do Estado atuaram, ao longo de todo o século XX, com definições e fronteiras muito fluidas acerca de onde terminava o controle social e onde começava a repressão política.

As atividades de repressão aos "indesejáveis" não diminuíram, como também vivenciaram transformações ao longo dessas décadas, no processo que o sociólogo Michel Misse caracteriza como "acumulação social da violência".[40] Esse processo histórico aprofundou a naturalização do imaginário das "classes perigosas". Cada vez mais, certos tipos sociais — no caso brasileiro, a população negra e os moradores de favelas — eram considerados naturalmente propensos ao crime. Foi daí que surgiu também uma importante mudança discursiva. No início do século XX era relativamente comum encontrar a formulação explícita, por parte dos representantes do Estado, de que era preciso garantir o controle social das "classes perigosas". Aos poucos, esse tipo de proposição deu lugar às falas que diziam apenas ser necessário reprimir a criminalidade.

SEGURANÇA NACIONAL

"Eu já tinha sido de P2, depois fui da PM-2, e eu passei muito tempo interrogando presos de favelas, para conseguir descobrir onde estava depósito de armas. Então a gente vai pegando prática. Eu tinha experiência." Com essas palavras, um major da Polícia Militar do Rio de Janeiro, chamado Riscala Corbaje, respondeu ao Ministério Público Federal sobre como ele era consultado por outros militares durante sessões de tortura no Destacamento de Operações de Informações do Centro de Operações de Defesa Interna (DOI-Codi).[41] O depoimento foi dado em 2014, no âmbito das investigações acerca do assassinato sob tortura do ex-deputado federal Rubens Paiva por agentes da ditadura.

A declaração de Corbaje nos oferece, com transparência rara, acesso privilegiado à lógica que sustentou a violência do Estado durante a ditadura. O que o militar está dizendo, com todas as letras, é que foi a expertise acumulada ao "interrogar" moradores de favelas — um evidente eufemismo para as torturas — que o habilitou a ser convocado a "servir à pátria" no mais temido órgão da repressão aos opositores políticos do regime.

Sua fala ilumina a breve digressão anterior sobre o desenvolvimento das forças de segurança no Brasil. O que fica evidente é que o aparato repressivo constituído após 1964 para perseguir inimigos internos não partiu da estaca zero. Pelo contrário: é um novo capítulo de uma longa história de formas de promoção da violência de Estado no país, que remonta pelo menos ao século XIX.

Partindo desse acúmulo de muitas camadas de violência contra as "classes perigosas" e contra dissidentes políticos, o regime iniciado em 1964 montou formas específicas de atuação em resposta à conjuntura própria daquele momento. Ao analisar a dinâmica da repressão da ditadura brasileira, o cientista político Anthony Pereira caracterizou a existência de uma "legalidade autoritária".

Esse tipo de repressão se baseava em uma atuação "judicializada" e "gradualista" por parte do regime, o que levou muitos dos seus opositores a serem processados em tribunais.[42] Pereira destaca que em toda ditadura há, "por um lado, uma esfera de terror estatal extrajudicial e, por outro, uma esfera de legalidade rotineira e bem estabelecida".[43] No caso brasileiro, o autor destaca que houve uma larga utilização dessa segunda esfera.

Para o cientista político, a escolha estratégica dos militares por esse tipo de repressão se explica por diversos fatores. Entre eles, a tradição de persecução judicial à oposição política de longo prazo do Estado brasileiro e a busca do regime por legitimidade interna e externa.

Essa escolha gerou distintas consequências. Uma delas é que essa forma repressiva particular levou a uma profusão de encarceramentos ao longo dos anos. Ao menos dezenas de milhares de pessoas foram presas.

É certo que muitos opositores foram levados para centros clandestinos de detenção e tortura, ou mesmo estiveram de forma clandestina em espaços oficiais. Ainda assim, está na casa das dezenas de milhares o contingente de pessoas processadas de fato, isto é, cujas prisões adentraram e tramitaram oficialmente no sistema de justiça, ainda que no âmbito da Justiça Militar.

Grande parte dessas pessoas respondeu por crimes previstos nas diferentes Leis de Segurança Nacional (LSN) existentes na ditadura. Nos primeiros anos do regime, ainda estava em vigor a lei nº 1802 de 1953, que designava a Justiça comum como foro responsável por julgar civis acusados de "crimes contra o Estado e a ordem política e social". O Ato Institucional nº 2, de outubro de 1965, transferiu para a esfera da Justiça Militar a responsabilidade pelo processo e pelo julgamento desses crimes, mesmo se cometidos por civis.

Em 1967 foi publicado o decreto-lei 314, que instituiu a primeira Lei de Segurança Nacional da ditadura. A partir daí, houve uma sucessão de atos que aprofundavam os draconianos termos da LSN. A Constituição outorgada no mesmo ano consolidou as medidas de exceção prévias. Em seguida, houve o AI-5 em dezembro de 1968 e uma nova LSN em 1969, instituída pelo decreto-lei 898.

A constituição de uma institucionalidade voltada para levar adiante a repressão não se encerrou nesses instrumentos, estruturados para oferecer uma aparência de legalidade aos atos arbitrários da ditadura. Ao contrário: ao longo do regime, uma série de outras leis, decretos, diretrizes secretas e atos institucionais seria lançada, moldando as instituições à luz das diferentes conjunturas enfrentadas pelos militares no tempo.

Para efetivar essas arbitrariedades, a ditadura constituiu também um complexo e poderoso sistema repressivo, organizado com o intuito de promover, de forma sistemática, práticas como a prisão arbitrária, a tortura, a execução sumária e o desaparecimento forçado daqueles considerados inimigos do regime.

Esse aprofundamento da violência de Estado se deu por meio da criação e consolidação de uma série de órgãos que centralizavam a repressão nas mãos das Forças Armadas. Como experiência piloto, foi criada em São Paulo, em 1969, a Operação Bandeirante (Oban). O modelo deu origem, posteriormente, aos DOI-Codis, órgão em que o major Riscala Corbaje atuaria.[44]

A montagem desse aparato permitiu que o regime centralizasse, nas Forças Armadas, as decisões acerca da perseguição contra seus opositores. Mas nem por isso a ditadura descuidou das forças de segurança que operavam a repressão contra a chamada criminalidade "comum". Pelo contrário: reorganizar e reforçar as instituições policiais foi um objetivo importante dos militares naquele momento.

Compreendendo a "segurança pública" como aspecto importante da "segurança nacional", o regime incorporou às atribuições federais uma série de competências antes dos estados, como mostra o estudo de Maria Pia Guerra. Assim, "a definição de estrutura, os objetivos e os postos chave de coordenação" das políticas de segurança pública nos estados foram "avocados pelo Ministério do Exército".[45]

Em 1967, por meio do decreto-lei nº 317, o regime centralizou definitivamente a atribuição da segurança pública. Segundo Guerra, houve quatro modificações fundamentais: "controle de nomeações, criação da Inspetoria Geral da Polícia Militar, proibição de sindicalização e atribuição às polícias militares da prerrogativa de atuação no policiamento ostensivo".[46]

Dois anos depois, com o decreto nº 667, acontece um aprofundamento da militarização das polícias. A normativa confirmou que "policiais militares que cometessem crimes contra civis em exercício de função seriam julgados e responsabilizados não por cortes civis, mas por cortes especiais militares". Ao mesmo tempo, o texto "fortaleceu o controle das Forças Armadas sobre as polícias", aponta a pesquisadora.[47]

"A repressão política e a repressão que se convencionou chamar de *comum* estavam, assim, intimamente ligadas neste período", aponta Maria Pia Guerra. Ambas "faziam parte de um mesmo processo de ampliação de controle sobre a segurança, nos termos da Doutrina de Segurança Nacional".[48]

Um exemplo de como esses dois aspectos "faziam parte de um mesmo processo" pode ser visto na ata de uma reunião realizada em 1971. Naquele contexto, os representantes dos órgãos de espionagem e de segurança se encontravam periodicamente no que ficaria conhecido como a "Comunidade de Informações", com o intuito de trocar dados julgados relevantes e coordenar os esforços de atuação. Em agosto daquele ano, o representante da Polícia Militar do estado da Guanabara participou do encontro. Nos registros restantes, sua contribuição é sintetizada em uma linha: "Vai intensificar as batidas nas favelas, realizando-as da ordem de três a quatro vezes por semana".[49]

Para montar o aparato repressivo voltado para os adversários políticos, a ditadura contou com a expertise constituída no controle social das "classes perigosas". Uma vez estruturada essa arquitetura institucional voltada para reprimir os opositores, ela fortaleceu dialeticamente as forças que historicamente promoveram a violência que não é reconhecida como política. Mais do que uma retroalimentação, havia uma mútua constituição entre o controle social e a repressão política nas práticas violentas da ditadura militar.

No quadro dessa "legalidade autoritária" apontada por Anthony Pereira, tanto os instrumentos jurídicos como os órgãos que operavam a repressão eram apresentados como parte de uma institucionalidade montada para combater os perigosos crimes de subversão e terrorismo. Isto é, no discurso público do regime, havia uma recusa em admitir que o que estava em curso eram perseguições a militantes políticos.

Isso fica evidente em várias passagens do "Livro branco" e do relatório do Serviço Nacional de Informações anteriormente analisados. Tanto internamente como no âmbito externo, o regime se esforçava em desqualificar as denúncias sobre a existência de presos políticos no Brasil. Esse discurso voltou a ficar evidente quando o Exército tentou promover um "estudo" sobre a chamada "subversão".

Para falar dos resultados, o general Antônio Carlos Murici deu uma entrevista para o *Jornal do Brasil* em julho de 1970.⁵⁰ Tal como as declarações de Riscala Corbaje, as palavras do militar nos oferecem a rara oportunidade de compreender a lógica com que o regime operava na construção de estigmas e categorias acusatórias contra seus adversários. Segundo ele, à época chefe do Estado-Maior do Exército, a "pesquisa" havia sido realizada com "cerca de quinhentas pessoas detidas atualmente no Exército em todo o país e ligadas verdadeiramente ao terror e à subversão ativa".

Segundo Murici, a conclusão do "estudo" era que "o movimento comunista internacional procura deliberadamente atingir a mocidade, a fim de conquistá-la, se possível, pela impregnação ideológica". Fica claro que se trata de uma perspectiva de todo tributária da noção da "guerra psicológica". Para explicar a razão de alguns jovens serem "aliciados" para a "subversão", o general apresentou quatro grandes causas:

> 1) desajustes sociais; 2) descaso dos pais pelos problemas da mocidade; 3) politização no meio escolar realizada por *estudantes profissionais* que despertam e exploram o ódio nos jovens, com o fito de impor-lhes um idealismo político, mesmo temporário; 4) o trabalho de alguns maus professores, hábeis em utilizar a cátedra para fazer proselitismo.

E Murici seguiu descrevendo o que ocorria uma vez que o jovem fosse "aliciado":

> Quando membro de uma delas ["organizações clandestinas"], o estudante se afasta, via de regra, dos estudos, da vida familiar. Entra a conviver com desconhecidos, não tem endereço próprio, vive como pária, na maior promiscuidade [...]. Sem vontade própria, obedece passivamente — e cedo os dirigentes do grupo tratam de confiar-lhe missões arriscadas que o incriminam em face da legislação penal brasileira.

Perguntado sobre o perfil dos "subversivos", o general mostrou toda a sua surpresa. "A maioria dos que conspiram contra o aperfeiçoamento do regime e as instituições nacionais vêm, paradoxalmente, das classes A e B, as classes melhor dotadas financeiramente e de onde tendem a sair os futuros chefes", afirmou. "É doloroso para qualquer um de nós, como cidadãos, como pais, como chefes, deixar sem orientação sadia aqueles que no futuro terão a responsabilidade de conduzir os destinos do país", concluiu Murici.

Com isso, o general vocalizava a existência de uma radical quebra de expectativas, uma verdadeira tristeza por ver os "futuros chefes" se integrando em "organizações clandestinas". Diante disso, parecia urgente, para os militares, encontrar uma explicação que justificasse a situação.

A explicação apresentada era, acima de tudo, de ordem moral. O afastamento da "vida familiar" e a adoção de um estilo de vida baseado na "promiscuidade" eram os primeiros passos seguidos pelos jovens cujos "ódios" haviam sido despertados em razão da "imposição" de uma "ideologia política". Uma vez que sua pureza moral era desfeita, aquele jovem passava a assumir "missões arriscadas" que o incriminavam perante a lei. Os que seguiam por esse caminho se tornavam, então, "verdadeiramente comprometidos com a subversão".

A mera necessidade de encontrar uma explicação é reveladora de como esses "jovens das classes A e B" não ocupavam o imaginário dos militares como sujeitos tipicamente criminosos. Afinal, em sua perspectiva, os indivíduos que carregavam os signos da criminalidade eram oriundos das chamadas classes perigosas. É notável a profunda confusão causada no general ao ver que indivíduos portadores de todos os sinais da pureza — brancos e pertencentes às classes altas — seguiam um caminho distinto do esperado.

Em seus trabalhos, Michel Foucault chama a atenção para a existência de uma "gestão diferencial dos ilegalismos". A expressão aponta a impossibilidade de compreender o tratamento que as instâncias estatais conferem a condutas ilícitas sem atentar para *quem* é o sujeito supostamente criminoso. Em outras palavras, nos termos do antropólogo Roberto Efrem Filho, "o crime é o sujeito".[51]

O que a pesquisa e a entrevista de Murici explicitam, portanto, é a construção de um caminho distinto para atribuir o estigma do crime a determinados sujeitos: não por sua constituição física ou origem de classe, mas por meio da criminalização de sua ação política. Para esses militantes, as categorias historicamente utilizadas para legitimar a violência de Estado, tais como *marginais*, *vagabundos* e *bandidos*, não podiam ser utilizadas — pois carregavam evidentes dimensões de raça, classe e território.[52] Por isso a necessidade de constituir novas categorias: eles seriam, então, *subversivos* e *terroristas*.

A explicação na base da elaboração desses estigmas precisava ser de ordem moral já que essas clivagens também o eram. Tais categorias produzem uma diferenciação radical entre o universo da pureza, da ordem e da virtude — nós, os "cidadãos de bem" — e o universo do mal absoluto, representado por um "eles", um Outro com o qual eu não compartilho nada, nem mesmo a humanidade. E, portanto, "eles" podem ser excluídos, violentados e, no limite, eliminados.

Ocorre que a mera necessidade de criar novas categorias de criminosos indicava que os *terroristas* e *subversivos* também poderiam trilhar trajetórias distintas em sua tentativa de escapar das marcas da incriminação. Afinal, eles integravam o outro lado da fronteira penal que divide a "normalidade" do "crime" e da fronteira moral que divide o "bem" do "mal" por vias distintas dos *marginais, bandidos* e *vagabundos*.

Não eram os marcadores sociais de raça, classe e território que estavam em jogo, mas a ação política, naquele momento vista como ilegítima. Assim, caso os militantes lograssem reverter essa perspectiva, conferindo legitimidade pública aos seus atos, apresentando-os não como crimes, mas como manifestações válidas da luta política, então eles poderiam ser reabilitados

Esse seria o sentido fundamental das disputas classificatórias entre o regime e as oposições. Em meio ao conflito, uma das consequências fundamentais foi o apagamento da relação de mútua constituição entre as formas de violência do Estado que se voltaram historicamente contra as "classes perigosas" e aquelas operadas contra os opositores do regime. Ao organizar sua luta em torno da bandeira de que a violência cometida contra eles tinha um estatuto específico — era uma violência política — os militantes produziriam um silêncio sobre as formas de violação historicamente perpetradas para garantir o controle social, que não receberiam esse qualificativo. Assim, no final desse processo, após muita luta, os militantes de oposição conseguiriam ultrapassar novamente a barreira moral que separa o "bem" do "mal" e voltariam a ser reconhecidos como indivíduos dignos de direitos. Mas se manteria de pé — como segue até hoje — a fronteira entre os "cidadãos de bem" e aqueles outros tipos sociais vistos como indesejáveis, cuja eliminação é percebida como legítima.

3. LENTA, GRADUAL E SEGURA

"ENVIDAREMOS SINCEROS ESFORÇOS PARA O GRADUAL, mas seguro, aperfeiçoamento democrático." Foi assim, na primeira reunião ministerial que conduziu como novo general-ditador do país, em 19 de março de 1974, que Ernesto Geisel anunciou um dos eixos fundamentais de seu futuro governo.[1] Era o projeto de levar adiante certa liberalização do regime, sob total controle dos militares. Poucos meses depois, ele nomearia esse projeto com os termos que ficariam registrados para a posteridade: a "lenta, gradativa e segura distensão".[2]

Geisel assumira a cadeira da Presidência da República poucos dias antes, como sucessor de Emílio Garrastazu Médici. O militar chegou ao poder, como acontecia no regime ditatorial, pela via indireta, como escolha interna do Exército, e nele ficaria até 1979, sendo o penúltimo dos generais-ditadores a comandar o regime instaurado com o golpe de Estado de 1964.

Promessas de devolução do poder aos civis e de retorno gradual à democracia estiveram presentes na fala dos golpistas desde o primeiro dos ditadores, Humberto de Alencar Castelo Branco. Mas foi Geisel quem de fato deu início a esse processo, sendo essa a marca fundamental pela qual ele passaria para a história. Evidentemente, o militar tentou — não sem certo apoio de analistas e jornalistas simpáticos a ele — sustentar a imagem de que teria cumprido a tarefa por algum tipo de convicção democrática ou humanista.[3]

Não era esse o caso, porém. No início de abril, poucos dias depois da posse, Geisel se encontrou com os generais Milton Tavares de Sousa e Confúcio Danton de Paula Avelino. O primeiro fora chefe do Centro de Inteligência do Exército (CIE) na gestão Médici, e o segundo seria nomeado como sucessor do cargo. Estava presente, ainda, o chefe do Serviço Nacional de Informações, futuro ditador, João Batista Figueiredo.

A reunião está descrita em um memorando secreto da CIA, agência de inteligência norte-americana, localizado e analisado inicialmente pelo pesquisador Matias Spektor. Na ocasião, Milton Tavares explicou o trabalho que o CIE vinha desempenhando, por meios extralegais, para eliminar a oposição.[4] O militar apontou que mais de cem pessoas haviam sido executadas sumariamente apenas no ano anterior. Geisel ordenou, então, que a política de assassinatos de opositores deveria continuar. Era este o mesmo militar que falava em "aperfeiçoamento democrático".

Uma vez afastada a visão ingênua e incorreta de que Geisel teria levado adiante a abertura por ser um democrata ou humanista convicto, resta perguntar quais razões o teriam feito iniciar esse processo.

Antes, ainda, vale chamar a atenção para o fato de que "a distensão foi parcialmente improvisada", nos termos da historiadora Maud Chirio.[5] Isto é, Geisel não foi alçado ao cargo de presidente da República em razão de carregar um projeto sobre a abertura. Pelo contrário. Como nota Chirio, "ele mesmo nega ter feito qualquer promessa nesse sentido ou meditado a esse respeito antes de sua eleição".[6] O "principal teórico" e "iniciador da distensão" não seria ele, mas seu chefe da Casa Civil, Golbery do Couto e Silva.

Em um texto escrito no calor do momento, em 1982, os cientistas políticos Marcus Figueiredo e José Antônio Cheibub fizeram um compilado de explicações que circulava então, para explicar o porquê da abertura.[7] Segundo os autores, havia cinco grandes linhas interpretativas: a crise econômica, a complexificação da economia, a busca do sistema político por legitimidade, a vontade do governo Geisel e a crise de autoridade do regime.

É possível que todos esses elementos tenham cumprido algum papel na decisão de Ernesto Geisel, aconselhado pelo seu braço direito Golbery do Couto e Silva, de assumir a "distensão" como eixo fundamental de seu governo. Dentre todas elas, cabe destacar que, de fato, manter as Forças Armadas à frente de um regime de força que já durava dez anos era um elemento de desgaste para a instituição.

De um lado, porque naquele momento as denúncias de arbitrariedades cometidas pelo regime, que atingiam diretamente os militares, se tornavam mais contundentes. Enquanto Geisel se dirige aos seus ministros, em 30 de março de 1974, tiveram início, na Itália, os encontros do Tribunal Russell II para a Repressão no Brasil, no Chile e na América Latina. Tratava-se de uma ação de lideranças progressistas europeias, que buscavam jogar visibilidade sobre crimes promovidos por regimes autoritários do outro lado do Atlântico. A iniciativa alçava as denúncias internacionais sobre torturas promovidas pela ditadura brasileira a um novo patamar de repercussão.

De outro lado, as disputas internas por poder traziam riscos à corporação militar, que tem na coesão e na hierarquia eixos centrais. Nos termos do cientista político Adriano Codato, tratava-se, aqui, do objetivo propriamente militar da abertura. Para realizar essa tarefa voltada para a "disciplina interna", seria necessário "afastar gradualmente as Forças Armadas do comando global da política nacional".[8]

No entanto, mais do que chegar a uma explicação definitiva acerca do porquê da abertura, é importante entender qual era o sentido que o novo general-ditador e seus aliados políticos atribuíam à chamada "distensão".

O pronunciamento de Geisel em sua primeira reunião ministerial já continha alguns dos traços fundamentais desse projeto. Ao abordar o que chamava de "aperfeiçoamento democrático", Geisel apontava que seu objetivo era ampliar o "diálogo honesto e mutuamente respeitoso" e estimular "maior participação das elites responsáveis e do povo em geral, para a criação de um clima salutar de consenso básico e a institucionalização acabada dos princípios da Revolução de 64".

A ideia de institucionalizar os princípios da "revolução" é um ponto-chave para entender o que estava em jogo. Isso significa, na perspectiva de Geisel, apontar para um horizonte futuro em que os "instrumentos excepcionais" do regime — ou seja, o arcabouço legal e institucional constituído para reprimir e controlar as oposições — deveriam ser substituídos. Em seu lugar, seriam instituídas "salvaguardas eficazes", por "dentro do contexto constitucional".

Em outras palavras, era preciso iniciar a transição para um regime em que os militares pudessem sair de cena, mas deixando como legado duradouro a incorporação dos instrumentos de repressão na nova ordem política a ser construída. Uma ordem em que tal aparato não mais aparecesse como excepcional, mas fosse plenamente normalizado. Eram esses instrumentos, afinal, que seriam capazes de garantir que projetos alternativos de país, diferentes daquela ordem política, econômica e social imaginada, implementada e defendida pelos militares a partir do golpe de 1964, não tivessem espaço para florescer.

Em uma análise da Doutrina de Segurança Nacional, o cientista político Rodrigo Lentz descreve alguns dos eixos fundamentais do pensamento político dos militares que mostram o que significavam, na prática, os "princípios da Revolução" evocados por Geisel.

Em primeiro lugar, a visão de mundo dos militares parte daquilo que o pesquisador caracteriza como suas "crenças fundamentais sobre a natureza humana e a organização social".[9] Ou seja, uma leitura sobre como funcionam as sociedades. Em linhas gerais, essa cosmovisão é profundamente religiosa — de forma mais específica cristã — e pautada nas noções de hierarquia e ordem. A sociedade é vista como um sistema altamente funcional, que demanda a atuação de um ente específico — o Estado — para que a ordem seja mantida e para que o "bem comum" seja buscado. Trata-se, aqui, do binômio "segurança e desenvolvimento".[10]

O desdobramento dessa leitura leva à conformação de um "núcleo normativo". Em outras palavras: após explicar o que é e como funciona a sociedade, a Doutrina de Segurança Nacional se propunha a apontar o que essa sociedade deve fazer. Eram os chamados "objetivos nacionais", descritos como os "valores essencialmente fundamentais" ou as "crenças maiores" de uma dada sociedade.[11] Ou seja, as nações tinham interesses e objetivos essenciais, produtos de sua própria formação histórica, que não eram vistos como interesses de grupos ou classes sociais, mas do conjunto desse sistema social altamente ordenado e hierarquizado.

Ora, mas se a sociedade tinha interesses reais que não representavam os desejos de nenhuma de suas frações, como era possível identificá-los? Segundo a DSN, caberia às próprias Forças Armadas traduzir o autêntico interesse da Nação. Para produzir essa tradução, os militares, por meio da Escola Superior de Guerra (ESG), procediam a uma "interpretação histórico-cultural da doutrina", formulando suas "caracterizações sobre o povo, as elites, as instituições, o 'caráter' e, enfim, a própria identidade brasileira".[12]

Segundo a leitura de Lentz, "a doutrina conferia destaque aos valores cristão-ocidentais na caracterização dos valores comuns dos brasileiros e à religião de matriz cristã como a principal responsável pela coesão da cultura nacional".[13] Sendo esse o eixo fundamental da "cultura nacional", é dele que se depreendem outros elementos capazes de definir certa formação histórica do "caráter" do povo brasileiro.

"A definição dos atributos brasileiros se balizava por duas premissas interpretativas", aponta o cientista político. A primeira delas era a da "miscigenação cultural". Trata-se de uma apreensão específica do mito da democracia racial, segundo o qual as relações entre brancos, negros e indígenas se teria processado de forma pacífica e harmoniosa ao longo da história do Brasil.

Essa visão aparece em um texto de 1964, intitulado "Interpretação dos interesses e aspirações do povo brasileiro" e publicado na revista da ESG. Ao descrever o "homem brasileiro", os autores apontam: "Quando aqui aportaram os portugueses, havia índios espalhados pelas praias. O primeiro [contato] entre brancos e indígenas não foi beligerante nem hostil". Seguindo para outra parte da história, o artigo afirmava:

> Depois veio o negro da África, em levas sucessivas, cada vez mais numerosas. Veio e ficou, e só muito mais tarde deixou de vir. O branco fez do negro o que não conseguira fazer do pele-vermelha: um bom braço escravo. O negro adaptou-se na Senzala e serviu bem ao senhor da Casa-Grande. Quilombos e Palmares foram as suas únicas manifestações de revolta. Heroicas, mas improdutivas. Muito mais tarde, a humana Princesa atendeu às reivindicações do povo e libertou-o.
>
> Índios, negros e portugueses mesclaram suas etnias ao correr dos tempos, numa admirável fusão de tradições, costumes e estilos de vida, e plasmaram o Homem Brasileiro, expressão de uma unidade cultural paradoxalmente baseada na variedade de culturas.[14]

A leitura, longe de ser particular dos autores do texto, era fortemente emblemática do pensamento formulado na Escola Superior de Guerra. Inclusive, expressa parte daquilo que Rodrigo Lentz caracteriza como a segunda grande premissa da interpretação dos "atributos brasileiros" por parte dos militares: a ideia de que os brasileiros carregariam uma série de características supostamente inatas como "individualismo, adaptabilidade, improvisação, cordialidade, emotividade e pacifismo".[15]

As noções de cordialidade e pacifismo são particularmente importantes nessa teoria geral acerca do caráter nacional. São elas que sustentam, em última instância, a ideia de que qualquer mudança social no país só deveria ocorrer de forma lenta e pacífica, por meio de estratégias de conciliação, consenso e negociação. Jamais pela luta, que poderia levar a rupturas vistas como indesejadas. Nessa chave de compreensão, movimentos que buscam transformações radicais só podem ser lidos como exóticos, descolados da realidade nacional, e, portanto, perigosos.

Com a conformação desse quadro geral acerca de quem é e como se comporta o "homem brasileiro", os militares podiam, então, se propor a identificar os reais interesses e objetivos nacionais. Os tais "objetivos nacionais permanentes" são expressos em termos genéricos, nos quais, a princípio, poderiam caber interpretações distintas. Na síntese feita por Rodrigo Lentz, eles seriam: integridade territorial, unidade nacional, soberania, projeção internacional, paz social e democracia representativa. Se voltarmos à elaboração anterior à formulação desses objetivos, fica evidente que os sentidos a eles atribuídos são muito específicos.

A ideia de "unidade nacional", por exemplo, necessariamente traz à tona a concepção sobre uma suposta identidade brasileira baseada nos valores cristãos e no mito da democracia racial. Ou seja, ao identificar que se trata de um "objetivo nacional permanente" manter a "unidade nacional" nesses termos, os militares entendiam que era seu papel, por exemplo, reprimir manifestações e lutas antirracistas[16] ou garantir a "moral e os bons costumes", controlando sexualidades dissidentes que não seguissem a lógica cis-heteronormativa e patriarcal.[17]

Por sua vez, a noção de "paz social" tem a ver com a leitura de uma história pacífica e sem traumas. Não há espaço, assim, para questionamentos à ordem social capitalista, visto que se propõe uma união entre as classes sociais para a superação lenta e gradual dos problemas. Nessa chave, por exemplo, a organização sindical com o intuito de reivindicar a ampliação dos direitos dos trabalhadores é vista como a introdução de um elemento perturbador da ordem, que deve ser controlado e eliminado.

Outro conceito, o de "projeção internacional", só pode ser entendido à luz da Guerra Fria. Diante de uma história que é vista como integrante da "civilização cristã", que outra postura caberia ao país, que não o alinhamento automático aos Estados Unidos e ao mundo capitalista no quadro da disputa geopolítica num mundo bipolar?

Por fim, a formulação de que a "democracia representativa" faz parte dos "objetivos nacionais permanentes" também precisa ser lida tendo em vista o que os militares consideravam uma democracia. E uma boa forma de compreender esse ponto é voltar ao discurso de Ernesto Geisel em sua primeira reunião ministerial.

Na ocasião, ao mesmo tempo que sinalizava para um horizonte distante de liberalização do regime, Geisel deixava claros os limites do processo. Em seu discurso, apontou que o avanço da redemocratização dependeria "de que o espírito de contestação de minorias trêfegas ou transviadas, perturbadoras da vida do país, irresponsável ou demagógico, com apelo até às armas do embuste, da intriga ou da violência, acabe por exaurir-se". E chamou a atenção para o fato de que esse "espírito de contestação" deveria ser objeto de um "repúdio geral", motivado "pelo reconhecimento pleno da realidade hoje incontestável que é a da implantação definitiva de nossa doutrina revolucionária".

O general-ditador, no entanto, logo se defendia de possíveis acusações de que sua perspectiva seria antidemocrática. Seu objetivo seria, na verdade, "o aperfeiçoamento" das "práticas democráticas", mas em "termos provadamente realistas". Entrava em cena, portanto, o imperativo do realismo político, que apontava que a abertura política deveria acontecer nos termos imaginados pelos militares, ou então ela seria impossível.

Geisel mostrou bem todo seu espírito democrático ao afirmar que seria até possível aceitar "a colaboração desinteressada, leal e nunca impositiva" de setores da sociedade civil. "O que lhes não poderemos nem devemos outorgar", ressalvava o general-ditador, seria "a intromissão, sempre indevida, em áreas de responsabilidade privativa do governo, a crítica quando desabusada ou mentirosa, as pressões insistentes e descabidas".

Havia no discurso de Geisel, ainda, algum grau de determinismo biológico, quase eugenista. Para o militar, esse "aperfeiçoamento" realista das "práticas democráticas" era uma forma de adequá-las às "características de nossa gente e ao estágio alcançado pela revolução social e política do país". Isto é, existia um limite máximo de democracia que "nossa gente" suportaria. Fica muito evidente, aqui, como o general estava operando dentro desse aparato ideológico da Doutrina de Segurança Nacional, segundo o qual a forma política e social da Nação precisava corresponder a certas características supostamente inatas e naturais do "homem brasileiro".

Pois essa era a "democracia representativa" possível de ser aceita pelos militares. Um regime de liberdades civis limitadas controlado por instrumentos repressivos, e que só poderia se expressar dentro de um grau muito limitado de discordância. Nele, ideias ou propostas que escapassem aos "objetivos nacionais permanentes" não teriam espaço — pois seriam, elas sim, antidemocráticas.

Nos termos de Maud Chirio, tratava-se de uma ambição de "enquadrar com uma legislação rígida o jogo da democracia". Os objetivos fundamentais seriam dois: "atenuar os defeitos e vícios da classe política", por um lado, e salvaguardar o país daquilo que os militares consideravam como "a incompetência e falta de lucidez do povo".[18] Em outras palavras, o que estava em jogo era construir uma democracia "adaptada" àquilo que, no pensamento militar, era visto como os "atrasos e imperfeições do Brasil".[19]

AS ELEIÇÕES DE 1974

O ano de 1974 seria marcado pela posse de Geisel e pela realização de eleições para o Congresso Nacional. Pouco antes do pleito, o general-ditador se dirigiu aos partidários da Aliança Renovadora Nacional (Arena), partido de sustentação do regime.[20] No pronunciamento, ele reforçou a decisão do governo de levar adiante uma abertura política, mas enfatizou que não aceitaria "pressões indevidas ou campanhas reivindicadoras de indivíduos ou de grupos quaisquer". Em tom ameaçador, apontou: "erram — e erram gravemente, porém — os que pensam poder apressar esse processo pelo jogo de pressões manipuladas sobre a opinião pública e, através desta, contra o governo". E complementou:

> Tais pressões servirão, apenas, para provocar contrapressões de igual ou maior intensidade, invertendo-se o processo da lenta, gradativa e segura distensão, tal como se requer, para chegar-se a um clima de crescente polarização, radicalização intransigente, com apelo à irracionalidade emocional e à violência destruidora.

No discurso, ele adicionava novos elementos à sua perspectiva sobre como deveria se desdobrar a "distensão". Ao operar com o binômio "pressões" versus "contrapressões", ele trazia à tona termos como "polarização", "radicalização intransigente", "irracionalidade emocional" e "violência destruidora" para designar quais poderiam ser os desdobramentos do processo caso não fosse seguido o roteiro determinado pelo regime.

Mas quem seriam aqueles que, na concepção de Geisel, poderiam desestabilizar a "distensão"? De um lado, havia os que queriam "apressar" o processo — ou seja, seguir de forma veloz em direção às reformas liberalizantes, sobretudo no que dizia respeito às mudanças institucionais voltadas para extinguir os instrumentos de exceção. De fato, o anúncio de que o regime levaria adiante certa flexibilização política abriu caminho para que demandas represadas ganhassem força.

O historiador Renato Lemos recuperou alguns dos acontecimentos daquele ano que mostram bem essa mudança na conjuntura. Em agosto, que chegava ao fim quando Geisel falou das "pressões", a v Conferência Nacional da Ordem dos Advogados do Brasil (OAB) aprovara uma moção em defesa da anistia aos presos políticos.[21] Também naquele mês, "membros da cúpula da Igreja católica participaram de reunião com familiares de 'desaparecidos' políticos e o chefe do Gabinete Civil da Presidência da República, general Golbery do Couto e Silva, a quem entregaram uma carta solicitando informações sobre eles".[22]

Se por um lado a "pressão" fundamental era no sentido de "apressar" a "distensão", por outro Geisel apontava a existência de "contrapressões". A referência, aqui, era aos militares descontentes com a estratégia do regime. Há muito, a historiografia vem demonstrando os sérios limites da tese que resume os conflitos intramilitares do período à disputa entre "moderados" e "linhas-duras". Trabalhos como os dos historiadores João Roberto Martins Filho e Maud Chirio mostram que é insuficiente a percepção estanque da existência de duas grandes alas, uma supostamente democrata, outra dita radical.

Entre outros problemas, essa visão leva a uma falsa compreensão de que o que estaria em jogo, na disputa entre essas "alas", seriam visões de mundo distintas. Na verdade, com o golpe de 1964, as Forças Armadas sofreram um verdadeiro expurgo, por meio do qual todas as alas não alinhadas com o pensamento conservador traduzido na Doutrina de Segurança Nacional foram eliminadas.[23] De nacionalistas a comunistas, todos os grupos que haviam disputado os rumos da instituição militar ao longo do século XX foram alvos de perseguições, restando um pensamento militar altamente homogêneo, baseado nas percepções que Geisel explicitou em seu discurso aos ministros.

Os conflitos que existiram, portanto, não decorreriam de grandes divergências em relação à visão de mundo e de Brasil dos diferentes grupos. Respondiam muito mais a clivagens de outras ordens. Interesses regionais e pessoais, bem como projetos pessoais de poder e a manutenção de privilégios não podem ser descartados dessa equação. Mas, principalmente, deve-se levar em conta a existência de diferentes visões sobre a tática a ser adotada para a consecução dos grandes objetivos de combate à "subversão" e de afirmação dos "princípios da Revolução".

Portanto, as "contrapressões" com as quais Geisel foi obrigado a conviver vinham de grupos que, a partir do interior das Forças Armadas, entendiam que ainda não seria hora de levar adiante a "distensão". Grande parte deles vinha dos órgãos repressivos e desempenhava funções de destaque ao promover graves violações aos direitos humanos na perseguição aos opositores do regime.

Esses militares, que se entendiam como os portadores autênticos dos ideais "revolucionários" de 1964, gozavam também de uma série de prerrogativas que temiam perder. Afinal, operavam com ampla autonomia e com a garantia da impunidade pelos seus atos, razão pela qual também se encontravam constantemente vinculados a variadas formas de criminalidade e de promoção de violência extralegal.[24]

Seus ganhos materiais e simbólicos com a ditadura eram inegáveis, e a "distensão" os colocava em xeque. Além do mais, a abertura política trazia como possibilidade futura a responsabilização pelos crimes cometidos, o que eles viam como absolutamente inaceitável. "Não se [tratava] apenas", aponta Maud Chirio, "de uma resistência política à mudança de regime, mas também de uma tentativa de prosseguir livremente a 'guerra particular' que eles travam desde o início dos anos de chumbo."[25]

Diante desse cenário de "pressões" e "contrapressões", Ernesto Geisel apostava em uma vitória nas eleições daquele ano. Isso asseguraria a ele uma maior legitimidade para conduzir a abertura estritamente em seus termos. Na eleição indireta para os governadores dos estados, a Arena tinha saído vitoriosa, porque detinha o controle das casas legislativas estaduais, e havia uma expectativa grande, por parte dos militares, de que o resultado se repetisse nas eleições para o Legislativo federal.[26]

No entanto, os resultados eleitorais saíram totalmente do esperado. O Movimento Democrático Brasileiro (MDB), partido da oposição consentida, obteve uma vitória expressiva, que surpreendeu até mesmo seus próprios dirigentes e estrategistas. O MDB quase dobrou seu número de deputados federais, aumentou sua bancada de sete para vinte senadores e obteve maioria em diversas assembleias estaduais.[27]

No início de 1975, panfletos apócrifos denunciando a "traição à Revolução de 1964." começaram a circular.[28] Apontando Golbery do Couto e Silva como artífice dessa "traição", o texto explicitava que as eleições do ano anterior haviam representado um ponto de inflexão. "Golbery preparou a sucessão nos estados, e as eleições de 15 de novembro de 1974 terminaram com a estrondosa vitória das forças contrarrevolucionárias", apontava um dos panfletos. "Era o que Golbery havia premeditado."

Num outro panfleto, os signatários chamavam a atenção para o "total divórcio do general Geisel para com os verdadeiros princípios que inspiraram o 31 de Março e nortearam até aqui os Governos Revolucionários". O general estaria, "através de uma engendrada e abstrata 'distensão', sem nenhuma consulta ao seu verdadeiro colégio eleitoral — os revolucionários de 1964", conduzindo o país "para uma crise de consequências imprevisíveis, mas na qual os únicos beneficiários serão os comunistas".

A ideia de que os "comunistas" eram os grandes beneficiários da "distensão" se desdobrava em formulações como a seguinte, presente em outro dos panfletos:

> Esta "distensão" foi arquitetada e vem sendo regulada pelo seu real beneficiário, o clandestino Partido Comunista Brasileiro [...]. Os veículos de comunicação social (imprensa escrita, falada e televisada), totalmente dominados por comunistas, desencadeiam livremente intensa propaganda vermelha sobre nossa indefesa população, numa guerra psicológica que visa sua endotrinação [sic] marxista-leninista.

A ideia central é a de que a eliminação física dos militantes da luta armada não teria sido o suficiente para impedir o avanço da "subversão" no país. Para esses militares, os comunistas estariam levando a cabo uma nova estratégia para chegar ao poder, baseada na centralidade da "guerra psicológica".

Era a mesma noção de guerra psicológica que, no início da década, havia sido usada para explicar a circulação de denúncias sobre a tortura no exterior. Agora, surgia a percepção de que ela estava em curso também internamente. A infiltração nos meios de comunicação e nas instituições seria o passo inicial dessa nova estratégia. Isso também explicava a vitória do MDB nas eleições de 1974.

Os militares que produziram os documentos também deixavam claro quais eram seus receios com o avanço da abertura. "O Congresso da CNBB e a imprensa insistem em que seja aberta uma CPI para a localização de elementos subversivos desaparecidos", apontava um dos panfletos. "Já querem fazer inquéritos em nossos bravos órgãos de segurança, sentinelas indormidas [sic] da pátria e por isso mesmo alvo do ódio [de] comunistas e de seu aliado Golbery", concluía o texto.

O trecho demonstra como o receio de investigações futuras acerca dos crimes cometidos pelos militares era uma motivação forte para a elaboração dos panfletos. Esses dois pontos — a existência de uma nova estratégia de atuação dos comunistas via guerra psicológica e o risco de ações voltadas para investigar e punir a violência dos militares — apareciam, naquele momento, como argumentos de uma ala militar radical que era designada, nas falas de Geisel, como a responsável por "contrapressões".

Com a vitória do MDB nas eleições e com as manifestações de insatisfação da extrema direita, Geisel precisaria fazer ajustes em seu discurso. Em agosto de 1975, exatamente um ano após ter tornado público pela primeira vez o termo "distensão", ele convocou a cadeia nacional de rádio e televisão para apresentar resultados econômicos e políticos do seu governo.

Grande parte da fala se voltou para a economia. Naquele momento, a crise do chamado "milagre econômico" começava a se intensificar, e os índices econômicos do país pioravam. Mas, ao final da fala, o general-ditador apontou que gostaria, "ainda, antes de concluir, abordar tema político relacionado com o que se vem chamando de 'distensão'".[29]

Em seguida, ele aludiu ao próprio discurso do ano anterior. "A partir de então, e principalmente depois das eleições de 15 de novembro, muito se tem publicado e discutido sobre a 'distensão'", afirmou, "atribuindo-se ao governo — e notadamente ao presidente da República — intenções, objetivos, avanços, recuos, submissão a pressões etc., que — uns e outros — absolutamente não correspondem à realidade." E prosseguiu:

> A "distensão" é aí apresentada com a conotação exclusivamente política, visando, pelo que se diz, ao indispensável restabelecimento do chamado "estado de direito", mediante a pura e simples supressão do AI-5 e, complementarmente, a revogação do DL-477 [decreto-lei 477], a revisão da Lei de Segurança, a concessão de ampla anistia. Preconiza-se, também, reforma da Constituição, com a redução dos poderes do Executivo, considerados excessi-

vos, e a ampliação das atribuições do Legislativo. Sente-se, nessas proposições, um indisfarçável saudosismo pelo passado não muito remoto, em que amplas disposições livres constavam do papel, nele estavam escritas, obedeciam ao aspecto teórico e formal do sistema, mas, de fato, iludiam a boa-fé de muitos, pois não eram praticadas, servindo ao invés, apenas, aos apetites e ao poderio de poucos, em detrimento dos verdadeiros interesses da nação, que se debatia na pobreza e na desordem porque aquelas disposições estavam dissociadas da realidade.

Todo o trecho posterior do discurso se dedicava a tentar vincular a dimensão política da abertura com as propostas econômicas do governo. A estratégia retórica era dizer que também essas medidas constituíam elementos relacionados com a "distensão". Mas ele retomava os aspectos propriamente políticos do projeto e voltava a "exortar aos [sic] políticos" que contribuíssem com a proposta do governo.

Geisel chamava a atenção para que eles estivessem "atentos aos imperativos dos dias de hoje que impõem vigilância em defesa dos valores espirituais e morais de nossa cultura democrática, ameaçados até mesmo nas sociedades mais desenvolvidas". Isso significava que "meras abstrações, desprovidas de operacionalidade", não seriam aceitas, pois as "formulações anacrônicas servem muito mais às investidas subversivas do que às boas práticas do regime democrático". E asseverava o general-ditador: "Minando as instituições pelo ataque solerte, os inimigos da democracia terminam por destruí-la".

Para concluir, Geisel destacava o fato de que "o constante e progressivo aperfeiçoamento do regime é o ideal que obstinadamente buscamos, sem açodamentos contraproducentes". Por isso, segundo ele, o governo "não abrirá mão dos poderes excepcionais de que dispõe, nem admite, sob quaisquer disfarces, pressões de facções ou grupos de interesses visando, artificialmente, a queimar etapas no processo de desenvolvimento político".

O militar transitava em um terreno discursivo dúbio. Embora seu linguajar supostamente rebuscado — mas, na prática, apenas confuso e hermético — aparentasse uma possível crítica tanto aos que queriam apressar a abertura como aos que queriam interrompê-la, seu alvo principal eram os setores que buscavam ampliar os limites da abertura política.

De fato, sua fala apontava que a tal "distensão" não significava que o governo abria mão dos instrumentos repressivos e da lógica autoritária. Pelo contrário: as demandas por avanços nessa direção eram consideradas um "indisfarçável saudosismo" por um tempo em que "amplas disposições livres constavam do papel", mas serviam apenas "aos apetites e ao poderio de poucos", sempre "em detrimento dos verdadeiros interesses da nação".

Em seu discurso, fica mais uma vez evidente como Geisel operava com as noções da Doutrina de Segurança Nacional, de existência de "verdadeiros interesses da nação" que não podem ser colocados em risco por um excesso de liberdade ou democracia. Ao mesmo tempo, embora não fale explicitamente em "guerra psicológica", ele aponta para "inimigos da democracia" que tentam "minar as instituições pelo ataque solerte", termos que se aproximam muito de toda a concepção em torno dessa ideia.

A despeito de uma forma de falar distinta, e mesmo de concepções diferentes sobre a tática a ser adotada, Geisel claramente compartilhava uma série de opiniões com os autores dos panfletos apócrifos que o acusavam de ser comunista e traidor.

A legislatura a partir de 1975 foi marcada por significativas tensões. Pouco depois de seu início, no marco dos debates sobre os onze anos do golpe de 1964, o senador Jarbas Passarinho — um militar que havia ocupado cargos-chave do regime — fez um longo pronunciamento no Senado Federal, cujo tema central foi sua visão sobre a história das Forças Armadas no Brasil e sua relação com o poder político.[30]

De início, o senador relatou a própria história como militar, buscando construir a imagem de que o Exército era um espaço profissional onde se ascendia por mérito, e que, portanto, as Forças Armadas eram compostas pelos estratos sociais que realmente representavam o "povo" brasileiro. Dessa identidade entre Exército e "povo", Passarinho afirmava que, "em todo o curso de nossa História, as Forças Armadas brasileiras têm sido, portanto, intérpretes das aspirações nacionais". Por ser a instituição que conseguia, de forma legítima, traduzir os verdadeiros interesses da nação, as Forças Armadas teriam sido obrigadas a produzir "intervenções pontuais" na vida política.

Segundo a narrativa de Jarbas Passarinho, o general Humberto Castelo Branco, primeiro dos ditadores pós-golpe de 1964, seria "visceralmente contrário, em princípio, à politização do Exército". Seu desejo seria o de realizar apenas mais uma dessas "intervenções pontuais", devolvendo o poder aos civis em seguida. Passarinho chegava a afirmar que, em nome do "amor aos princípios liberais", Castelo Branco teria cometido um "erro grave": "autolimitar-se em seus poderes revolucionários". Ou seja, seu problema teria sido o excesso de "moderação".

Em razão disso, o general-ditador teria encontrado resistências externas, mas também dentro das Forças Armadas. Passarinho tentava explicar, então, os conflitos intramilitares existentes desde o início da ditadura:

> O que eles [militares que contestavam Castelo Branco] viam, com receio, era precisamente o risco de a obra revolucionária ser inacabada, na medida que o presidente da República, precocemente, abdicasse de fazer a Revolução, no sentido sociológico do termo, em atingir em profundidade raízes a curto prazo, para apenas chefiar uma insurreição.

Na ótica de Passarinho, os militares defensores do recrudescimento da repressão seriam igualmente democratas, cujo único propósito era aprofundar uma revolução em curso. Segundo Passarinho, a "reação" desses militares teria muito de "emocional", mas não seria, de forma alguma, "para atacar moinhos de vento". Em outras palavras: a "ameaça subversiva" que eles diziam combater era real, e Passarinho demonstrava uma suposta crítica quanto à forma desse combate, mas não quanto ao seu conteúdo. Assegurava, então, que não fazia apologia a violações aos direitos humanos, mas fazia uma ressalva:

> Numa guerra sem regras civilizadas, que foi imposta às forças democráticas e não por estas escolhida, o excesso ocasional pode

ocorrer. E sinceramente, devemos confessar, para tristeza nossa, que tem ocorrido. Jamais, porém, como sistemática decorrente de uma filosofia do governo.

Assim, apesar de formular uma das primeiras expressões públicas de reconhecimento de que algum grau de violência havia sido perpetrado pelos agentes do Estado, Passarinho enquadrava narrativamente as torturas, as execuções e os desaparecimentos como "excessos ocasionais", afastando a ideia de que seriam práticas sistemáticas.

Em seguida, o militar começava uma virada importante em seu discurso: se "o Estado brasileiro, nesses onze anos, não admitiu [...] a violência estatal", então não faria sentido constituir qualquer tipo de investigação sobre essas práticas. E assegurava:

> Há quem tenha se referido [...] à "realimentação dos extremismos". É verdade. Dolorosa verdade, que cabe, por todos os meios ao nosso alcance, impedir. Evidente é que está longe de ser uma boa forma de colaboração, para impedir essas exacerbações, a ameaça de constituição de tribunais, parlamentares ou não, para o julgamento unilateral, dos que tiveram ou têm a dura — e por vezes deformante — missão de combater a subversão. Trata-se de um equívoco intolerável, que longe de ajudar a causa geral da paz só a expõe a perigos maiores.

Em seu argumento, investigar as violências seria uma forma de impedir a paz e "realimentar os extremismos". Assim, iniciativas de denúncia e cobrança sobre os crimes do passado começaram a ser interpretadas como uma provocação aos "extremos", que impediria, em última instância, a própria redemocratização.

Em síntese, Jarbas Passarinho apresentava a seguinte leitura da conjuntura. O golpe de 1964 teria sido dado como um ato de abnegação dos honrosos militares, em nome de um pedido do "povo". Por amor à liberdade, o primeiro dos generais à frente da ditadura não teria sido arbitrário o suficiente, abrindo caminho para o aprofundamento das atividades terroristas e subversivas. Militares democratas, com medo de que o excesso de legalismo de Castelo Branco impedisse a obra revolucionária de se completar, passaram a questioná-lo, o que levou ao aprofundamento da dimensão repressiva do regime.

À medida que essa "guerra" avançou, alguns "excessos individuais" passaram a ser cometidos por militares. Como não se tratava de uma política de Estado sistemática, esses excessos não poderiam ser investigados como obra do regime, pois essas investigações poderiam realimentar os "extremos" e a radicalização da sociedade, impedindo a democratização do país.

Naquele momento, com a "distensão" em debate e a ampliação das circulações de denúncias sobre crimes cometidos pelos militares, Passarinho apresentava uma forma particular de enquadrar o problema da violência do Estado ditatorial. Essa perspectiva carregava ao menos uma grande convergência com a extrema direita militar que naquele momento ocupava, discursivamente, um dos polos da tal "radicalização" — o repúdio a qualquer possibilidade de colocar sob exame as ações dos militares no combate à "subversão".

A despeito disso, o efeito prático da fala de Passarinho era sinalizar a existência de um campo político marcado pela "moderação", como contraponto aos "extremos". Ora, quando setores liberais, à luz do discurso dos direitos humanos, passavam a adotar uma postura mais crítica à dimensão repressiva do regime, a leitura de Passarinho abria caminho para uma possibilidade de recomposição e reaproximação entre esses setores e os militares em novos termos.

Alimentando o medo dos extremos, era possível sustentar um exercício retórico singular e tortuoso, por meio do qual as Forças Armadas, na qualidade de instituição, se constituíam como ator-chave para levar adiante e garantir o retorno da democracia. Ou seja, para superar a ditadura militar, seria necessário fortalecer a instituição que dirigia esse mesmo regime.

Em 25 de outubro de 1975, militares do DOI-Codi do II Exército, em São Paulo, assassinaram Vladimir Herzog. Jornalista da TV Cultura, Herzog foi chamado a depor na sede do órgão naquele dia, onde foi torturado até a morte. Seu assassinato foi divulgado como suicídio, mas a versão fantasiosa sobre a morte do jornalista não convenceu a opinião pública. A repercussão do caso foi enorme.

A missa de sétimo dia de Herzog, um culto ecumênico celebrado por D. Paulo Evaristo Arns, pelo rabino Henry Sobel e pelo pastor Jaime Wright, reuniu milhares de pessoas na catedral da Sé. Se os eventos em torno da morte de Alexandre Vannucchi Leme, dois anos antes, representaram um ponto de inflexão no uso do vocabulário dos direitos humanos, o caso de Herzog era sinal inequívoco da força que aquela forma de enquadrar as violências do regime ganhara.

À época, o comandante do II Exército era o general Ednardo d'Ávila Melo e o ministro do Exército, Sílvio Frota. Ambos se alinhavam com a extrema direita militar. Nesse sentido, para Geisel aquele se tornou um momento-chave para reafirmar publicamente sua disposição em levar adiante a "distensão" em seus termos.

Sob pressão, Geisel determinou a abertura de um inquérito policial militar (IPM) para investigar a morte de Herzog, o qual seria presidido por um coronel historicamente vinculado aos setores mais radicais. A versão oficial do suicídio foi mantida no IPM e, depois, Geisel não fez maiores movimentos em torno do caso.

Passados três meses, a cena da morte de Herzog se repetiu. Dessa vez, foi o sindicalista Manoel Fiel Filho, que "se suicidou" no DOI-Codi de São Paulo. Geisel, então, respondeu demitindo os generais Ednardo e Confúcio Danton Avelino, então chefe do CIE, sem informar a Sílvio Frota. Essa movimentação de Geisel costuma ser apontada, sobretudo em obras como as de Elio Gaspari, o ponto nevrálgico da retomada, por parte de Geisel, de algum controle sobre a chamada "comunidade de informações". O fato permitia que a abertura seguisse no diapasão imaginado pelo general-ditador.

Ao demitir militares representantes de um dos "extremos" retoricamente invocados por ele, Geisel tinha condições de se afirmar como o "moderado" capaz de levar o país em direção à democracia. Ao mesmo tempo, punindo um dos polos, ele tinha espaço para atacar o outro.

Nesse cenário, diante do medo de que o resultado das eleições de 1974 pudesse se repetir, em julho de 1976 o regime impôs a Lei Falcão. O ato restringia o uso dos meios de comunicação para campanhas eleitorais, permitindo apenas a exibição das fotos e dos números dos candidatos, sem espaço para declarações. Em abril de 1977, Geisel baixou o Pacote de Abril. Tratava-se de um conjunto de medidas decretadas após o fechamento do Congresso Nacional com base no AI-5. Incluía uma reforma no Poder Judiciário, a modificação de regras eleitorais, a alteração de critérios para apresentação e aprovação de propostas de emendas constitucionais, entre outras ações, cujo sentido fundamental era o de fortalecer os instrumentos de controle do regime sobre o processo político.

Tanto as medidas práticas como a retórica de Geisel mostravam, o tempo todo, que sua "distensão" era muito lenta e gradativa, e particularmente segura para os dirigentes do regime. Ainda assim, como nota a historiadora Maud Chirio, "uma vez que houve democratização, o general que esboçou seu começo foi descrito sob os traços de um democrata ou, pelo menos, de um oponente à sobrevivência de um regime autoritário e militar".[31] Ou seja, a imagem que sobreviveu de Geisel, alimentada por leituras simplistas da abertura, o caracterizam como um adversário cabal da extrema direita militar.

Escapando dessa imagem, fica evidente como estava em curso uma operação para reenquadrar narrativamente o lugar dos militares na redemocratização. A constituição de dicotomias como "moderados" versus "radicais", ou "conciliação" versus "extremismo", permitia que Geisel se apresentasse como o "centro". Essa estratégia servia para esconder que, no limite, os militares compartilhavam de um mesmo imaginário sobre a política e a sociedade — as ideias contidas na Doutrina de Segurança Nacional —, e objetivos comuns — promover os "princípios da Revolução" e garantir que os seus agentes jamais fossem punidos ou responsabilizados.

4. ENTRE PRESOS POLÍTICOS E PRESOS COMUNS

EM 5 DE MAIO DE 1975, teve início no Instituto Penal Cândido Mendes, na ilha Grande, Rio de Janeiro, uma greve de fome. Trinta e três presos políticos escreveram uma carta endereçada a senadores e deputados federais, exigindo sua transferência para algum estabelecimento localizado na cidade do Rio de Janeiro.[1] Foi nela que João Batista Figueiredo anotou a pergunta: "Por que presos políticos?".

No documento, os signatários afirmavam que seu movimento era "motivo de interesse e preocupação da parte de todos aqueles que se batem pela defesa dos direitos humanos". Relatavam, ainda, o "terrível significado deste longo período no cárcere, marcado pelas violências e maus-tratos" e "pela precariedade material das prisões por onde passamos".

Os autores passavam, então, a resumir os problemas enfrentados: as brutalidades praticadas contra os presos; o estado de "colapso estrutural" do presídio; a ausência de material de higiene e limpeza; a péssima qualidade da alimentação e da assistência médico-odontológica. As condições eram agravadas pelo "isolamento geográfico-social" da ilha. Havia ainda uma série de problemas relacionados às possibilidades de visita, em razão da distância da ilha Grande, o que não apenas configurava "uma punição às nossas famílias" como também favorecia "enormemente a prática de violências e arbitrariedades contra presos políticos e comuns".

A despeito de definir que tais violências aconteciam contra essas duas categorias de presos — os políticos e os comuns —, a carta apontava que a realidade retratada só podia ser entendida "dentro de uma envolvente mais ampla, isto é, das constantes violações dos direitos humanos dos presos políticos brasileiros".

Diante da greve, as demandas dos militantes foram atendidas, sendo a principal delas a transferência para um presídio no continente. Era uma vitória significativa. Afinal, em 1971 havia ocorrido uma greve na mesma cadeia e, naquele momento, a reivindicação de transferência não obtivera sucesso. A diferença no resultado das duas greves era sintomática das mudanças ocorridas nos quatro anos que as separavam.

Poucos dias depois da transferência, uma nova greve de fome foi deflagrada na ilha Grande. Dessa vez, no entanto, quem levou adiante o movimento não foram os presos políticos. Os detentos que também haviam sido condenados pela Lei de Segurança Nacional por assaltos a bancos, mas que não integravam organizações da esquerda armada, estavam à frente da greve. Nesse sentido, a despeito de responderem ao mesmo tipo de crime, não eram reconhecidos pelos militantes como presos políticos, tampouco se apresentavam dessa forma.

"Nós, presos de origem proletária incursos nas sanções penais do decreto-lei 898/69, Lei de Segurança Nacional, julgados e condenados pela Justiça Militar e, tendo ainda nossos direitos políticos cassados." Assim, com uma fina ironia, era iniciada a carta. Reivindicando para si a condição de presos de "origem proletária" como forma de se diferenciarem dos militantes da esquerda armada, os detentos seguiam: "Vimos pela presente trazer ao conhecimento do povo brasileiro a tentativa de extermínio de que estamos sendo vítimas por parte do Departamento do Sistema Penitenciário".[2]

Na carta, os "presos de origem proletária" ressaltavam todas as semelhanças de sua situação com a dos presos políticos. Condenação pela LSN, cassação dos direitos políticos, julgamento pela Justiça Militar, tentativa de extermínio. Encabeçando a lista de assinaturas, vinha o nome de William da Silva Lima, o Professor, um dos fundadores daquilo que viria a ser conhecido como Comando Vermelho.

A existência de uma relação entre os presos políticos e os presos comuns nas origens do Comando Vermelho está presente em muitas narrativas sobre essa que hoje é uma das principais facções do crime organizado no Rio de Janeiro. Um ex-preso político da ilha Grande narra essa relação: "O conteúdo ideológico deles [dos presos comuns] é de tal forma individualista que de maneira nenhuma poderiam absorver a proposta de apoio coletivo". Ele segue, então, afirmando que "um ou outro preso comum — no máximo dois ou três — assumiu uma posição diferente da dos outros. E uma das consequências disso foi a regeneração total desses presos".[3]

O caso do Comando Vermelho apenas radicaliza uma concepção que aparece em outras narrativas do período, tanto memorialísticas como acadêmicas, que ressalta uma suposta superioridade intelectual e organizativa dos presos políticos em relação aos presos comuns. Essa superioridade se expressaria na diferença entre uma motivação "coletiva" e "solidária" para as ações dos militantes, enquanto os presos comuns seriam movidos apenas por interesses e ambições individuais.

Como se nota pela ideia de "regeneração" presente na fala do ex-preso político, essa clivagem tinha também fortes contornos morais. Os presos comuns que eram capazes de "absorver" a ideia de prevalência do "coletivo" sobre o individual podiam se "regenerar", passando a ter uma pretensa qualidade moral que definiria a ação dos presos políticos.

Se essa é a perspectiva usualmente expressa pelos presos políticos, é interessante notar que os presos comuns também tinham a própria interpretação sobre as assimetrias nessa relação. Em seu livro de memórias, *400 x 1: Uma história do Comando Vermelho*, Lima admitia que essa forma de autoidentificação como "presos de origem proletária" ocorria "com uma ponta de mágoa e provocação". Era uma consequência do que eles consideravam um comportamento "elitista" por parte dos presos políticos.[4]

Ainda seguindo o livro de memórias de William da Silva Lima, sua percepção era de que os presos políticos lutavam para se "isolar" porque estariam "interessados em garantir sua visibilidade para a opinião pública nacional e internacional". Assim, continua ele: "o desejo de isolamento indicava, entre eles, a hegemonia da classe média, cujos espaços de reintegração no sistema voltavam a se abrir, no contexto da política de distensão do regime".

"Isolados ou não", segue Lima, "continuaríamos a reivindicar, para nós, a extensão de quaisquer direitos que viessem a ser concedidos a pessoas que, afinal, objetivamente, haviam cometido os mesmos crimes que nós — principalmente assaltos a bancos — e estavam enquadradas conosco na mesma lei." O Professor, então, conclui:

Este era o X da questão. Estávamos [...] vivendo mudanças políticas no país. Crescia a possibilidade de revisão da Lei de Segurança Nacional e de anistia aos presos políticos. Paradoxalmente, a quebra do nosso isolamento aparecia agora como uma manobra preparatória para nos excluir dos benefícios jurídicos que viessem alcançar outros condenados. Era curioso. A isonomia funcionara plenamente contra nós, na forma de tribunais militares, penas maiores, condições carcerárias mais duras. Mas não funcionaria a nosso favor.[5]

William chamava a atenção para o fato de que, "objetivamente", os presos políticos eram pessoas que "haviam cometido os mesmos crimes" que os novos grevistas. Ou seja, a distinção entre presos políticos e presos comuns não tinha a ver com um tipo penal específico. A diferença não estava no crime, mas sim nos criminosos, nos sujeitos.

O que as formulações de William da Silva Lima mostram é uma recusa absoluta, da parte dos presos comuns, em adotar essa distinção como natural. Mais do que isso: ao assumir uma forma de agir e uma linguagem semelhantes às dos presos políticos, os grevistas liderados pelo Professor lançavam luz sobre as relações sociais e de poder que estavam em jogo. A ênfase na dimensão de classe — ao se colocar como os verdadeiros "proletários" — ressaltava a desigualdade de condições de se obterem reconhecimento e legitimidade para as denúncias.

Afinal, presos políticos e presos comuns foram detidos pelos mesmos crimes e adotaram a mesma forma de reivindicar seus direitos na cadeia, igualmente baseada no discurso dos direitos humanos. A pergunta inevitável que ficava era: por que, então, uns foram atendidos e outros não?

No seu livro de memórias, William ressalta que essa resposta nunca lhes foi apresentada e que, na verdade, o fosso entre as possibilidades de reconhecimento apenas se aprofundaria dali em diante. "O que se passou mais tarde veio confirmar nossas suspeitas: aos presos políticos foi dada anistia, enquanto nós fomos lentamente aniquilados."[6]

Em sua definição jurídica, o ato da anistia é aquele que suspende as possibilidades de punição pelo cometimento de um crime, ou reverte e suspende punições já aplicadas. Desde os primeiros dias de regime ditatorial, surgiram demandas para que as punições baseadas nos atos de exceção da ditadura fossem objeto de uma anistia.[7]

Mas foi apenas com a criação do Movimento Feminino pela Anistia (MFPA) que essa deixou de ser uma demanda apresentada isoladamente e passou a representar o objeto de ação de um movimento social. No mesmo ano das greves da Ilha Grande, a Organização das Nações Unidas (ONU) promoveu, na Cidade do México, a I Conferência Mundial da Mulher. A única brasileira a usar da palavra no encontro foi Therezinha de Godoy Zerbini, uma assistente social e advogada que havia ficado cerca de um ano presa pela ditadura.

Ela não era uma jovem militante do movimento estudantil, nem integrava nenhum grupo guerrilheiro. Na verdade, a advogada vinha de uma família abastada e era casada com o general Euryale de Jesus Zerbini, preso, perseguido e cassado por não aderir ao golpe de 1964.

Therezinha foi presa em 1970, com 42 anos, em razão dos desdobramentos da investigação sobre o congresso clandestino da União Nacional dos Estudantes (UNE). Em 1968, a pedido de frei Tito, ela conseguira que um amigo emprestasse um sítio em Ibiúna (SP), para que fosse realizado o encontro. Em um dos episódios mais emblemáticos da ditadura, o congresso foi descoberto pelos militares e centenas de estudantes foram presos.

Marcada pela experiência do cárcere e pelo inconformismo com a perseguição ao marido, Zerbini mantinha diálogo constante com setores das oposições ao regime. Assim, em março de 1975, reuniu-se com outras mulheres para criar o MFPA. O perfil de suas companheiras na empreitada era semelhante ao seu: profissionais liberais que vinham de famílias tradicionais de elite e que tinham acesso a significativos recursos materiais e simbólicos.

"Nós, mulheres brasileiras, assumimos nossas responsabilidades de cidadãs no quadro político nacional", afirmava o manifesto de lançamento do movimento. E seguia:

> Eis porque, nós nos antepomos aos destinos da nação, que só cumprirá a sua finalidade de paz, se for concedida a anistia ampla e geral a todos aqueles que foram atingidos pelos atos que exceção.
>
> Conclamamos todas as mulheres, no sentido de se unirem a este movimento, procurando o apoio de todos quanto se identifiquem com a ideia da necessidade da anistia, tendo em vista um dos objetivos nacionais: a UNIÃO DA NAÇÃO![8]

Por ser vizinha de um adido norte-americano, cuja chefe de imprensa iria para a Conferência da ONU no México, Therezinha conseguiu, valendo-se do trânsito entre as elites políticas, mas também de um senso de oportunidade, embarcar para o encontro em junho daquele ano.[9] Ela se inscreveu, então, na tribuna livre. "Nós mulheres de todo o mundo", discursou, "devemos propor que seja apresentada uma moção aos governos de todos os países do mundo que tenham presos políticos, que seja dada anistia, conduzindo à meta de pacificação da família nacional."[10]

Em 1975, as ações coletivas protagonizadas com base no discurso dos direitos humanos já eram bastante significativas. Em janeiro, por exemplo, parentes de militantes desaparecidos enviaram uma carta ao general-ditador Ernesto Geisel cobrando soluções; no mês seguinte, por intermédio da CNBB, o chefe da Casa Civil, o também general Golbery do Couto e Silva, recebeu novo documento, assinado por familiares de presos políticos.[11]

Mas o MFPA não buscava acionar essa identidade de familiares de presos ou desaparecidos. Sua fonte de legitimidade, como fica claro no manifesto fundacional, era a proposta de representar as "mulheres brasileiras". No mesmo texto, a leitura sobre a anistia e os direitos humanos que o MFPA apresentava era bastante específica, com fortes traços católicos.

O discurso do papa Paulo VI para a celebração do Dia Mundial da Paz, em 1º de janeiro de 1975, foi uma fonte fundamental de inspiração para a fundação do movimento. Não é sem motivo, portanto, que uma das primeiras correspondências enviadas pelo MFPA tenha sido precisamente para o papa Paulo VI, com o intuito de apresentar-lhe o manifesto de fundação do movimento.[12]

Nessa leitura sobre a anistia defendida por Therezinha, as ideias fundamentais que se vinculavam à demanda eram as de paz e reconciliação. Nessa perspectiva, ao menos de início, o MFPA compreendia que sua luta não era travada no plano ideológico ou político. Isso está visível no estatuto do movimento, que caracterizava o grupo como "uma entidade civil isenta de fins políticos, religiosos, ideológicos ou lucrativos".[13]

A perspectiva era reafirmada por Zerbini em entrevistas e conferências, como em um depoimento dado ao *Pasquim* em julho de 1977: "O Movimento pela Anistia", dizia a liderança do grupo, "não tem ideologias ou jargões políticos".[14]

Ao mesmo tempo, a visão do MFPA sobre a questão do feminino e da luta das mulheres também era bastante particular. Novamente, isso fica claro já pela leitura do estatuto do movimento, no trecho que define quais seriam suas finalidades:

> Promover a elevação cultural, social e cívica da mulher, através de cursos, palestras e atuação, no desenvolvimento de sua consciência social e cívica, alertando-a e orientando-a para a compreensão das suas responsabilidades perante a sociedade e [a] integração da família na comunhão social, sempre dentro dos ideais democráticos.

Em um discurso na Câmara dos Vereadores de Porto Alegre, no qual abordou a viagem ao México e a Conferência da ONU, Therezinha compartilhou sua avaliação sobre as pautas levadas ao encontro: "Na Europa e nos Estados Unidos, consideradas as nações mais desenvolvidas, pude notar nitidamente problemas e colocações de uma sociedade velha, decadente, com problemas como lesbianismo, prostituição, aborto etc., que não deixam de ser problemas, mas não tão fundamentais".[15] O "feminino" do Movimento Feminino pela Anistia se distanciava, portanto, dos debates propriamente feministas que ganhavam força naquele momento no Ocidente. Não à toa, houve uma tensão permanente entre o MFPA e os movimentos feministas que também surgiram naquele contexto da segunda metade dos anos 1970.[16]

A concepção do MFPA sobre o lugar da mulher decorria de uma noção cristã e passava pela ideia de que a mulher deveria desempenhar um papel de garantia da concórdia no interior da "família". Essa capacidade de "reconciliar" era considerada uma qualidade inata das mulheres, que as legitimaria a assumir um papel público de protagonismo na luta pela paz também no âmbito da nação.

O repertório de ação do Movimento Feminino pela Anistia, em seu início, esteve sempre vinculado à tentativa de influenciar os atores que estavam no jogo político institucional. O movimento buscou contatos com parlamentes tanto do Movimento Democrático Brasileiro (MDB) como da Aliança Renovadora Nacional (Arena).

Com o apoio de parlamentares do MDB, Zerbini começou a circular em diferentes casas legislativas municipais, estaduais e mesmo no Congresso Nacional. Nessas ocasiões, ela fomentava a criação de núcleos locais do MFPA e recolhia assinaturas para os documentos do movimento. As ações logo deram frutos. Como observa o historiador Renato Lemos, "no campo parlamentar, o ano de 1975 assistiu a um expressivo incremento das atividades em favor da anistia".[17]

No âmbito do Poder Executivo, os resultados não eram os mesmos. Em agosto de 1975, o MFPA entregou o "Manifesto da mulher brasileira em favor da anistia" na Casa Civil da Presidência da República, com o objetivo de que chegasse a Geisel. O movimento pediu, também, uma audiência com o general-ditador, o que foi negado por intermédio de Golbery do Couto e Silva.[18]

Ao mesmo tempo que tentava dialogar com quem ocupava cargos nos poderes, o MFPA articulava novos contatos e apoios. A partir dessa rede, a bandeira da anistia começava a se espraiar. A perspectiva do movimento liderado por Zerbini e seu discurso pouco radical era capaz de atrair outros setores moderados interessados em avançar na flexibilização do regime.

Quando foi lançado o núcleo do Movimento Feminino pela Anistia no Rio de Janeiro, em setembro de 1975, estavam presentes representantes da OAB, da CNBB e da ABI. Personalidades liberais, a exemplo do advogado Barbosa Lima Sobrinho e do escritor Alceu Amoroso Lima, também foram ao evento. A consolidação da oposição liberal-democrática, com sua bandeira de defesa dos direitos humanos, e as demandas por anistia capitaneadas pelo MFPA se retroalimentavam, fortalecendo-se mutuamente.

A AMPLIAÇÃO DA LUTA PELA ANISTIA

No final de abril de 1977, militantes da organização chamada Liga Operária foram presos enquanto panfletavam sobre o 1º de maio, Dia do Trabalhador, no ABC Paulista, região de forte concentração operária. Entre os presos, estavam estudantes da Universidade de São Paulo (USP) e da Pontifícia Universidade Católica de São Paulo (PUC-SP). Com isso, uma assembleia foi realizada com alunos de diversos campi universitários, os quais decidiram organizar um ato público pela libertação dos presos, bem como criar o Comitê 1º de Maio pela Anistia.

O processo desencadeado a partir daí mudaria os rumos da luta pela anistia no país. Até o início daquele ano, o MFPA vinha costurando sua rede de apoio com organizações integrantes da oposição liberal-democrática à ditadura. Aos poucos, com a entrada em cena de um renovado movimento estudantil, a bandeira da anistia passaria a ser encampada também por setores mais à esquerda das oposições.

Em 3 de maio foi realizado um ato na PUC-SP. Segundo o relatório de monitoramento produzido pelo Departamento Estadual de Ordem Política e Social (Deops/SP), a atividade colocou em destaque temas como a defesa das liberdades democráticas, o fim das torturas e da repressão, a libertação dos estudantes presos e a anistia aos presos políticos. Da mesa do evento, participaram deputados estaduais do MDB, um suplente de vereador do mesmo partido e Therezinha Zerbini.[19] Na ocasião, os estudantes discutiam a viabilidade de se organizar uma passeata e de expandir a mobilização para o âmbito nacional.

Dois dias depois, cerca de 10 mil estudantes se concentraram em frente à Faculdade de Direito da USP e saíram em passeata, incluindo em seus cartazes a defesa da anistia.[20] O ato foi reprimido pela polícia, gerando uma onda de outras mobilizações pelo país. No dia 10 de maio, a *Folha de S.Paulo* noticiava na capa: "Proibidas as passeatas". O jornal reproduzia o telegrama enviado pelo ministro da Justiça, Armando Falcão, aos governadores, segundo o qual atos públicos eram "distúrbios de fundo e fim subversivos, não podendo, em consequência, ser tolerados".[21]

A resposta dos estudantes à proibição foi organizar um dia de mobilizações nacionais. Como nota a historiadora Angélica Müller, "o nome nos estados variou, mas em geral foi 'dia nacional de luta pela anistia e liberdades democráticas'".[22] A *Folha* reproduziu, no dia seguinte às manifestações, a íntegra do "Manifesto pela anistia", lido durante o ato que foi duramente reprimido pela polícia. Em síntese, o documento vinculava a luta por "melhores condições de vida e trabalho para a população" e a defesa da "liberdade de manifestação e organização para setores oprimidos da sociedade", e era encerrado com as seguintes palavras de ordem:

> Hoje, denunciamos a violência do regime militar!
> Hoje, nos manifestamos contra a exploração econômica!
> Hoje, não nos calamos perante as torturas!
> Hoje, denunciamos as tentativas da polícia política de impedir nossa jornada nacional de luta!
> Hoje, nos manifestamos contra a repressão e contra as prisões de nossos companheiros!
> Hoje e sempre, não nos calamos e não nos calaremos perante uma realidade injusta que precisa ser transformada!
> Pela libertação imediata dos companheiros presos!
> Contra torturas, prisões e perseguições políticas!
> Pela anistia ampla e irrestrita a todos os banidos, a todos os presos e a todos os cassados políticos!
> Pelas liberdades democráticas![23]

O discurso relacionado à defesa das chamadas "liberdades democráticas" crescia em razão da incorporação da perspectiva de defesa dos direitos humanos e da democracia por parte de uma esquerda em processo de balanço e de autocrítica sobre a experiência da luta armada. Com isso, as "liberdades democráticas", que na perspectiva da luta revolucionária eram vistas como meras formalidades da democracia burguesa, ganhavam outro estatuto. Para setores crescentes da esquerda, a democracia, o discurso dos direitos humanos e a defesa dos direitos civis e políticos foram definitivamente incorporados ao rol de valores a serem defendidos.

Mas o manifesto dos estudantes abordava outro aspecto que também fazia parte das transformações das esquerdas naquele momento. Ao denunciar a exploração econômica e chamar a atenção para a luta por melhores condições de vida, o manifesto dialogava com a ascensão de uma série de mobilizações que vinham se desenvolvendo com mais intensidade desde 1975. Eram reivindicações organizadas por grupos como o Movimento do Custo de Vida, o Movimento de Luta Contra o Desemprego, o Movimento de Saúde, o Movimento de Transporte Coletivo, entre outros. Chamados, à época, de "novos movimentos sociais", esses atores e suas demandas ganharam visibilidade na cena pública e se legitimaram publicamente em razão de se afirmarem como mobilizações populares, vindas das bases.[24]

É preciso lembrar que parte significativa da autocrítica das esquerdas sobre a derrota na luta armada passava exatamente pela ideia de que a opção pela guerrilha teria sido um movimento de uma vanguarda, que não foi acompanhado pelas "massas". Nesse contexto, a ascensão dos "novos movimentos sociais" e de uma política feita pela base mudava de forma significativa o quadro de referências das esquerdas.

A incorporação da bandeira da anistia por uma renascente esquerda, marcada por esses dois aspectos — a defesa das "liberdades democráticas" e o discurso sobre o "popular" —, teve o efeito de ampliar os sentidos até então atribuídos a essa demanda. Com isso, apesar de seguir como uma referência incontornável, o MFPA não conseguiria manter sob sua alçada a diversidade de perspectivas sobre como deveria ser organizada a luta pela anistia. É assim que se pode compreender o surgimento, também em dezembro de 1977, do primeiro Comitê Brasileiro pela Anistia (CBA).

A primeira direção do CBA ficou a cargo de Eny Raimundo Moreira, advogada de presos políticos; Arthur Carlos da Rocha Muller, advogado que fora preso no Congresso da UNE de Ibiúna em 1968; Francisca Abigail Paranhos, advogada e ex-militante do Partido Comunista Brasileiro Revolucionário (PCBR), que ficara presa entre 1970 e 1974; e Iramaya Benjamin, mãe dos ex-presos políticos banidos do país Cid e César Benjamin. Entre os outros sócios fundadores da entidade estavam ainda pessoas como Ana Maria Müller, também ex-militante do PCBR, e Iná Meireles, mãe dos militantes Colombo Vieira Jr. e Iná de Souza Medeiros.[25]

Parte deles tinha alguma proximidade com o MFPA. Mas, em seu livro

*Ofício de m*ãe, Iramaya Benjamin apresentou sua explicação sobre as razões que levaram ao afastamento do movimento liderado por Zerbini e à criação de um novo espaço de luta pela anistia.

"Em fins de 1977 eu procurei o Movimento Feminino, que estava um pouco desorganizado aqui no Rio porque dona Therezinha morava em São Paulo", conta Iramaya. "Eu constatei que o modo de agir do Movimento Feminino pela Anistia não era bem aquele modo de agir que eu procurava. Quer dizer, as senhoras do MFPA tinham como objetivo sensibilizar o governo, através dos sentimentos, de apelos à senhora do presidente, esse tipo de coisa de mãe, de esposa e tal", atesta, para então concluir:

> Eu achava que a anistia que a gente queria era uma anistia política e que só poderia ser obtida através de um trabalho político. E as pessoas do MFPA não concordavam com o nosso tipo de pensar. Resolvemos nos desligar do MFPA e fazer outra coisa que fosse nossa, na qual pudéssemos agir da maneira que achássemos melhor.[26]

A descrição de Iramaya Benjamin mostra como o surgimento do Comitê Brasileiro pela Anistia tinha como objetivo dar outro rosto à luta pela anistia. De fato, as diferenças entre o MFPA e o CBA seriam muitas.

Uma primeira distinção estava na composição dos movimentos. Ao contrário do MFPA, no CBA havia uma presença marcante de militantes que haviam integrado a luta armada e de seus familiares. Outra diferença estava na forma de atuação dos movimentos. Sob a influência do surgimento dos "novos movimentos sociais", o objetivo do CBA era construir um movimento popular e de massas em torno da bandeira da anistia.

Para além disso, o CBA atribuía sentidos distintos a essa palavra de ordem. Já em seu manifesto de fundação, o MFPA demandava uma "anistia ampla e geral". O CBA adicionaria um terceiro termo na palavra de ordem, demandando uma "anistia ampla, geral e irrestrita". Ao adicionar esse novo termo, o CBA buscava chamar a atenção para o fato de que os militantes revolucionários, tratados publicamente pela ditadura como terroristas e subversivos, também deveriam ser beneficiários de uma anistia.

É verdade que o MFPA defendia a anistia para esses sujeitos, mas não fazia desse o centro de sua atuação — e, mais importante, deixava claro que não se oporia a uma anistia que não os incluísse. Sobre isso, uma das lideranças do MFPA da Bahia usaria a seguinte metáfora: "Queremos o bolo inteiro, mas, se derem uma fatia apenas, não iremos recusá-la".[27] Por sua vez, o CBA trazia para o núcleo do debate sobre a anistia as torturas, as prisões e os desaparecimentos perpetrados contra os militantes revolucionários. De fato, entre as atividades previstas no estatuto do CBA estava a de "Organizar e manter um serviço e documentação e informação sobre pessoas presas, cassadas, banidas, exiladas, desaparecidas e condenadas pelo decreto-lei 898/69 e lei 5250/67".[28]

Criado formalmente em dezembro de 1977, o CBA organizou seu lançamento para fevereiro do ano seguinte. Em um evento na sede da ABI, no Rio de Janeiro, a nova entidade ganhou existência pública. Era uma conjuntura bastante diferente daquela em que nascera o MFPA. A própria visibilidade do ato na ABI deixava isso claro, pois os principais jornais e revistas do país noticiaram a atividade com destaque. A repercussão do evento mostrava que a bandeira da anistia começava a se disseminar. De antigos revolucionários a setores liberais, muitos eram os atores que passavam a ver a anistia como um passo fundamental para o prosseguimento da abertura política.

"TENTA-SE AVANÇAR DEMAIS"

"Tenta-se avançar demais, o que é um erro." As palavras são do general João Batista Figueiredo em entrevista para o *Jornal do Brasil* em fevereiro de 1978. O ano começara com Figueiredo sendo indicado por Geisel para a sucessão presidencial.[29] Naquele momento, o tema da anistia já tinha significativa relevância no debate público, e o futuro general-ditador falou sobre a questão. "Esta onda é de gente que não quer abertura política", disse ele na entrevista. "Quem a quer não pede anistia ampla e irrestrita. O presidente Geisel já disse diversas vezes que o nosso desenvolvimento político deve ser conduzido de forma lenta, segura e gradual. Esse movimento, portanto, não deve ser brusco."

Então, o militar concluiu: "Eu considero que a anistia, nos termos em que vem sendo colocada, chega a ser um prejuízo para o próprio andamento das reformas políticas. É um tema que pode ser melhor discutido numa fase posterior e que colocado agora só serve de estorvo aos reais interesses por uma abertura".[30] A fala de Figueiredo recuperava, em linhas gerais, o teor dos discursos de Geisel: a abertura deveria seguir os estritos rumos delineados pelos militares, em um movimento que não poderia ser "brusco". Mas o militar já assumia publicamente que, "numa fase posterior", a discussão sobre a anistia seria inevitável.

Em março, Figueiredo deu nova declaração. "Anistia é esquecimento", falou ele à revista *Veja*. "E não é possível esquecer os crimes dos que assaltaram bancos, assassinaram e sequestraram. O alegado motivo político não justifica nada."[31] A estratégia do regime começava a ficar clara. Para garantir que as mobilizações não saíssem do controle, os militares passariam a elaborar sua própria perspectiva sobre como, quando e em que termos a anistia poderia ser colocada em prática. A resposta ao crescimento da demanda foi incorporar a anistia em seu próprio projeto de "distensão", dando um sentido muito específico à medida e estabelecendo limites claros sobre até onde ela poderia ir.

No centro dessa concepção sobre como deveria ser a anistia estava a noção de "esquecimento". De um lado, esse esquecimento deveria significar o perdão aos crimes dos militares, com a garantia absoluta de que eles não seriam responsabilizados pelas torturas, mortes e pelos desaparecimentos forçados. Isto é, a anistia deveria ser recíproca. De outro, como ressaltou Figueiredo em seu depoimento, ele não poderia abarcar os considerados "terroristas", ou seja, os militantes da luta armada. Em outras palavras, a ideia de uma anistia irrestrita era cabalmente recusada.

Para fortalecer essa ideia de anistia como esquecimento, os militares trabalhariam conformando um novo binarismo narrativo. Do lado oposto do esquecimento buscado por eles estaria o revanchismo, que passaria cada vez mais a ser objeto de condenação pública. De fato, essa categoria começaria a permear os documentos dos órgãos de repressão e os discursos públicos dos militares. Em 1978, quando o *Em Tempo*, jornal da imprensa alternativa, publicou a lista de torturadores apresentada no documento

"Bagulhão", o Serviço Nacional de Informações (SNI) produziu um dossiê sobre o jornal:

> À medida que a abertura política vai assumindo contornos mais nítidos, com crescente liberdade de imprensa, o jornal em epígrafe vem dando ênfase a um tipo de noticiário que pode ser catalogado como incentivo ao revanchismo, por publicar reportagens que versam sobre pretensas torturas ocorridas e indicar nomes dos possíveis torturadores.[32]

Contudo, se no plano discursivo as Forças Armadas começavam a construir o argumento de que anistia deveria representar esquecimento, na prática a instituição organizava iniciativas oficiais para reforçar a produção de uma narrativa unificadora sobre o golpe e a ditadura.

Em 27 de março de 1978, com a aproximação do aniversário do golpe de 1964, as diferentes unidades do Exército organizaram eventos para marcar a data. O I Exército, por exemplo, celebrou uma missa "em sufrágio das almas dos que tombaram vítimas da subversão e do terrorismo".[33] Já o III Exército publicou uma nota tratando da questão da anistia. Ao defender a organização do evento em defesa do golpe, os militares diziam que a iniciativa seria "tão mais oportuna quando são destacados, maldosamente, pela imprensa diária, os recalques e ressentimentos de uma minoria mesquinha, capaz de insinuar anistias amplas, irrestritas, recíprocas e mútuas".[34]

Quando Geisel anunciara sua "distensão", conflitos no interior da caserna se multiplicaram. Setores da extrema direita militar tinham como foco denunciar o que entendiam como a nova forma de ação das oposições: promover uma "guerra psicológica" por meio da "infiltração" nos meios de comunicação, a partir da qual a imagem das Forças Armadas seria difamada. Na prática, era essa perspectiva que levava os militares a identificar qualquer denúncia de violação aos direitos humanos como revanchismo.

Ou seja, a crítica ao revanchismo e a busca pela garantia da impunidade aos militares, que haviam sido vocalizadas pela primeira vez nos panfletos apócrifos publicados contra Geisel e Golbery, agora faziam parte da concepção expressa pelo núcleo duro do regime.

Ao enquadrar o debate sobre a anistia em seus próprios termos, os militares produziram dois efeitos fundamentais. O primeiro foi organizar a temporalidade do processo. O regime reforçava a posição de que antes de alcançar qualquer anistia era preciso cumprir outras "etapas". Nesse sentido, em 23 de junho de 1978, Geisel foi à televisão para anunciar o conteúdo da proposta de emenda constitucional nº 07/78, que extinguia o AI-5, mas instituía, como contrapartida, outras "salvaguardas do Estado": o estado de sítio, o estado de emergência e as medidas de emergência.[35]

O segundo efeito foi embaralhar o debate que os grupos da sociedade civil vinham fazendo. Para a parcela mais moderada da oposição liberal-democrática, a sinalização de que, em algum momento, o regime aceitaria discutir alguma anistia era suficiente para uma reorganização de sua atuação. À medida que o regime conseguisse aproximar esses setores de sua proposta, iriam se ampliar as divergências nas oposições e no interior da campanha pela anistia.

Como nota Renato Lemos, essa estratégia viabilizou a construção, por parte dos dirigentes do regime, de um "novo campo político de centro, obtendo apoio de parcela significativa da oposição liberal".[36] De fato, parte das oposições empunhava a bandeira da anistia como reconciliação, e mesmo a discussão de uma anistia recíproca, que incluísse os torturadores, era aceita por alguns grupos.

O presidente da CNBB, d. Aloísio Lorscheider, por exemplo, havia resumido da seguinte maneira a posição da entidade sobre o tema para a revista *Veja*, na edição de 1º de março de 1978. "A anistia não se destina aos que cometeram crime comum, pois não podemos perder de vista certas dimensões da Justiça." Concluiu, então, o religioso:

> Não podemos condenar ninguém por ter esta ou aquela posição política. Mas, se ela prejudica o bem comum, deixa de ser justa. Em suma, poderia haver uma anistia para todos os atingidos por atos de exceção. Depois, o julgamento na Justiça comum dos que cometeram crimes comuns.[37]

Para outros setores da oposição, sobretudo os que se aglutinavam em torno do Comitê Brasileiro pela Anistia, tanto a questão da temporalidade como a concepção de como deveria ser a anistia eram inconciliáveis com o projeto do regime. Para eles, a anistia era prioridade imediata. Era necessário primeiro promover a libertação dos presos políticos e garantir o retorno dos exilados, para que eles também pudessem se engajar nas etapas seguintes da abertura política. Era uma visão oposta à anunciada por Figueiredo.

Ao mesmo tempo, a anistia defendida por esses setores não era baseada na noção de reconciliação ou esquecimento. A anistia do CBA implicava discutir a responsabilização dos militares, portanto não era recíproca. Mas era irrestrita, por incluir os militantes que a ditadura caracterizava como *terroristas* e *subversivos*.

Não à toa, ao mesmo tempo que setores da oposição liberal-democrática começavam a dialogar com o regime em torno de uma anistia possível, a violência se voltava contra outros grupos da sociedade. A repressão policial a atos públicos pela anistia "ampla, geral e irrestrita", o monitoramento dos movimentos pela anistia e um atentado a bomba contra a casa de Helena Greco, representante do MFPA de Minas Gerais, em abril de 1978, são os principais exemplos.[38]

Em 13 de outubro de 1978, foi promulgada a emenda constitucional nº 11, que revogava o AI-5 ao mesmo tempo que institucionalizava outros mecanismos repressivos. "Tais instrumentos de afirmação da supremacia do Executivo", aponta o historiador Renato Lemos, "eram cruciais para a estratégia distensionista."[39] Cinco meses depois, o general João Batista Figueiredo assumiria a chefia do Poder Executivo do regime ditatorial. A "distensão" seguia o ritmo e o rumo determinados pelos militares.

5. AS VÍTIMAS DA DITADURA

EM 9 DE SETEMBRO DE 1978, representantes de cerca de vinte entidades se reuniram em Salvador, Bahia, para o Encontro Nacional de Movimentos pela Anistia. Naquele momento, o regime impunha os rumos e o ritmo da "distensão lenta, gradual e segura", e os movimentos achavam necessário melhorar a própria organização e articulação, a fim de fazer frente ao projeto da ditadura.

O Comitê Brasileiro pela Anistia que havia surgido no Rio de Janeiro multiplicara-se em outros comitês. Na reunião de Salvador, estiveram representantes dos CBAs de São Paulo, Bahia, Paraná e Rio de Janeiro, além de comitês locais de Goiás, Mato Grosso, Rio Grande do Norte e Pará. Também estiveram os núcleos do Movimento Feminino pela Anistia de São Paulo, Bahia, Minas Gerais, Ceará, Paraíba, Rio Grande do Sul, Sergipe e Pernambuco.

Ao final do encontro, foi elaborada a Carta de Salvador, que consolidava entendimentos comuns sobre como deveria ser a campanha pela anistia. De início, o documento reafirmava as palavras de ordem norteadoras: "A Anistia deve ser AMPLA — para todos os atos de manifestação de oposição ao regime; GERAL — para todas as vítimas dos atos de exceção e IRRESTRITA — sem discriminações ou restrições".[1]

O reforço da concepção de uma anistia "ampla, geral e irrestrita" era uma forma de se contrapor explicitamente ao projeto de anistia que o regime começava a apresentar.

"Não se justificam as propostas de anistias parciais ou limitadas", dizia a carta, "que discriminem, inclusive, os que na luta contra o regime vigente participaram de movimentos armados, pois, todos foram punidos pela força de atos e leis ilegítimos, eis que contrários à vontade popular."

Os movimentos recusavam, também, a ideia da anistia recíproca, exigindo que os torturadores fossem levados à Justiça. "Entendemos ainda que a conquista da Anistia não pode vir só" afirmava o documento, ressaltando que era necessário, ainda, "a eliminação dos atos e leis de exceção, o estabelecimento das leis e mecanismos de livre participação e representação popular, além do fim radical e absoluto das torturas, bem como a responsabilização criminal dos que a praticam".

Como desdobramento do Encontro Nacional de Movimentos pela Anistia, a Carta de Salvador convocava um Congresso Nacional pela Anistia (CNA), que aconteceria entre 2 e 5 de novembro de 1978. A expectativa dos organizadores era reunir cerca de quatrocentas pessoas no encontro. A *Folha de S.Paulo* noticiou que havia pelo menos quinhentas pessoas presentes na abertura do evento, realizada no Teatro da PUC-SP.[2] Já o *Jornal de Brasília* noticiou: "Congresso pela anistia reúne 1200 pessoas".[3]

A despeito das divergências na quantidade de participantes, a lista de entidades e personalidades presentes na abertura ajuda a compreender o alcance e as alianças que os CBAS e o MFPA obtiveram até então.[4] Havia personalidades de relevo do mundo jurídico internacional, intelectuais, parlamentares e candidatos, políticos cassados e ex-presos políticos.

Mais de sessenta entidades, entre organizações da sociedade civil, movimentos sociais, entidades estudantis e sindicatos, também estavam representadas. Mais de cem pessoas marcaram presença em uma lista intitulada "Familiares/amigos [de] mortos, presos, desaparecidos, exilados". Por fim, militantes de organizações revolucionárias perseguidas pelo regime também estiveram no Congresso. Neste caso, a presença era menos explícita, já que muitos estavam presos[5] ou exilados.[6]

Diante dessa amplitude, o encontro enfrentou muitas divergências a fim de chegar a um entendimento final comum. Um dos principais temas a ser debatido seria a definição de quem eram as vítimas da ditadura. Era uma questão central, visto que a anistia era pensada como uma medida para beneficiar precisamente aqueles que haviam sido alvo de violências e violações de direitos consideradas ilegítimas e ilegais.

No centro do debate estariam, mais uma vez, as perguntas: O que pode ou não ser considerado político? Quais são as fronteiras da violência política e do crime político? Encontrar uma definição para essas questões seria fundamental naquele momento, pois a anistia viria para aqueles que fossem considerados perseguidos e punidos por sua atuação política.

A comparação entre duas listas ajuda a iluminar o que estava em jogo nessa disputa em torno da definição de vítima da ditadura. No início de março de 1978, a edição semanal da *Veja* trouxe como matéria principal uma grande reportagem sobre a anistia.[7] A reportagem sintetizava da seguinte forma o rol de possíveis beneficiários da medida:

> Nesses mesmos catorze anos, além das cassações e aposentadorias, 128 brasileiros (e dois estrangeiros) foram banidos do país pelo AI-13, de 1969. E, desde outubro de 1965, quando os delitos contra a segurança nacional passaram a ser julgados pela Justiça Militar, até fins do ano passado, pelo menos 5 mil pessoas, segundo os melhores dados disponíveis, embora incompletos, foram condenadas nas auditorias, entre 11 mil acusados. Cerca de 6 mil apelações chegaram ao Superior Tribunal Militar (STM), que manteve as condenações (ou reformou as sentenças de absolvição) em 1988 casos. Destes condenados, cerca de duzentos cumprem pena atualmente. Por fim, um número indeterminado de pessoas foram dadas como mortas em choques com as forças de segurança ou são consideradas desaparecidas.[8]

Basicamente, as punições da ditadura eram apresentadas a partir de ações como cassações, aposentadorias, banimentos e julgamentos pela Justiça Militar. A *Veja* demonstrava que seu foco de preocupação recaía sobre indivíduos que tiveram seus direitos civis e políticos fundamentais violados de forma arbitrária por atos de exceção, como os atos institucionais, as cassações, as sentenças judiciais.

Por outro lado, ao tratar de indivíduos mortos pela repressão, a revista utilizou expressões como "número indeterminado", "foram dadas como mortas" e "consideradas desaparecidas". Como as denúncias de mortes e desaparecimentos, em geral, diziam respeito a integrantes de organizações que haviam optado pela luta armada, a pouca ênfase da revista para esses casos servia para criar um afastamento, enfatizando que não estava aí a sua preocupação fundamental.

Outra forma de listar as vítimas da ditadura podia ser encontrada em um jornal organizado e publicado com o apoio do Comitê Brasileiro de Anistia em abril do mesmo ano.

> SE FOSSE CONQUISTADA UMA ANISTIA GERAL NO PAÍS, QUEM E QUANTOS SERIAM OS BENEFICIADOS?
>
> Presos políticos — 200
> "Desaparecidos" — 36
> Mortos — 157
> Cassados — 4877
> Banidos — 128
> Exilados — 10 000
> Estudantes atingidos pelo 477 — 263
> Condenados, processados, indiciados ou simplesmente presos desde 1964 — 500 000[9]

A ordem escolhida para apresentar os números não era um acaso. No topo da lista estavam as categorias para as quais os CBAs queriam chamar mais atenção. Os presos, desaparecidos e mortos representavam, para os comitês, o centro de sua atuação.

A comparação entre as duas formas de classificação de quem foram os atingidos pela ditadura — e, portanto, dos sujeitos a serem beneficiados pela anistia — mostra a existência de concepções distintas sobre como narrar e descrever as violências do regime. Listas, cifras, números, nomes e imagens faziam parte dessas disputas. A clivagem entre as representações produzidas pelos setores liberal-democráticos da oposição e pelas esquerdas ficava cada vez mais evidente, e o Congresso Nacional pela Anistia seria um espaço fundamental para demarcar definitivamente algumas dessas diferenças.

No encontro, entre as comissões de trabalho que foram formadas, estava em destaque a Comissão de Familiares de Mortos e Desaparecidos Políticos (CFMDP), e sua atuação marcaria de forma significativa as definições do congresso. Por isso, vale citar um trecho longo da moção final apresentada pela comissão:

> Torna-se necessário portanto a denúncia política de todos os crimes do regime militar, lutar pelo esclarecimento das circunstâncias da morte e desaparecimento de todos aqueles que estavam empenhados na luta contra a opressão em todas as suas manifestações e por uma sociedade mais justa e livre. A existência desses crimes contra a humanidade faz que seja necessário lutar e exigir a completa elucidação, apuração e responsabilização dos responsáveis que praticaram esses crimes, que hoje são escamoteados pela repressão ou apresentados em versões inteiramente falsas, sempre com o objetivo de enganar o povo. Os mortos e desaparecidos não precisam mais de anistia, mas suas famílias, amigos e companheiros, sim. Precisam de anistia para suas angústias, sofrimentos e incertezas. Precisam de anistia para garantir que outros não passem pelo que passam tantos companheiros.[10]

Os argumentos usados no trecho afirmam a legitimidade da atuação dos mortos e desaparecidos políticos, buscando afastar definitivamente qualquer tentativa de tachá-los como "terroristas" ou "subversivos". Isto é, tratava-se de defender que eles haviam travado uma luta política, e que não eram criminosos.

Para isso, o texto defendia que sua atuação fora uma "luta contra a opressão" e por uma "sociedade mais justa e livre". De forma complementar, ao apontar a existência de "versões inteiramente falsas" para os crimes do regime, o documento reforçava a ideia de que não estavam sob exame os atos dos que foram vitimados, mas sim dos agentes estatais. Por fim, a moção falava nas "angústias e incertezas" de famílias, amigos e companheiros, mobilizando a dimensão do sofrimento.

Em um ato de forte simbolismo, eram os familiares que apareciam como os destinatários da anistia. Claro, não era a anistia, em seu sentido jurídico estrito, que a moção buscava. Os militantes haviam sido assassinados brutalmente sob tortura ou sumariamente executados. Não havia qualquer possibilidade de uma reversão jurídica da punição — afinal, anistia alguma poderia trazê-los de volta à vida. Afirmar que os familiares deveriam ser beneficiados pela anistia significava, acima de tudo, lutar por um reconhecimento póstumo da legitimidade da luta de seus entes queridos.

Denúncia política e revalorização do papel dos militantes, esclarecimento das circunstâncias dos crimes, responsabilização dos agentes. Memória, verdade e justiça como garantias da não repetição. Eram essas as demandas da Comissão de Familiares de Mortos e Desaparecidos, mesmo que elas não aparecessem, ainda, sob essas categorias, na forma da palavra de ordem que se tornaria célebre com o passar dos anos.

O saldo final do congresso foi apresentado no documento intitulado "Resumo das resoluções do Congresso Nacional pela Anistia".[11] Entre elas, havia a indicação de "implementar uma campanha nacional em torno de esclarecimento da situação dos mortos e desparecidos, com base no relatório da Comissão de Mortos e Desaparecidos e da Carta, bem como no dossiê preparado pela Comissão", "denunciar coletivamente todas as violências e perseguições e se solidarizar com os atingidos" e "dar assistência a todos os presos políticos e seus familiares".

Com isso, a despeito da amplitude e da heterogeneidade dos atores presentes, a perspectiva que prevaleceu no CNA foi a levantada pelas organizações mais à esquerda, sobretudo pela Comissão de Mortos e Desaparecidos Políticos (CFMDP). O tom da campanha dali em diante seria esse. A partir da palavra de ordem "ampla, geral e irrestrita", os CBAS reivindicariam a anistia aos que se engajaram na luta armada, colocando os presos políticos e os mortos e desaparecidos no centro da definição de quem haviam sido as vítimas e os atingidos pela ditadura, e recusando qualquer proposta de anistia que significasse impunidade aos militares.

O QUE DEFINE UM DESAPARECIDO POLÍTICO?

No início de 1979, o Comitê Brasileiro pela Anistia do Rio de Janeiro publicou um livro intitulado *Desaparecidos políticos: Prisões, sequestros, assassinatos*. Era um esforço para consolidar uma lista de pessoas desaparecidas, dando sequência à tentativa de sistematização que vinha sendo feita desde o início da década.

O CBA-RJ havia apresentado uma primeira versão dessa lista no Congresso Nacional pela Anistia. Precedido por uma breve introdução, o documento indicava 70 desaparecidos e 120 mortos, além de 60 banidos.[12] Nessa nova publicação na forma de livro, havia também um conjunto de reflexões e textos, cuja leitura nos ajuda a entender melhor o estatuto dos desaparecidos políticos. Esses seriam, na definição do movimento, "militantes políticos cuja prisão, sequestro ou morte não foram reconhecidos pelo governo".[13]

Apresentado no livro como um "conceito tirado no Congresso Nacional pela Anistia", o CBA-RJ trabalhava com uma definição bastante objetiva, que delimitava a noção de desaparecido político a dois elementos fundamentais: a militância política e as circunstâncias da ação violenta do Estado.

Contudo, trabalhos de antropólogas como Virginia Vecchioli, que analisou o caso argentino, e Desirée Azevedo, que estudou a experiência brasileira, mostram que o processo de nomeação de um indivíduo como desaparecido político — ou, de modo mais geral, como vítima — passa por caminhos complexos. Em seus trabalhos, as antropólogas apontam que a possibilidade de inscrição de determinados casos individuais nessas categorias é consequência de uma série de processos sociais, políticos, morais e cognitivos.

Nos termos bastante diretos de Vecchioli, não há vítimas sem que haja "agentes que lhe dão existência social"[14] —o que não significa dizer que o sofrimento dos que foram alvos da violência do Estado e seus familiares não seja real. A reflexão aponta para o fato de que o reconhecimento de um indivíduo como vítima de uma violência não é um efeito imediato, objetivo e necessário da brutalidade da ação que o atingiu. Isto é, há sujeitos que são alvos de formas brutais de violência, mas que não são vistos, pelo conjunto da sociedade, como vítimas. Essas pessoas podem ser reconhecidas como vítimas somente quando essa violência passa a ser vista como ilegítima.

Um texto publicado pelo advogado Sobral Pinto no livro do CBA-RJ nos ajuda a compreender melhor a questão. O texto é, como notou a antropóloga Desirée Azevedo, um verdadeiro roteiro de como as famílias deveriam agir para comprovar, por meio de uma série de procedimentos, a condição de desaparecido político de seus entes queridos.[15]

De início, Sobral Pinto apontava como as providências a serem tomadas em cada caso dependiam "das iniciativas das respectivas famílias com a colaboração de advogados hábeis, experimentados e prudentes".[16] O advogado complementava, no entanto, que "para ter êxito em suas atividades, quer no aspecto político, quer no aspecto policial, quer no jurídico, não basta a família pedir a colaboração de um advogado". Era necessário, em sua perspectiva, "recorrer às organizações existentes no país, que se dedicam às investigações de todo o gênero (políticas e policiais), para que elas forneçam os dados necessários".[17] Por fim, sintetizava:

> A união faz a força, não só porque coloca numerosas pessoas unidas no trabalho de investigação, como também facilita a obtenção de recursos monetários indispensáveis às investigações, tanto de caráter político, quanto de caráter policial e de caráter jurídico.[18]

Sobral Pinto destacava três pontos. A necessidade de "iniciativa das famílias", a importância das "organizações existentes no país" e os "recursos monetários indispensáveis". Aqui já fica mais claro que, ao contrário da definição objetiva apresentada pelo CBA-RJ, não é qualquer "militante político cuja prisão, sequestro ou morte não foram reconhecidos pelo governo" que passa à condição de desaparecido político.

Era preciso um movimento que se iniciava nas famílias e passava pelas organizações da sociedade civil (no caso, entidades como a Anistia Internacional, a Comissão Justiça e Paz e os próprios Comitês Brasileiros pela Anistia). Na síntese precisa de Desirée Azevedo, "a qualificação do acontecimento como desaparecimento político passa, portanto, por sua comunicação em espaços onde ele possa ser assim reconhecido".[19] À medida que, nesses espaços, um conjunto de circunstâncias de mortes e sequestros ia sendo narrado e descrito, os casos individuais iam sendo constituídos em casos. Assim, como nota a pesquisadora, a conformação de um caso de desaparecimento político é, antes de tudo, produto "da relação entre os familiares que denunciam e as instituições que reconhecem".[20]

Naquele momento, portanto, ao produzir uma lista de desaparecidos, o CBA-RJ não estava apenas compilando ou arrolando nomes a partir de uma definição objetiva. Estava, na prática, construindo uma categoria de denúncia pública, cujo objetivo fundamental era apontar a ilegitimidade da violência a que aqueles indivíduos haviam sido submetidos.

Junto à categoria de desaparecido político, emergia outra, igualmente importante: os familiares. Era a partir do momento em que mães, pais, companheiras e companheiros identificavam que um ente querido poderia ter sido assassinado por agentes do Estado em razão de sua militância que essas famílias buscavam meios de denunciar o caso. Recorrendo mais uma vez às reflexões de Desirée Azevedo, o sentido fundamental dessa noção fica claro quando observamos a ideia de que "familiar é quem luta".

Ou seja, o que torna alguém um familiar de morto e desaparecido não é o dado objetivo do vínculo sanguíneo. Este é apenas o ponto a partir do qual a legitimidade é conferida a uma família para reivindicar explicações e justiça para seu ente querido. Mas é a participação dessas pessoas em espaços coletivos de luta e reconhecimento que lhes permite seguir reivindicando para si a condição de familiares de mortos e desaparecidos políticos.

Voltando ao texto de Sobral Pinto, há outro ponto para o qual o advogado chama a atenção: esse movimento demandava recursos. Embora fale explicitamente sobre a questão monetária, outros recursos — simbólicos, culturais, educacionais — eram igualmente importantes. Ao observar o movimento de familiares argentinos, a antropóloga Liliana Sanjurjo aponta que a possibilidade de se engajar em lutas coletivas demandava "tempo e recursos para se dedicar integralmente à militância", bem como "acesso aos meios necessários para articular ações tanto no plano nacional como internacional".[21]

Anteriormente, analisei como as denúncias de tortura se multiplicaram no exterior a partir de uma rede de indivíduos exilados que tinham também características específicas. Contatos internacionais, domínio de uma língua estrangeira, fontes de financiamento, acesso a certos espaços e círculos sociais etc. Também apontei como o MFPA ganhou projeção porque suas fundadoras iniciais, especialmente Zerbini, vinham da classe média alta e das elites. Por fim, embora os militantes organizados nos CBAS tivessem um posicionamento ideológico mais à esquerda, isso não significa que eles não possuíssem, também, um conjunto de recursos simbólicos e materiais que os distinguiam socialmente.

Assim, ao contrário do que sugere um conceito frio e objetivo de desaparecido político, fica claro que a inscrição de um caso individual nessa categoria é atravessada por várias condicionantes. Um certo capital cultural e um conhecimento do contexto político e de aspectos jurídicos eram fundamentais para que os familiares soubessem da existência de organizações que poderiam receber a denúncia. Eram necessárias, também, certas condições materiais básicas, como o dinheiro da passagem e a possibilidade de se ausentar do trabalho para se deslocar a uma reunião ou encontro desses grupos, além dos recursos para pagar um advogado.

Havia, por fim, algo central. Era necessário que tanto a família como a organização por ela buscada compartilhassem um entendimento acerca do caráter político daquela morte ou desaparecimento. Aqui, uma série de limitações poderia existir. Uma mais evidente seria o desconhecimento, pela família, da militância de seu ente querido. Outra seria a incapacidade de comprovar essa militância por meio de relatos ou documentos. Uma terceira seria, ainda, o não reconhecimento, por parte da organização buscada, do estatuto político daquele acontecimento.

"PELA REVISÃO DOS PROCESSOS E PENAS DE TODOS OS PRESOS COMUNS!"

Em 7 de julho de 1978, diversas organizações do movimento negro promoveram um ato público nas escadarias do Theatro Municipal de São Paulo. Na ocasião, foi lançado o Movimento Negro Unificado Contra a Discriminação Racial (MNUCDR), que pouco tempo depois passaria a se chamar apenas Movimento Negro Unificado (MNU).

Dois acontecimentos recentes levaram à manifestação. Os atos de discriminação racial sofridos por quatro jovens negros no Clube de Regatas Tietê e a morte de um trabalhador negro, Robson Silveira da Luz, assassinado sob tortura em um distrito policial de São Paulo.

Contudo, muito mais do que apenas uma resposta a essas violências, o surgimento do MNUCDR era a expressão de uma nova forma de atuação do movimento negro,[22] que resultava de um processo intensificado na virada dos anos 1960 para a década de 1970, de criação de associações e grupos que pautavam a luta antirracista a partir de diferentes perspectivas e concepções.

Uma reorganização que tinha profundas conexões com o que acontecia no plano externo. De um lado, as lutas pelos direitos civis nos Estados Unidos, que projetavam figuras como Martin Luther King, Malcolm X e movimentos como os Panteras Negras. De outro lado, os movimentos por independência e libertação de países africanos em sua luta anticolonial.

Ao mesmo tempo, o contexto específico da abertura política também cumpria um papel importante para o surgimento do MNUCDR. Àquela altura, a luta dos "novos movimentos sociais" avançava, abrindo espaço em meio à "distensão lenta, gradual e segura". Os limites vislumbrados pelos militares para o processo vinham sendo constantemente testados.

Ao lado desses novos movimentos sociais, o ano de 1978 assistiu ao início de um intenso e inesperado ciclo de greves protagonizado pelos metalúrgicos da região do ABC Paulista. Desafiando os rígidos controles da ditadura sobre a estrutura sindical e colocando em cena o problema do arrocho nos salários e as consequências do "milagre econômico" para a classe trabalhadora, aquela movimentação serviu de exemplo para trabalhadores de outras categorias, disparando um processo que ficaria conhecido como o "novo sindicalismo".

Esse conjunto amplo e heterogêneo de movimentos sociais e sindicatos estabelecia relações ora mais ora menos conflituosas com as esquerdas. Um dos principais exemplos dessas tensões foi o debate entre uma luta "geral" e as lutas "específicas". Para parte significativa das esquerdas, a questão fundamental era aquela que estava centrada na classe, que se traduzia no esforço de transformação radical da realidade, com vistas à derrubada do sistema capitalista.

Esses setores não viam com bons olhos, em geral, a existência do que eles chamavam de lutas "específicas". Em sua perspectiva, elas poderiam desviar o foco do que consideravam efetivamente importante. Sejam as demandas objetivas de movimentos organizados em torno de questões como a luta por creches nos bairros, sejam as reivindicações estruturadas a partir de categorias que não fossem a classe, tais como raça, gênero e sexualidade. O movimento negro, o movimento feminista e o então chamado movimento gay enfrentavam constantemente essas tensões junto às organizações de esquerda.

Isso não significa dizer que não havia relações entre eles. Pelo contrário. Parte significativa dos militantes do MNUCDR, por exemplo, vinha de uma organização trotskista, a Convergência Socialista. "Havia, na Convergência Socialista", descreve o historiador Petrônio Domingues, "um grupo de militantes negros que entendia que a luta antirracista tinha que ser combinada com a luta revolucionária anticapitalista."[23]

"Na concepção desses militantes, o capitalismo era o sistema que alimentava e se beneficiava do racismo; assim, só com a derrubada desse sistema e a consequente construção de uma sociedade igualitária era possível superar o racismo", aponta Domingues.

Ou seja, ainda que houvesse tensões, existia um trânsito dos militantes entre as organizações e os movimentos que nasciam naquele momento. Daí surgiam diferentes formas de tentar equacionar a luta "geral" com as lutas "específicas". E essa questão apareceu de maneira significativa no Congresso Nacional pela Anistia.

Já mostrei, anteriormente, que desde 1977 esteve presente no âmbito da campanha pela anistia o objetivo de "popularizar" a luta, transformando-a em um "movimento de massas". Essa tinha sido, inclusive, uma das motivações fundamentais para a construção do CBA.

Ao observar a lista de presenças da abertura do Congresso Nacional pela Anistia, apontei o fato de que vários dos mais importantes desses "novos movimentos sociais" estavam presentes. Movimento do Custo de Vida, Associação de Médicos Sanitaristas, Comando Geral da Greve dos Metalúrgicos, Movimento Negro Contra a Discriminação Racial e Comissão de Mães em Defesa dos Direitos Humanos foram alguns deles.

Essa ida dos movimentos ao evento parecia corresponder a uma expectativa dos seus organizadores, embora os movimentos não estivessem dispostos a comparecer ao congresso apenas para ouvir e depois levar a bandeira da anistia para suas bases. Para eles, a via não poderia ser de mão única. A esses grupos interessava colocar em debate outras perspectivas sobre o que havia sido (e seguia sendo) a violência de Estado e quem eram as suas vítimas. Por consequência, os movimentos colocavam em cena concepções distintas sobre o que deveria ser a anistia "ampla, geral e irrestrita".

Como já apontei, ao final do Congresso Nacional pela Anistia, a concepção que se tornou hegemônica foi a que dava centralidade aos mortos e desaparecidos políticos. Na perspectiva de seus defensores, essa era a anistia realmente irrestrita. Ao incluir os mortos e desaparecidos políticos que tinham integrado a luta armada, acreditavam que a medida não excluiria dos benefícios nenhuma categoria de atingido pela violência do Estado.

Ocorre que, como em qualquer categoria classificatória, essa concepção também produzia outras formas de exclusão. As variadas percepções sobre a anistia ficam evidenciadas pelas moções e contribuições apresentadas por diferentes movimentos ao Congresso Nacional pela Anistia. Mas certamente foi a atuação do Movimento Negro Unificado Contra a Discriminação Racial que produziu a concepção mais ampliada e aprofundada do que deveria ser uma anistia realmente irrestrita.

Já de início, o MNUCDR chamou a atenção para a inexistência de uma previsão, no regimento do congresso, para a discussão sobre a questão da violência racial. O movimento defendeu, então, a criação de uma Comissão de Trabalho dos Negros, nos moldes das outras comissões constituídas no evento.

"O problema racial é sempre diluído nas discussões mais gerais por que passa a sociedade", argumentou o MNUCDR para defender a proposta. Seria, assim, "de fundamental importância que nossos problemas sejam discutidos, enquanto problemas específicos, pela sociedade em geral".[24] A proposta do movimento foi aceita, e essa nova comissão foi criada.

A partir da Comissão de Trabalho dos Negros do Congresso Nacional pela Anistia, o MNUCDR apresentou uma moção intitulada "O papel do aparato policial do Estado no processo de dominação do Negro e a Anistia".[25] O documento traçava um histórico de como haviam se estabelecido as relações raciais no Brasil e propunha uma comparação entre a ação individual dos chamados presos comuns e a ação coletiva dos ditos presos políticos.

"A primeira forma de resistência do Negro à escravidão foi a revolta nas senzalas", começava o texto. "E os senhores de escravos encontraram respostas imediatas: os chicotes dos capitães do mato e profundas marcas nos corpos e nas mentes das populações Negras." Como forma de escapar a essa violência, foram criados os quilombos.

Apontando que "a cada quilombo que surgia a repressão sofisticava-se", o MNUCDR afirmava: "Os quilombolas foram as primeiras vítimas das perseguições políticas do país". O documento argumentava, então, que o longo caminho até a abolição teria configurado "o primeiro processo de distensão lenta, gradual e segura". Ao utilizar dois elementos que estavam no centro do discurso das lutas pela anistia — a ideia de perseguição política e a referência à "distensão" —, o texto do Movimento Negro Unificado Contra a Discriminação Racial propunha, já em seu início, novos sentidos para termos e expressões que estavam constantemente nas falas dos militantes de esquerda envolvidos na campanha pela anistia.

Em seguida, o documento do MNUCDR trazia uma poderosa argumentação que apontava como a perseguição ao negro deixava de ser entendida como um fato político para se tornar uma "perseguição comum". Isso ocorria porque, com o fim da escravidão, não havia mais justificativa para a opressão dos senhores. A partir daí, "os Negros eram perseguidos como marginais, como desempregados, como bagunceiros".

"O Negro formava uma massa miserável", apontava o movimento ao falar do pós-abolição, "sobrevivendo como dava, sem informação, sem organização, sem técnica." Nesse quadro, ele passou a ser visto como "um ser violento e incapaz dentro da nova sociedade". O MNUCDR chamava a atenção, assim, para o processo de desumanização dos corpos negros. "Um homem para ser visto como homem, mas não para ser tratado como tal", sintetizava o texto.

O último tópico do documento era intitulado "A polícia, o preso comum e o processo de transformação do preso comum em preso político". No trecho, o movimento descrevia algumas das formas de violência estatal existentes naquele momento contra a população negra. Espancamentos na rua, detenções arbitrárias, condenações por crimes não cometidos, batidas policiais de madrugada em favelas e em bairros de trabalhadores, assassinatos e a destruição psicológica e organizativa dos negros.

Para o MNUCDR, essa violência existia porque "para a polícia todo negro é um criminoso em potencial". O documento mencionava também o sistema penitenciário, caracterizando-o como "uma parte importante para [a] manutenção do tipo de sociedade em que vivemos. Ele funciona como uma espécie de lixo social", marcado por "formas variadas de torturas (físicas ou psicológicas)". Assim, o texto chegava à sua conclusão:

> A forma do indivíduo expressar a sua oposição em relação à situação atual varia de acordo com o seu nível de consciência. Se o indivíduo tem claro as causas que geram a sua condição de dominado e explorado, ele se organizará em um grupo político e terá uma atuação organizada. Quando ele não tem essa consciência, a sua ação se dá ao nível individual, daí o assalto ao patrimônio privado. Nos dois casos a ação do indivíduo expressa uma posição política; diferenciando apenas nas formas de ação, uma coletiva a outra individual. O Estado reprime em ambos os casos. Agora quando o indivíduo participa de uma luta política por uma sociedade mais justa ou pratica o assalto contra a propriedade privada, e uma das formas é o assalto a bancos, é considerado Preso Político. No entanto quando a ação se dá ao nível individual, o elemento que o pratica é considerado Preso Comum, da qual discordamos e caracterizamos também como preso político.
>
> É nesse sentido que o nosso posicionamento no Congresso Nacional pela Anistia, com relação a esse tipo específico denominado Preso Comum, é de exigirmos que o tratamento seja o mesmo dispensado aos Presos Políticos. [...] Nós, os negros, compreendemos que a materialização da Anistia Ampla Geral e Irrestrita não atingirá os "presos políticos negros". [...] É por isso que

exigimos e conclamamos a todos os presentes neste congresso a lutarem:

    Pela revisão dos processos e penas de todos os "Presos Comuns".

    Por melhores condições carcerárias.

    Por mais prisões abertas e efetiva reintegração dos presidiários na sociedade.

    Pelo fim da Opressão Policial.

    Por mais trabalhos para os Negros e melhores condições de vida.

    Pela liberdade de organização e expressão.

    Pela Anistia Ampla, Geral e Irrestrita.

Com a tese apresentada ao Congresso Nacional pela Anistia, o MNUCDR propunha uma leitura muito particular sobre a bandeira da anistia ampla, geral e irrestrita. O movimento afirmava que aquela violência tida como comum quando atingia os negros nas favelas, nas periferias e nos cárceres também tinha um caráter político.

Para isso, estruturava o argumento em duas grandes linhas. De um lado, apontava como as lutas contra a violência do Estado deveriam ser pensadas dentro de espectro temporal muito maior, no qual se destacavam as mobilizações dos negros em outros períodos históricos. De outro lado, explicava a criminalidade tida como comum a partir das desigualdades socioeconômicas e raciais, politizando as ações que levam os indivíduos a serem presos.

Ao fazer isso, o MNUCDR questionava o núcleo de um dos argumentos fundamentais dos Comitês Brasileiros pela Anistia para a definição do crime político. Como apontei, ao descrever os conflitos que emergiram nas greves de fome da ilha Grande de 1975, os movimentos de esquerda reivindicavam que o crime político era aquele que havia sido realizado a partir de uma "motivação coletiva", e não de um interesse individual.

Esse argumento aparecia com força, por exemplo, em um breve texto, intitulado "O conceito do crime", publicado pelo advogado Belisário dos Santos em um boletim de 1978 produzido com o apoio dos CBAS. Para apontar o "exato conceito de crime político", Belisário afirmava que "o elemento subjetivo — motivação política — é inarredável na configuração desse delito".

A proposta do texto era defender a ideia de que a anistia também deveria ser estendida aos militantes da luta armada. Isso porque, independentemente do que eles fizeram, foram crimes "cometid[o]s por motivos políticos". Ou seja, crimes em que "não se nota no agente o fundamento egoísta, o caráter individual e antissocial de motivos que marca o agir do criminoso comum".

Para o MNUCDR, essa clivagem não fazia sentido. A ação "individual" dos ditos presos comuns era apresentada como consequência de uma história de decisões políticas baseadas na desigualdade socioeconômica e no racismo, as quais levavam os indivíduos negros à situação de pobreza e marginalidade. Assim, mesmo o assalto comum era uma forma de expressar "oposição em relação à situação atual". Portanto, um ato político.

A comparação entre o texto de Belisário e o texto do MNUCDR evidencia a novidade radical apresentada pelo movimento negro. Não à toa, seus argumentos, suas bandeiras e suas palavras de ordem não foram incorporados nos documentos finais do Congresso Nacional pela Anistia.

DAS MUITAS ANISTIAS À LEI DA ANISTIA

O ano de 1979 teve início com uma nova legislatura no Congresso e com a chegada do general João Batista Figueiredo à chefia do Executivo. Dali em diante, o debate sobre a anistia se aceleraria, com os representantes do regime dando o tom da discussão. Em 28 de junho, Figueiredo enviou o projeto de lei da Anistia para o Congresso Nacional. "A anistia reabre o campo de ação política, enseja o reencontro, reúne e congrega para a construção do futuro e vem na hora certa", afirmava o general-ditador na mensagem com que encaminhou o texto para o parlamento. Mas definia também:

> Não é abrangido quem foi condenado pela Justiça por crime que não é estritamente político [...]. A anistia tem o sentido de reintegrar o cidadão na militância política, e o terrorista não foi e não é

um político, a menos que se subvertam conceitos em nome de um falso liberalismo.[26]

O envio do projeto de lei abriria um novo foco de tensão no interior da campanha pela anistia. Diante da concretude do texto apresentado pelos dirigentes da ditadura, parte da oposição passou a apostar em uma estratégia gradual, em etapas. Argumentavam que era preciso aceitar a proposta do regime sobre uma anistia restrita, para, em seguida, lutar por sua ampliação.

É importante notar que foi esse o debate mais forte dentro da campanha pela anistia, e não aquele relativo à punição ou não dos torturadores. Embora a demanda por responsabilização criminal fosse uma bandeira dos CBAS, esse tema era largamente silenciado para a oposição liberal-democrática, bem como para a maioria dos parlamentares do MDB.[27] Assim, houve pouco espaço até mesmo para que essa discussão viesse à tona.

Em meados de julho, presos políticos deram início a uma greve de fome cujo objetivo central era denunciar os contornos limitados do projeto de lei do regime. Manifestações de rua foram organizadas em apoio à greve. Ao mesmo tempo, os integrantes da campanha pela "anistia ampla, geral e irrestrita" passaram a se mobilizar com vistas a influenciar o processo de tramitação do projeto. Assim, o Poder Legislativo tornou-se um foco prioritário da luta pela anistia.

O Congresso Nacional constituiu uma comissão especial para analisar o texto. Para a presidência do colegiado, foi designado o senador Teotônio Vilela, do MDB de Alagoas. Ele, que fizera sua carreira política na Arena e apenas em abril de 1979 ingressara no partido de oposição, iniciou um périplo por diversos presídios onde militantes se encontravam presos. A partir dessas visitas, foi moldando sua visão sobre a anistia.

A comissão do Congresso Nacional também recebeu dezenas de documentos, enviados por movimentos e entidades.[28] Havia uma expectativa de que o órgão convocasse debates e audiências públicas para ouvir esses setores. Mas os parlamentares da Arena se articularam para impedir qualquer movimentação nesse sentido.

A votação do projeto ocorreu nos dias 21 e 22 de agosto. No primeiro dia, um ato público em apoio à anistia "ampla, geral e irrestrita" foi reprimido e dissolvido a bombas nas proximidades do Congresso. No segundo, militares à paisana ocuparam as galerias do Congresso Nacional antes que defensores da medida o fizessem.[29] Nesse clima de sufocamento das demandas populares, foi aprovada a lei nº 6683, conhecida como Lei da Anistia, que seria sancionada por Figueiredo no dia 28 do mesmo mês.

A lei incorporava a dimensão da anistia recíproca, garantindo a não responsabilização dos militares. A partir de um parágrafo que levava à interpretação de que crimes como tortura e desaparecimento forçado seriam crimes "conexos" aos crimes políticos, seria estabelecido o entendimento de que os agentes do Estado responsáveis por essas práticas também tinham sido anistiados. Ao mesmo tempo, o texto excluía explicitamente os "condenados pela prática de crimes de terrorismo, assalto, sequestro e atentado pessoal".

Dias após a sanção do texto, o Superior Tribunal Militar (STM) considerou anistiadas 316 pessoas enquadradas pela Lei de Segurança Nacional, das quais dezesseis ainda estavam presas.[30] Em 1º de novembro, Figueiredo publicou um decreto regulamentando a Lei da Anistia, a partir do qual o retorno de exilados e a libertação de presos políticos se aceleraram.

No fim das contas, a anistia que saiu do papel foi exatamente aquela desenhada pelo regime em seu projeto de "distensão lenta, gradual e segura". É verdade que a ampla mobilização social acelerou o debate sobre a medida, tornando-a uma pauta incontornável para o governo. Mas também é certo que a ditadura ainda teve capacidade de levar adiante a discussão em seus termos.

Para isso, o regime não usou apenas seu aparato repressivo com o intuito de sufocar manifestações e ameaçar militantes da campanha pela "anistia ampla, geral e irrestrita". Houve uma operação política e discursiva, que permitiu que setores da oposição liberal-democrática defendessem o projeto dos militares. Foi a articulação desse campo político ampliado, incorporando parte da oposição moderada a partir de ideias como "reconciliação", "pacificação" e "esquecimento", que levou à aprovação de um projeto de anistia que garantiu aos militares a não responsabilização pelos crimes cometidos, ao mesmo tempo que manteve intacta e plasmada na lei a classificação da luta armada como terrorismo.

6. REVANCHISMO E CONCILIAÇÃO

PETRÓPOLIS, 4090. INÊS ETIENNE ROMEU guardou essas palavras na memória, após entreouvi-las em meio às brutais sessões de tortura a que foi submetida, sem interrupções, por 96 dias. Durante anos, manteve-se em silêncio. Até que as mudanças na conjuntura política do país finalmente permitiram que Inês localizasse a Casa da Morte, o mais brutal centro clandestino de tortura da ditadura, do qual ela era a única sobrevivente.

Inês escapou do destino reservado a todos os outros que passaram por lá ao enganar os militares, fazendo-os crer que ela iria colaborar com a repressão. Com isso, a militante da Vanguarda Popular Revolucionária conseguiu que um familiar seu, um militar, garantisse sua entrada oficial no sistema de justiça. Ela foi detida, condenada pela Lei de Segurança Nacional e ficou na cadeia por mais de oito anos, sendo a última presa política libertada no país, depois da Lei da Anistia de 1979.

Em janeiro daquele mesmo ano de 1979, os jornalistas Antonio Henrique Lago e Ana Lagoa publicaram na *Folha de S.Paulo* uma matéria intitulada "A repressão à guerrilha urbana no Brasil".[1] A fonte, então anônima, foi Adir Fiuza de Castro, que comandara o DOI-Codi do I Exército (Rio de Janeiro) na época em que a Casa da Morte existiu.

Durante as conversas com Fiuza, Henrique Lago e Ana Lagoa mostravam as listas de desaparecidos do Comitê Brasileiro de Anistia, e o militar dava sua versão para cada caso. Em seu relato, narrou como em determinado momento, na virada dos anos 1960, o Centro de Informações do Exército passou a operar aparelhos clandestinos de repressão. Era a primeira vez que esse tipo de informação vinha a público.

"Essas agências (Cisa, Cenimar e CIE) começaram a instalar seus próprios aparelhos, secretos, clandestinos, espalhados e organizados nos mesmos moldes daqueles aos quais combatiam", dizia o texto publicado na *Folha*. "Nesses aparelhos da repressão se passavam as fases mais duras dos interrogatórios", concluía.²

Depois da matéria publicada, um amigo de Inês, que a essa altura ainda estava presa, procurou Lago. "A Inês está querendo saber se você poderia bater um papo com ela", disse. O jornalista foi seguidas vezes à cadeia e durante meses conversou com a militante. Em determinado dia, Inês enfim narrou o que havia acontecido com ela durante sua prisão e entregou a Lago a chave a partir da qual seria possível localizar a Casa da Morte: o nome do município — Petrópolis — e o número de telefone — 4090.

Com essa informação em mãos, o jornalista foi à Biblioteca Nacional e consultou um catálogo telefônico de Petrópolis de 1971. Folheou o calhamaço, olhando nome por nome, esperando ansiosamente encontrar o número. Na letra M, no meio do catálogo, achou: "Mario Lodders — 4090". Ao lado, o endereço: Rua Arthur Barbosa, 668. Fingindo fazer uma matéria sobre o turismo em Petrópolis, Lago subiu a serra e conseguiu fotos da casa. Inclusive de Lodders, alemão que era dono do local.³

Em fevereiro de 1981, Inês foi até Petrópolis, junto de militantes, políticos, advogados e pessoas da imprensa. Seu objetivo era reconhecer o imóvel, dar publicidade à denúncia e ajuizar uma ação contra Lodders. Apesar de acionar o Poder Judiciário, ao publicizar a denúncia, dando a ela ampla visibilidade, Inês saía do âmbito exclusivamente jurídico e levava o debate para a arena pública. Tentava, com isso, reafirmar que a violência da ditadura contra os militantes da oposição armada havia sido ilegítima e deveria ser objeto de reconhecimento e repúdio públicos.

A repercussão do ato de Inês Etienne Romeu foi significativa. E a caserna reagiu com força. Os três ministros militares soltaram notas públicas repudiando a ação. "Em verdade", disse o ministro da Aeronáutica, Délio Jardim, na ocasião, "o que se pretende agora, exumando supostas vítimas do passado, é tumultuar um presente de paz e tranquilidade que não interessava e continua não interessando aos que se venderam ao credo do 'quanto pior, melhor'."⁴

Os dirigentes e representantes civis do regime também se manifestaram: "Acho que o pessoal anda esquecido de que se fez anistia para conciliar a família brasileira. O caso da moça sensibiliza a todos nós. Mas a mensagem da anistia, da conciliação e do esquecimento deve pairar acima de tudo", afirmou em entrevista ao jornal *O Globo* o deputado federal Nelson Marchezan.[5] Ele era líder do Partido Democrático Social (PDS) na Câmara dos Deputados — o partido governista, sucessor da Aliança Renovadora Nacional (Arena).

A denúncia de Inês Etienne reabriu, no pós-Lei da Anistia, o debate público sobre a violência da ditadura. Como resposta, os representantes do regime, que gostariam que essa discussão tivesse sido sepultada com a lei de 1979, retomaram, com força, o discurso sobre o "revanchismo".

Como mostram as falas de Jardim e Marchezan, os militares tentavam fazer com que a anistia significasse a cristalização de duas fronteiras. Uma era temporal, entre um passado de conflito e um presente supostamente marcado pela "paz e tranquilidade". A outra era em torno da imagem das vítimas. Como os chamados "crimes de sangue" foram explicitamente excluídos da anistia, militantes como Inês, que haviam integrado a luta armada, não foram reconhecidos como atingidos por uma violência ilegítima. Ao caracterizar Inês como uma "suposta vítima", Jardim recusava que os ex-presos políticos retomassem o debate sobre a legitimidade política de seus atos e a ilegalidade das ações perpetradas pelo regime contra eles. A grande operação político-discursiva do regime dali em diante seria, portanto, esta: impor os termos da Lei da Anistia e bloquear qualquer nova discussão pública sobre o tema.

Depois da denúncia de Inês Etienne, o "revanchismo" voltou a ganhar as primeiras páginas dos jornais nas eleições gerais de 1982. Seriam eleições grandes, para vários cargos, já sem o bipartidarismo, e com inúmeros políticos cassados pela ditadura participando do pleito. Em um cenário de crise econômica e de enorme desgaste do governo, a perspectiva era desanimadora para os militares. Nessa conjuntura, foi intensa a exploração do tema por parte do regime.

Durante a disputa eleitoral, alguns candidatos utilizavam como ativo eleitoral o fato de terem sido perseguidos pela ditadura. A esse tipo de propaganda, o mesmo Délio Jardim responderia dizendo se tratar de "revanchismo". As manifestações do militar eram recorrentes e enfáticas. Em março, a *Folha de S.Paulo* publicou um editorial intitulado "O fantasma da revanche", no qual assumia que "os receios" que Jardim manifestava deveriam ter "fundamentos sólidos". E sintetizava: "a ideia de revanche é, sem dúvida, inaceitável, e não será compartilhada a não ser talvez por grupúsculos radicais desta ou daquela coloração".[6]

A operação do regime começava a funcionar. Ao criar um cenário de medo sobre o "revanchismo", os militares tinham seu discurso amplificado pela imprensa. Forçavam, com isso, que as oposições viessem a público para se comprometer com a "conciliação", o "esquecimento" e com a crítica ao "radicalismo". Em abril, por exemplo, em resposta a uma acusação de Jarbas Passarinho de que o PMDB promovia o "radicalismo", Ulysses Guimarães, então presidente do partido, veio a público se explicar. "Ulysses rejeita as acusações de revanchismo na campanha", dizia título de notícia do jornal *O Globo* de 14 de abril de 1982.

Ao fim das eleições de 1982, o PMDB saiu vitorioso em nove estados e o PDT ganhou com Brizola no Rio de Janeiro. O novo cenário reconfigurava a correlação de forças e colocava desafios para a ditadura dar seguimento à abertura política em seus termos. O momento seguinte do processo seria a sucessão do general-ditador João Batista Figueiredo. Mas os militares não previram o surgimento de uma ampla mobilização popular cuja demanda central era o retorno às eleições diretas para a Presidência da República.

"A BÚSSOLA DA MODERAÇÃO"

Em abril de 1983, Dante de Oliveira, deputado federal pelo PMDB do Mato Grosso, apresentou uma proposta de emenda constitucional para determinar a realização de eleições diretas para o cargo de presidente no ano de 1984. A partir daí, começaram as mobilizações em torno dessa demanda. Logo, o PT, o PMDB e o PDT assumiram essa bandeira como prioridade política. Aos poucos, entidades da sociedade civil se somaram na campanha. Igreja católica, OAB, ABI, sindicatos e artistas. Até mesmo a *Folha de S.Paulo* tomou a defesa das eleições diretas como posição editorial explícita. Estava nas ruas a campanha das "Diretas Já!".

Mas a proposta encontrava resistência entre os que temiam a perda de controle dos militares sobre a abertura política. "O pior que pode acontecer nessa altura do processo sucessório é a radicalização das posições em torno do dilema diretas-indiretas", afirmava o jornal *O Globo* em editorial de fevereiro de 1984. "A radicalização envenena o ambiente político e engendra indesejáveis concepções de tratamento anormal da crise, aquelas que implicam retrocesso da abertura."[7]

A ideia defendida no texto era a de que o tempo certo das eleições diretas chegaria, mas era preciso aguardar, sem "radicalismos", o momento oportuno para o novo "desdobramento democrático". Para os apoiadores do regime, a abertura política só poderia ocorrer nos termos planejados pelos militares. Quaisquer outras propostas sobre a forma pela qual o país deveria trilhar o caminho para uma democracia eram apresentadas como radicais e, portanto, inviáveis.

Em abril de 1984, mês em que a Emenda Dante de Oliveira seria votada no Congresso, foram organizados comícios gigantescos, os maiores da história do país até então. Mas a mobilização não conseguiu se sobrepor às pressões do regime sobre um Congresso Nacional ainda controlado pelo partido do governo. Para além do domínio parlamentar, as pressões da ditadura também se traduziram em uma intensa repressão, comandada pelo general Newton Cruz, então comandante militar do Planalto, contra as mobilizações organizadas em Brasília para acompanhar a votação.

Em 25 de abril de 1984, após dezesseis horas de sessão, a Emenda Dante de Oliveira foi derrotada.

Para a parcela mais conservadora da oposição organizada no PMDB, não havia tempo para frustrações. Aliás, mesmo antes que o projeto fosse a voto, as lideranças desse setor já não acreditavam na possibilidade de aprovação da proposta e passaram a se articular para o Colégio Eleitoral, instituição que seria responsável pela eleição indireta do sucessor de Figueiredo.

O Colégio Eleitoral era composto dos 479 deputados federais e 69 senadores, além de 138 delegados, seis de cada estado, representando o partido que possuía a maioria na respectiva Assembleia Legislativa. Nessa configuração, o PDS, partido de sustentação do regime e do governo, possuía maioria absoluta. Mas a mobilização social da campanha pelas eleições diretas, embora não tenha sido capaz de levar à aprovação da Emenda Dante de Oliveira, conseguiu desorganizar o jogo no Congresso. No momento da votação, foi registrado um número alto de dissidências no PDS. O caminho estava aberto para uma recomposição de forças.

Não havia, é certo, nenhuma possibilidade concreta de vitória de qualquer força política mais à esquerda. O espaço foi ocupado, então, por uma candidatura que podia se apresentar como "conciliadora", que era bem-vista por grande parte dos militares e que poderia conduzir a sucessão sem apresentar riscos aos ocupantes do poder. O nome que reunia essas características era o de Tancredo Neves.

Para se viabilizar como possível sucessor, Tancredo se aproveitou de um racha no PDS durante a seleção do nome do partido para as eleições. O escolhido para representar a legenda no Colégio Eleitoral foi Paulo Maluf, que derrotou José Sarney, presidente do partido. Com isso, surgiu a Frente Liberal, uma dissidência interna no PDS. Liderada por Sarney, essa frente logo começou a se aproximar do PMDB, formando um novo grupo que receberia o nome de Aliança Democrática. Essa convergência selaria o destino da sucessão presidencial, e em seu centro estava a crítica ao "revanchismo".

Em julho de 1984, *O Globo* publicou uma matéria explicitando os pontos que constavam do protocolo de entendimento que a Frente Liberal havia submetido ao PMDB para a conformação da Aliança Democrática:

> A conclusão do protocolo, apesar de aparentemente não abordar questões concretas, é apontada como peça fundamental da aliança: estabelece que o entendimento se dará voltado para o futuro, na busca da paz e tranquilidade da nação. Sem mencionar, afasta os temores de que a ida de um oposicionista para o poder possa significar um reexame do passado, retaliações ou revanchismo.[8]

O assunto era tão sensível que o jornal publicou um editorial, na mesma página, intitulado "No centro, o núcleo da transição".[9] "A transição democrática", dizia o texto, "é um processo tão complicado e difícil que só pode ser levado a termo por uma aliança amplíssima de forças políticas. O eixo desse acordo só pode ser, consequentemente, um núcleo de forças de tendência centrista."

Caracterizando a Aliança Liberal como o "centro", o jornal apontava o movimento da Aliança Democrática como a "configuração necessária do sistema de alianças para o aprimoramento do regime". E concluía: "À medida que transição, acordo e centrismo são termos indissociáveis da equação que rege o momento crucial da vida política, os extremos — tudo que não pode ser assimilado pelo centro — ficam desorientados".

Poucos dias depois, Tancredo seria mais uma vez elogiado em novo editorial do jornal, que recebia o sugestivo título de "A bússola da moderação". "A moderação e o antirrevanchismo constituem ingredientes fundamentais para a transição democrática que queremos pacífica e irreversível", dizia o texto.[10]

A posição de "centro", contra os "extremos", era, assim, o grande trunfo de Tancredo Neves para viabilizá-lo como nome capaz de conduzir a transição. Os setores dirigentes do regime e as elites políticas e econômicas tinham, com Tancredo, a certeza de que, apesar de ser um nome saído da oposição, ele não buscaria nenhuma ruptura radical. Isso o tornava uma alternativa viável para dar prosseguimento à "distensão lenta, gradual e segura".

O pacto entre Frente Liberal e PMDB foi assinado em 7 de agosto. No dia 12, aconteceu a convenção do PMDB que sacramentou a escolha pela chapa Tancredo-Sarney para representar a aliança. Na convenção, depois de apresentar as linhas gerais de seu projeto, Tancredo discursou. "O nosso pacto social, assim, afasta desânimos e ressentimentos, covardias e represálias, acomodações e revanchismo, para abrir o país a uma nova estação da História",[11] sintetizou.

Apesar dos compromissos obtidos já desde o momento da conformação da Aliança Democrática, a tentativa de gerar pânico em torno da questão do "revanchismo" permeou todo o período que antecedeu a decisão do Colégio Eleitoral. Em um movimento de retroalimentação, Tancredo confirmava sua viabilidade à medida que reforçava a dimensão conciliatória, não radical e não revanchista de sua candidatura.

Em setembro, por exemplo, o senador Moacir Duarte, do PDS, após reunir-se com o general-ditador João Figueiredo, emitiu uma nota afirmando que "a eleição do doutor Tancredo Neves ensejará a deflagração de um processo de revanchismo jamais visto na história do nosso país". Segundo o parlamentar da base de apoio ao regime, Tancredo não teria "pulso nem condições de refrear a explosão revanchista dos grupos comprometidos com as esquerdas e de ideologia alienígena que o acompanham e exercem influência no seu comportamento de candidato".[12]

Em sua resposta, dada em entrevista exclusiva ao jornal *O Globo*, Tancredo afirmou que sua candidatura não poderia ter um caráter revanchista. "Não é anti-Revolução, mas pós-Revolução", sintetizou ele. "A grande maioria dos brasileiros é de jovens cujo interesse não é o exame do passado mas a construção do futuro."[13]

No discurso na convenção do PMDB, Tancredo falara sobre seu objetivo de levar o Brasil a uma "nova estação da História". Agora, na resposta ao senador do PDS, afirmava apresentar uma alternativa "pós-Revolução". Ao longo da campanha, esta foi uma das tônicas fundamentais do discurso de Tancredo: seu foco era o futuro, não o passado. Pouco tempo depois dessa declaração do candidato, *O Globo* concordou, mais uma vez, com Tancredo. Em editorial, o jornal apontou que "a maior preocupação do país é a de construir o futuro, sem revanchismos, deixando o passado ao exame dos historiadores".[14]

"O BRASIL MUITO DEVE ÀS NOSSAS FORÇAS ARMADAS"

Com o avanço da "distensão" conduzida por Geisel, setores da extrema direita fardada vinham adotando táticas de terrorismo para buscar interromper o processo. Atentados a bomba eram realizados com o objetivo de incriminar as esquerdas e construir um clima de medo. Os três mais emblemáticos foram os da ABI, em 1976; da OAB, em 1980, que deixou como vítima d. Lyda Monteiro, secretária do então presidente da entidade, Eduardo Seabra Fagundes; e do Riocentro, em 1981.

A existência desses grupos na caserna permitia ao regime manter de pé o discurso sobre polos extremos. De um lado, os oposicionistas que queriam acelerar a "distensão". De outro, a ala radical de militares que queriam impedi-la. No centro, todos aqueles que queriam conduzir uma transição de forma moderada, sem extremismos e sobressaltos. Inclusive as Forças Armadas, como instituição.

Esse era também o tom da fala de Tancredo Neves na convenção do PMDB, em agosto de 1984:

> O Brasil muito deve às nossas Forças Armadas. Desde quando se organizaram, ainda nas origens da nacionalidade, elas passaram a se constituir em vínculo de unidade nacional, na sustentação de nossas instituições livres, na projeção de nosso orgulho nacional, em instrumento da consolidação de nossa democracia.
> Emanadas do povo, a serviço do povo, elas bem merecem o respeito e o reconhecimento nacional que as envolvem.
> Nunca é demais saudá-las na grandeza de sua destinação histórica; e quando as vemos voltadas para sua modernização e profissionalização, sente-se a nação tranquila em sua segurança e fortalecida a sua vocação de ordem, paz e prosperidade.[15]

A leitura apresentada por Tancredo sobre a história das Forças Armadas e sobre o papel dos militares na história do Brasil reproduzia a representação que a própria caserna construía de si. Segundo essa visão, a instituição militar estaria nas próprias "origens da nacionalidade", sendo apresentada como "sustentação de nossas instituições livres" e como "instrumento da consolidação de nossa democracia".

Dessa perspectiva, os crimes de militares na ditadura seriam não apenas fruto de "excessos individuais", mas representariam também uma mudança na rota histórica da atuação dos militares. A abertura política aparecia como um momento, então, em que as Forças Armadas voltavam a se ocupar de sua "profissionalização", deixando a "nação tranquila" e abrindo caminho para a "ordem, paz e prosperidade". Com base nessa leitura da história da presença militar na vida do país, Tancredo sinalizava que também entendia as Forças Armadas como representantes da "moderação".

Ou seja, como um ator que, ao lado das elites políticas civis, garantiria o caminho da redemocratização.

No entanto, nem mesmo as constantes sinalizações para as Forças Armadas eram capazes de impedir que as ameaças da caserna se fizessem sentir no curso daquele processo. Em setembro de 1984, em um comício de Tancredo em Goiânia, militantes levaram bandeiras vermelhas. Foi o suficiente para ensejar a convocação de uma reunião do Alto-Comando do Exército em Brasília, cujo objetivo era o de analisar a "conjuntura político-eleitoral". No texto da nota, o ministro do Exército apontava que haviam sido analisados, na reunião, os seguintes aspectos:

> — a crescente e preocupante radicalização política, com o apoio ostensivo das organizações clandestinas de esquerda;
> — a utilização, na campanha presidencial, de calúnias, difamações e ofensas pessoais de toda natureza, numa escalada de âmbito nacional;
> — a campanha de descrédito contra as autoridades civis e militares, conduzida com o objetivo de desacreditá-las perante a sociedade e dividi-las;
> — a evidência dos riscos que a radicalização pode representar para a estabilidade do processo sucessório e para o próprio êxito do projeto de abertura política do governo.
> Ao final da reunião, foi reafirmada, uma vez mais, a inabalável determinação do Exército de continuar mantendo a união em torno do exmo. sr. presidente da República, de assegurar o respeito à lei e as condições de ordem e tranquilidade indispensáveis à nação, e de permanecer totalmente isento em relação às atividades político-partidárias.[16]

Nas falas e discursos de Tancredo, o Exército aparecia como "instrumento da consolidação da democracia", valorizado por supostamente não interferir no processo de sucessão. Mas esse mesmo Exército publicava, em sequência, duas notas em que afirmava explicitamente que novos golpes e novas intervenções nas disputas políticas seguiriam no horizonte da instituição, caso a caserna julgasse que os "princípios cristãos e democráticos" da nação estavam ameaçados.

Um tortuoso exercício de retórica — que demandava como contrapartida outro exercício de deliberada cegueira política — permitia que, no auge da intervenção no processo sucessório, com claras ameaças aos setores à esquerda do espectro político, a instituição afirmasse que se mantinha "totalmente isenta" das atividades político-partidárias.

A cada manifestação desse tipo, intensificavam-se, da parte de Tancredo, as articulações com setores militares, com o intuito de obter deles a garantia de que ele poderia assumir caso ganhasse as eleições no Colégio Eleitoral. Com isso, estreitava-se o compromisso do candidato com o "não revanchismo".

Em 15 de janeiro de 1985, o Colégio Eleitoral se reuniu. Dos 686 presentes, 480 deram seu voto à chapa da Aliança Democrática. Com isso, sagrou-se vitoriosa a aliança de setores moderados do antigo MDB com dissidentes da antiga Arena para conduzir a sucessão e o primeiro governo civil após duas décadas. Representando um pacto de elites políticas que tinha como um dos eixos fundamentais a garantia do "não revanchismo", Tancredo foi eleito indiretamente para a Presidência da República tendo ao seu lado inúmeras figuras que haviam desempenhado papel central no regime ditatorial — a mais célebre delas, o próprio vice-presidente, José Sarney.

Em seu discurso da vitória, Tancredo Neves fez um agradecimento à contribuição de diversos atores para o "processo de transição".[17] Após agradecer aos poderes Legislativo e Judiciário e à Igreja, ele se voltou aos "homens e mulheres do nosso povo" enfatizando "as mães de família, que arrostaram as duras dificuldades do desemprego e da carestia em seus lares e lutaram, com denodo, pela anistia, pelos direitos humanos e pelas liberdades políticas". Dando prosseguimento ao discurso, agradeceu à imprensa e à "sociedade civil como um todo, em suas muitas instituições", citando, entre outras, a OAB e a ABI.

O presidente eleito, então, complementou, agradecendo à contribuição das Forças Armadas, por sua "decisão de se manterem alheias ao processo político, respeitando os seus desdobramentos até a alternativa do poder". Restou, ainda, tempo para agradecer ao seu antecessor, Figueiredo, "que, prosseguindo na tarefa iniciada com a revogação dos atos institucionais, ajudou, com a anistia política, a devolução da liberdade de imprensa, as eleições diretas de 1982, o desenvolvimento normal da sucessão presidencial".

A leitura de Tancredo sobre os atores relevantes para a abertura era bastante particular. Em sua perspectiva, a transição fora um processo unívoco, livre de conflitos e disputas, cujo único final possível, esperado e necessário era a democracia liberal, definida em seus padrões mínimos de pluralismo e competição eleitoral. Não à toa, nesse mesmo discurso, Tancredo apontava que a vitória de sua chapa no Congresso Eleitoral representava a restauração da "plenitude democrática".

A partir daquele momento estava decretado, na perspectiva de Tancredo, um novo tempo: a Nova República. Ao abandonar o passado, o presente já seria democrático. Esse presente fora construído — e, portanto, o futuro deveria ser igualmente construído — por uma sociedade civil definida, em termos gerais, pelos "homens e mulheres do povo" caracterizados de maneira quase amorfa, mas também pelas mãos das Forças Armadas e do próprio general-ditador, fiadores do novo tempo.

Nada se devia aos mortos e desaparecidos políticos, aos movimentos sociais que questionavam os limites da abertura, aos partidos de esquerda. A esses restava a pecha de "radicais" e "extremistas" que a todo momento haviam tentado impedir a chegada do futuro e da democracia.

Já como presidente eleito, Tancredo fez questão de reafirmar seu compromisso com a conciliação. Em um ato carregado de simbolismo, foi visitar a Espanha. O país europeu havia superado a ditadura de Francisco Franco em 1976, tendo como marco de sua redemocratização o Pacto de Moncloa, um acordo que envolvera variadas forças políticas e sociais para viabilizar uma transição pactuada para uma nova ordem. Nesse processo, uma anistia geral garantia a não responsabilização de agentes do franquismo e nenhuma medida de acerto de contas com o passado ditatorial do país foi adotada. Tancredo visitou o primeiro-ministro Felipe González e saiu do encontro com uma cópia física dos acordos que embasaram o pacto. "Não há dúvida de que o Pacto de Moncloa é um modelo para nós",[18] afirmou categoricamente à imprensa.

Em 14 de março de 1985, véspera de sua posse, Tancredo Neves foi internado, e Sarney assumiu o cargo. Em 21 de abril, o primeiro civil eleito indiretamente após duas décadas de ditadura morreu, sem nunca chegar a ser empossado como presidente da República. Sarney, dirigente do partido que sustentara o regime autoritário, ficaria no posto até o final do mandato, em 1990.

Quando, após a derrota da Arena nas eleições legislativas de 1974, militares de extrema direita começaram a distribuir panfletos apócrifos atacando Geisel e Golbery, seus objetivos eram dois: desqualificar as denúncias de violências perpetradas pelo regime autoritário, caracterizando-as como parte de uma "guerra psicológica" cujo fim último seria descredibilizar as Forças Armadas; e garantir que nenhum tipo de investigação fosse instituído para tentar responsabilizar os autores dessas mesmas violências.

À época, a distribuição dos documentos apareceu, na leitura de Geisel, como movimento de uma ala de "radicais" que faziam "contrapressões" ao projeto de abertura política. Dez anos depois, essa "distensão" dava um de seus últimos passos, garantindo exatamente o que aqueles panfletos demandavam: o "não revanchismo" e a impunidade dos militares. Agora, no entanto, essas propostas apareciam como os requisitos mínimos de uma posição política de "centro", "moderada" — a única capaz de garantir que a redemocratização fosse concluída.

7. NUNCA MAIS

EM DEZEMBRO DE 1979, o jornal *Lampião da Esquina* fez uma matéria sobre a anistia. Criado em abril de 1978, o jornal era a primeira publicação voltada especificamente para o então chamado público gay.

"A questão é: que atitude costumam adotar os vários movimentos brasileiros pela anistia diante das prisões indiscriminadas de homossexuais?", perguntava o *Lampião da Esquina*. "Parece-nos que nenhuma — a tendência é passar diante do cinema Iris e achar muito natural que lá estejam os 'camburões' à espera de suas presas." Então, o texto concluía:

> Anistia realmente ampla, geral e irrestrita: não aquela destinada a beneficiar apenas os diletos filhos da classe média, mas a que arranque dos cárceres os negros da Baixada e evite mortes como a de Robson em São Paulo, ou a de Aézio no Rio; a que resgate dos desvãos escuros da rua Rego Freitas, em São Paulo, ou da rua do Lavradio, no Rio, pessoas ricas de humanidade como os travestis Flávia e Tatiana, de quem vocês lerão, nas páginas que se seguem, tocantes confissões. As senhoras e senhores da anistia à brasileira que se preparem: muito mais que do governo, é deles que iremos cobrar essa amplitude.[1]

Com a crítica, o *Lampião da Esquina* chamava a atenção para os limites da proposta de anistia defendida pelos movimentos sociais organizados em torno do tema. Na visão expressa pelo jornal, enquanto os "diletos filhos da classe média" seriam beneficiados, a violência que se voltava contra homossexuais, travestis e negros seguiria sendo vista como "muito natural".

Mesmo com importantes transformações, as bandeiras que haviam ganhado força durante a luta pela anistia seguiriam sendo levantadas por outros movimentos nos anos posteriores. E, de fato, nessas novas configurações, os limites apontados pelo *Lampião da Esquina* continuariam presentes.

No dia da aprovação da Lei da Anistia, 22 de agosto de 1979, o *Jornal Nacional*, da TV Globo, entrevistou Maria da Conceição de Figueiredo Souza, mãe de Henrique de Souza Filho, o Henfil, e de Herbert de Souza, o Betinho, que estava exilado no México. "D. Maria", perguntou o repórter, "como a senhora se sente, hoje, com a aprovação, pelo Congresso, deste projeto de anistia que trará de volta o seu filho?[2]

Aos 73 anos, Maria da Conceição foi enfática: "Eu gostaria de dizer que, embora eu esteja muito contente, eu estou muito triste ainda, por causa dos outros que não vão alcançar essa anistia, que estão sofrendo, fazendo greve de fome".

De fato, a anistia concretizara o sonho, eternizado na voz de Elis Regina, da volta do irmão do Henfil e de tanta gente que partiu num rabo de foguete. Mas a letra de Aldir Blanc e João Bosco, em sua sensibilidade ímpar, conseguia captar também as tensões daquele momento, as mesmas que d. Maria explicitou em sua entrevista. A esperança se equilibrava em uma corda bamba. De um lado, a felicidade pelo retorno; de outro, a tristeza diante de uma anistia que não fora "ampla, geral e irrestrita".

Aos poucos, as cenas do retorno de Betinho e de tantos outros que estavam no exílio passaram a fazer parte das notícias diárias, adentrando o imaginário daquele período. Tornaram-se célebres as imagens dos aeroportos lotados e de figuras como Leonel Brizola, Luís Carlos Prestes, Miguel Arraes sendo carregadas nos ombros de multidões que comemoravam o fim do exílio de importantes lideranças políticas.

Esses retornos ajudavam a criar um clima de celebração, levando a um entendimento positivo da Lei da Anistia. Em outubro de 1979, os CBAS do Rio de Janeiro, da Bahia, de São Paulo, do Mato Grosso do Sul e os núcleos do Movimento Feminino pela Anistia de Minas Gerais e do Distrito Federal haviam se reunido em São Paulo. O objetivo era, entre outras coisas, pensar na "próxima etapa da luta". Mas o cenário já era muito diferente. Mesmo para os interessados em continuar se mobilizando em torno da bandeira da anistia, as dúvidas eram muitas.

Quais as novas prioridades, agendas e demandas? Como seguir mobilizando a sociedade em torno de uma temática que parecia encerrada? Para tentar dar conta dessas questões, as organizações presentes nessa reunião propunham a realização do II Congresso Nacional pela Anistia, em Salvador, em novembro de 1979. Esse novo encontro, contudo, não foi capaz de aglutinar forças sociais expressivas. Afinal, os atores políticos já haviam deslocado suas prioridades.

O conjunto heterogêneo de grupos e pessoas que havia se reunido para reivindicar anistia se dissolveu. Para a oposição liberal-democrática, o conteúdo da Lei da Anistia era adequado às suas próprias concepções. Para parte das esquerdas, depois do retorno de lideranças políticas exiladas, tais como Leonel Brizola e Miguel Arraes, e da extinção do bipartidarismo naquele mesmo ano, o fundamental parecia ser o engajamento na reconstrução de suas entidades partidárias. Para os "novos movimentos sociais", como mostra a publicação do *Lampião da Esquina*, já estava claro que, no âmbito de uma luta pela anistia, suas pautas seguiriam sendo vistas como questões "específicas" dentro de uma luta "geral" mais importante — e isso não lhes interessava.

Diante desse cenário, os CBAS e o MFPA foram se desarticulando e se transformando. A demanda pelo aprofundamento da anistia passou a ser encampada, de uma forma bastante específica, por entidades de trabalhadores e de militares cassados. Em ambos os casos, ainda que com diferenças, a questão fundamental eram os limites da lei em relação aos parâmetros para garantir a reintegração dos indivíduos, seja nas empresas públicas ou privadas, seja nas Forças Armadas, e aos critérios de reparação pelos danos decorrentes do tempo de afastamento.[3]

No que diz respeito aos mortos e desaparecidos políticos, a grande bandeira da anistia foi perdendo a capacidade de sintetizar o que os familiares buscavam. Aos poucos, essa agenda e os grupos mobilizados em torno dela passaram a ser designados por novos nomes. Eram "movimentos de direitos humanos" ou "movimentos contra a tortura", que demandavam respostas e soluções à "questão dos mortos e desaparecidos políticos". No Brasil, a caracterização desses grupos como movimentos por "memória, verdade e justiça" ganharia força apenas no século XXI.

O mote que passaria a traduzir e resumir o conjunto dessas demandas era "Nunca mais". A princípio, essa expressão parece ter um sentido evidente. "Nunca mais" é o imperativo moral de que a violência da ditadura não poderia se repetir. No entanto, tal como ocorrera com a própria noção de anistia, também surgiriam visões distintas sobre o que, afinal, nunca mais deveria acontecer. Quais violências? Contra quais vítimas?

No dia da votação da Lei da Anistia no Congresso, a Comissão de Familiares de Mortos e Desaparecidos Políticos do Comitê Brasileiro pela Anistia organizou uma coletiva de imprensa. Na ocasião, divulgaram uma lista com dezenas de nomes dos desaparecidos e denunciaram que havia fortes indícios de que pelo menos dois deles, Luiz Eurico Tejera Lisbôa e Denis Casemiro, teriam sido enterrados no cemitério de Perus, zona norte de São Paulo.

Uma semana depois, no dia seguinte à promulgação da lei, a revista *IstoÉ* trouxe em sua reportagem de capa a confirmação sobre o caso de Lisbôa. Sua companheira, Suzana Keniger Lisbôa, conseguiu provar que Luiz Eurico fora sepultado no cemitério de Perus, com um nome falso. Tratava-se do mesmo cemitério em que, em 1990, seria localizada uma vala clandestina com mais de mil ossadas, entre as quais estavam as de dezenas de outros desaparecidos políticos.

A decisão de fazer essas revelações em um dos momentos fundamentais do processo de aprovação da Lei da Anistia proposta pelo regime foi intencional. O objetivo era mostrar que, se parte das oposições havia aceitado negociar os termos da anistia com a ditadura, os familiares não o fariam. E não aceitariam um ponto em especial: a ideia de que a anistia deveria representar uma pedra sobre o assunto, garantindo o esquecimento recíproco.

A abordagem feita pela Lei da Anistia ao tema do desaparecimento forçado de opositores do regime era, de fato, extremamente limitada e problemática. Em seu artigo 6º, ela define:

> o cônjuge, qualquer parente, ou afim, na linha reta, ou na colateral, ou o Ministro Público, poderá requerer a declaração de ausência de pessoa que, envolvida em atividades políticas, esteja, até a data de vigência desta lei, desaparecida do seu domicílio, sem que dela haja notícias por mais de 1 (um) ano.

A lei dava um tratamento administrativo para os casos de desaparecidos, baseado na "declaração de ausência", que significava, nos termos do parágrafo 4º desse mesmo artigo, uma "presunção de morte". A medida foi amplamente criticada pelos familiares. Para eles, não interessava um atestado de que seus entes queridos estavam mortos. Eles queriam o reconhecimento de que a morte fora provocada pelo Estado, o esclarecimento das circunstâncias dos crimes e a responsabilização dos perpetradores. Enquanto os militares tentavam encerrar o assunto, os familiares mostravam que, para eles, a questão estava apenas começando.

Depois de aprovada a lei, em um contexto de enfraquecimento da bandeira da anistia e consequente desarticulação dos Comitês Brasileiros pela Anistia, a Comissão de Familiares de Mortos e Desaparecidos Políticos se desmembrou do CBA. O surgimento da Comissão não representava apenas uma crítica à Lei da Anistia aprovada pelo regime, mas, também, um descontentamento com os rumos e as prioridades dos demais setores das oposições, que passaram a privilegiar outras agendas não relacionadas ao reconhecimento dos crimes da ditadura.

No início de 1985, a Comissão de Familiares de Mortos e Desaparecidos Políticos publicou o "Dossiê dos mortos e desaparecidos". Era mais uma iniciativa de ampliação e consolidação das listas que vinham sendo sistematizadas com mais ênfase desde a campanha pela anistia. O documento explicitava a pauta fundamental dos movimentos nessa nova etapa: o esclarecimento das mortes e dos desaparecimentos e a punição dos responsáveis.

Em um dos textos introdutórios ao dossiê, havia um elogio ao que ocorria na Argentina, onde, após a ditadura, os militares vinham sendo conduzidos ao banco dos réus. Ao fazer essa comparação, o documento apontava que a investigação dos crimes e o julgamento dos responsáveis eram "um imperativo do processo de democratização real da sociedade brasileira, que precisa conhecer a verdadeira história do regime militar de 1964".

"Isto é fundamental para que tais atrocidades não mais se repitam no futuro", concluía o texto. A passagem sintetizava o argumento que guiaria a atuação dos familiares ao longo do tempo: a investigação dos crimes da ditadura levaria ao julgamento e à punição, a qual teria como consequência o conhecimento da história do passado. Esse conhecimento garantiria a não repetição da violência no futuro. E somente assim seria possível concretizar uma democracia.

A listagem dos mortos e desaparecidos políticos presente no dossiê era dividida em quatro grandes categorias. "Assassinados a partir de 1964", "Mortes no exílio", "Mortos em função da repressão" e "'Desaparecidos' no Brasil". As duas listagens mais fundamentais eram as dos assassinados e dos desaparecidos. Elas eram divididas por ano e, dentro de cada ano, por ordem alfabética das vítimas. As informações que havia para cada caso eram a militância política da pessoa, sua ocupação/profissão e circunstâncias da morte. Assim como na listagem anterior, produzida pelo CBA-RJ, a questão fundamental para que um sujeito fosse incluído naquele rol de nomes era o reconhecimento de sua militância política.

Alguns casos são exemplares dessa lógica. Na lista de "mortes no exílio", por exemplo, vinham os casos de Maria Auxiliadora Lara Barcellos e frei Tito, que haviam sido torturados no Brasil e, em decorrência de danos psicológicos, se suicidaram no exílio. Ela, na Alemanha em 1976; ele, na França em 1974. Ou então a morte de Ângelo Pezzuti da Silva, descrita da seguinte forma: "Morto em 1975, em consequência de um acidente de trânsito na França". Ou seja, a despeito de essas mortes não terem sido provocadas diretamente por agentes do Estado, o "Dossiê" as incluía, dado que a militância política das vítimas era inequívoca.

Outro caso que está no dossiê tem características particulares. Trata-se da morte de Ornalino Cândido da Silva, descrito apenas como "lavador de carros". Segundo o documento, ele foi "morto a tiros durante a repressão às manifestações de rua realizadas em Goiânia, no dia 1º de abril de 1968, em consequência de uma bala proveniente das armas da Polícia Militar". Em seguida, vinha a ressalva: "Ornalino, ao que tudo indica, não participava das manifestações". O caso parece ter sido incluído pela força simbólica dos atos de rua de 1968 no imaginário das organizações de esquerda. Como aqueles atos eram vistos como momentos fundamentais da luta contra a ditadura, era quase como se as manifestações transferissem para o "lavador de carros" sua legitimidade política. Ou seja, mesmo sem ser um militante, ele poderia ser reconhecido como uma vítima.

Assim, o que estava em jogo era menos a tipificação do crime, a circunstância da morte ou o grau de arbitrariedade, violência e brutalidade da conduta dos agentes do Estado. O mais definidor era que o próprio movimento social reconhecesse aquele caso como uma morte ou um desaparecimento de natureza política.

Em abril de 1985, Walter Jacarandá, um coronel do Corpo de Bombeiros do Rio de Janeiro, foi nomeado para um cargo de visibilidade no governo estadual. Ao aparecer publicamente, Jacarandá foi reconhecido como torturador por militantes de esquerda que haviam sido presos no início dos anos 1970. Rapidamente, os ex-presos políticos se articularam para pressionar o governador do RJ, Leonel Brizola (PDT), a destituir o bombeiro do cargo.

Na esteira das denúncias, a imprensa apontou que outro integrante do governo, o coronel José Halfeld, então secretário de estado da Defesa Civil, havia sido carcereiro do Departamento de Ordem Política e Social (Dops). Por ocupar um cargo de primeiro escalão no governo, Halfeld tinha assento no Conselho de Justiça, Segurança Pública e Direitos Humanos. Diante da gravidade de ter um integrante do aparato repressivo da ditadura como membro de um órgão que tratava de questões relacionadas aos direitos humanos, um abaixo-assinado para exigir o afastamento de Halfeld foi organizado.

Da articulação para denunciar a presença de torturadores em cargos públicos, nasceu o Grupo Tortura Nunca Mais (GTNM). O GTNM se somava à Comissão de Familiares de Mortos e Desaparecidos Políticos como mais uma organização de um movimento social cujas demandas fundamentais eram relacionadas às violências promovidas durante a ditadura. Oficialmente criado como entidade civil em 26 de setembro de 1985, o GTNM organizou, como primeira atividade pública, um seminário de cinco noites na Universidade Candido Mendes.

Na apresentação do livro publicado com os resultados do seminário na Candido Mendes, o Grupo Tortura Nunca Mais trazia uma leitura sobre a conjuntura e apontava qual deveria ser seu papel nela.[4] Em primeiro lugar, denunciava a chamada Nova República como um "pacto das elites".[5] Para o GTNM, no contexto então vivenciado "a tentativa de quebra do silêncio que envolve a tortura, morte ou desaparecimento de prisioneiros políticos nos anos de regime militar tem sempre deparado com obstáculos quase intransponíveis".

Em seguida, a organização denunciava a Lei da Anistia de 1979 e criticava os discursos que caracterizavam como revanchismo as demandas por esclarecimento das violações de direitos humanos. Apontava, também, para problemas relativos à ausência de reformas institucionais nas forças de segurança.

"A avaliação funcional de militares e policiais não tem sido afetada pelo fato comprovado de terem participado da tortura, morte ou desaparecimento de prisioneiros políticos", destacava o texto. E indicava, ainda, que "a aparelhagem altamente sofisticada dos órgãos de repressão não foi desativada, permanecendo como ameaça permanente".[6] Por fim, a análise do Grupo Tortura Nunca Mais concluía:

> Só um trabalho persistente, obstinado e consciente permitirá que se chegue à elucidação dos fatos ocorridos durante o regime militar, tornando-se, portanto, necessária e indispensável a criação de um instrumento que possa lutar para manter viva a memória nacional, e, assim, alcançar o objetivo principal: justiça.[7]

Diante dessa leitura do cenário político, a organização se definia como uma "entidade civil cujas finalidades primeiras são *a denúncia e o esclarecimento* de todo e qualquer crime contra a pessoa humana — ontem, hoje e sempre — e *a postura firme e consciente contra a impunidade*".[8] A formulação do GTNM retomava muitos aspectos já presentes desde a luta dos Comitês Brasileiros pela Anistia e da Comissão de Familiares de Mortos e Desaparecidos Políticos, mas trazia também novidades. O grupo propunha uma outra leitura sobre a relação entre os tempos históricos. No marco do "pacto das elites" da Nova República, havia um compromisso de lutar não apenas para esclarecer os crimes de ontem, mas também de hoje e de sempre. Isto é, em sua leitura o presente era marcado não apenas pelo silêncio em relação às violências da ditadura, mas também pela continuidade das práticas arbitrárias, mesmo em plena democracia.

"Nos voltamos para o esclarecimento de casos de tortura e desaparecimento político no período da ditadura militar, pois, neles é que encontramos, inclusive, as próprias raízes do que ainda hoje ocorre nas delegacias policiais", escrevia o GTNM em seu primeiro boletim.[9] Em 1988, em um texto com o emblemático título de "Repressão, coisa do passado?", o Grupo aprofundaria o argumento.[10]

"Embora a propaganda oficial insista em afirmar que a repressão acabou", dizia o artigo, "que vivemos a transição democrática da Nova República, os aparelhos repressivos [...] não foram desmontados. Por isso, em certos momentos acontecem incidentes que nos lembram os mais duros anos da ditadura militar." O GTNM concluía, então, que a violência continuava institucionalizada, sendo praticada em geral "pelo próprio Estado, com o pretexto de manter a ordem". Nesses termos, a violência de Estado aparecia como um processo contínuo, originado na ditadura, mas que seguia ocorrendo no novo regime, agora democrático.

Em julho daquele mesmo ano em que o GTNM foi criado, chegou às livrarias, sem alarde, o livro *Brasil: Nunca mais* (BNM), como resultado de um projeto iniciado em 1979, logo após a Lei da Anistia, quando os advogados que defendiam os presos políticos foram autorizados a levar para casa os processos do Superior Tribunal Militar (STM) por um tempo determinado.

Com a brecha, os defensores começaram uma operação secreta que envolveu dezenas de pessoas, com o intuito de fotocopiar os documentos. Ao final de anos de trabalho, a equipe reunira um acervo com as reproduções de 707 processos que tramitaram nas auditorias militares contra opositores do regime ditatorial.

Mesmo sem uma estratégia de propaganda em torno do livro — opção feita para evitar qualquer tentativa de que a publicação fosse impedida —, a repercussão do BNM foi enorme. Em menos de 24 horas, a primeira tiragem, de 5 mil exemplares, esgotou, e a publicação se manteve por semanas seguidas na lista dos mais vendidos. Por causa desse sucesso, o *Brasil: Nunca mais* teve grande impacto na forma pela qual a violência da ditadura era tematizada no debate público brasileiro.

Em setembro do ano anterior, fora publicado, na Argentina, o relatório final da Comissão Nacional sobre o Desaparecimento de Pessoas (Conadep), intitulado precisamente *Nunca más*. O informe também tivera uma grande repercussão no país vizinho, e o título do livro brasileiro se inspirou diretamente no documento argentino. No texto de apresentação do BNM, os autores explicavam a escolha: "Materializar o imperativo escolhido como título da investigação: que nunca mais se repitam as violências, as ignomínias, as injustiças, as perseguições praticadas no Brasil de um passado recente".

A expressão "Nunca mais" era igual à do relatório argentino e estava presente no nome do GTNM. Mas, apesar da referência comum, o BNM e o GTNM tinham concepções distintas sobre a relação entre passado, presente e futuro.

Em comparação com o GTNM, o *Brasil: Nunca mais* trazia uma perspectiva mais otimista sobre o presente. "O Brasil vive, hoje, mais uma página de esperança em sua história. Superados 21 anos de Regime Militar sonha o país com projetos de reconstrução", afirmava o texto de apresentação do livro. A expectativa em torno da reconstrução do país vinha aliada à crença de que o caminho a ser trilhado era o de livrar o país dos "restos" e das "reminiscências" da ditadura.

"É preciso tomar decisões, adotar medidas corajosas que favoreçam a consolidação de um país democrático", seguia o texto. "É preciso trabalhar, sem trégua e sem demoras, na remoção dos rastros do autoritarismo e na edificação de um legítimo Estado de Direito, que seja sólido e ao mesmo tempo permeável à crítica."

Para o *Brasil: Nunca mais*, o foco não estava na busca da justiça, entendida como a responsabilização criminal dos autores das violências do regime. "Não é intenção do Projeto organizar um sistema de provas para apresentação em qualquer Nuremberg brasileiro", apontava o texto da introdução. "Não o anima qualquer sentido de revanche. Na busca da justiça, o povo brasileiro nunca foi movido por sentimentos de vingança", atestava o documento.

A ênfase se direcionava para as consciências individuais e coletivas. "O que se pretende é um trabalho de impacto", apontavam os autores, "no sentido de revelar à consciência nacional, com as luzes da denúncia, uma realidade obscura ainda mantida em segredo nos porões da repressão política hipertrofiada após 1964." E o livro assumia, para isso, um tom religioso: "é a observância do preceito evangélico que nos aconselha o conhecimento da verdade como pressuposto para a libertação".

"Que ninguém termine a leitura deste livro sem se comprometer, em juramento sagrado com a própria consciência, a engajar-se numa luta sem tréguas, num mutirão sem limites, para varrer da face da Terra a prática das torturas", apontava o texto introdutório. Ao apelar para as consciências —coletiva ou individual— o BNM apostava na perspectiva de que a história deixaria ensinamentos, um caminho para a não repetição. "É indispensável aprender as lições que emanam de nosso passado recente. As lições de nossa história", sintetizava o livro.

O BNM evoca, como sua grande especificidade, o fato de ter sido produzido não a partir dos testemunhos das vítimas, mas sim dos relatos extraídos de documentos oficiais do Poder Judiciário do país. Não há dúvidas de que o feito do projeto *Brasil: Nunca mais* foi louvável. Seus executores conseguiram reunir e fotocopiar, de maneira clandestina, ainda sob um regime ditatorial, milhares de páginas, que chegavam a mencionar 7367 indivíduos julgados pela Justiça Militar.

Porém, ao adotar o universo de julgados pela Justiça Militar como o próprio universo dos "atingidos" — este era o termo usado —, o *Brasil: Nunca mais* cristaliza uma imagem parcial tanto da repressão política como da resistência. Isso porque o conjunto de casos trabalhados no livro é tomado como representativo da totalidade de vítimas do regime. "Serão apresentados, a seguir", aponta o texto que inicia o capítulo 8, "alguns números importantes que permitem formar um perfil dos atingidos pela repressão política entre 1964 e 1979, extraídos de 695 do conjunto total de processos pesquisados."

Fica claro que o texto não se propõe a fazer um perfil dos indivíduos cujos casos tramitaram na Justiça Militar. Sua ambição é estabelecer uma imagem do conjunto dos "atingidos pela repressão política entre 1964 e 1979". Esses dois conjuntos — de um lado, os casos que tramitaram na Justiça Militar; de outro, os atingidos pela repressão — são apresentados como equivalentes. Acontece que, na prática, o primeiro é muito mais restrito e específico que o segundo.

A partir desse ponto, o BNM começa a descrever o perfil dos atingidos, que totalizavam 7367 nomes: 88% dos réus eram homens, 12% mulheres; 38,9% tinham idade igual ou inferior a 25 anos; 4077 residiam em capitais, entre os quais 1872 no Rio de Janeiro e 1517 em São Paulo; 2491 chegaram ao ensino superior de um total de 4476 que tinham o registro do grau de escolaridade.

Dados de raça e classe não estão presentes, mas, ao destacar a questão da escolaridade, o próprio BNM nos ajuda a concluir: "O grau de instrução dos processados permite induzir [...] que a extração social dos indivíduos na resistência era predominantemente de classe média". Dos 4476 que traziam dados sobre o grau de instrução, "mais da metade havia atingido a universidade, num contexto nacional em que pouco mais de 1% da população chega até ela".

Assim, a imagem do atingido pela repressão construída pelo *Brasil: Nunca mais* é a de um homem, branco, jovem, universitário, de classe média ou classe média alta, morador dos centros urbanos.

Ao lado do perfil dos atingidos pela repressão, o BNM se dedica, também, a descrever as formas de resistência à ditadura. Há um capítulo inteiro voltado para apresentar as organizações de esquerda clandestinas, justificado, segundo a análise do documento, porque a principal acusação dirigida aos réus dos processos fotocopiados era a da militância em organizações proibidas.

O livro complementa essa imagem chamando a atenção para outros "seis setores sociais", extraídos de processos que "não focalizavam organizações partidárias clandestinas". São eles: militares, sindicalistas, estudantes, políticos, jornalistas e religiosos. Ao analisar esses outros processos, o BNM afirma que eram essas as "áreas sociais" que estiveram "empenhadas na oposição ao autoritarismo", constituindo-se, por isso, nos "alvos prediletos do Regime Militar".

Assim, quem resistiu e quem foi atingido pela ditadura têm no BNM contornos muito específicos. São noções elaboradas, no livro, a partir da premissa de que os processos fotocopiados representam uma expressão definitiva do que significou a violência do regime.

Com isso, certa ação só é reconhecida como uma forma de resistência se ela foi objeto de persecução na Justiça Militar. Essas definições se tornam, então, circulares. Os atingidos são aqueles que, por causa de sua resistência, foram alvos da repressão. E a repressão é o conjunto de atos voltados contra os que resistiram. No centro dessas definições, está o universo dos processos do STM. No entanto, a estratégia da "legalidade autoritária" adotada pela ditadura brasileira não excluiu a mobilização de outras formas de repressão e violência estatais clandestinas e mesmo paraestatais. Essas, contudo, não podiam ser apreendidas pelo BNM.

O dossiê da Comissão de Familiares de Mortos e Desaparecidos Políticos e o *Brasil: Nunca mais* são as bases que fornecem, em linhas gerais, até hoje, o substrato fundamental das denúncias sobre as violações aos direitos humanos da ditadura brasileira.

No dossiê, a característica fundamental era a valorização da atuação política dos sujeitos. Apenas com o reconhecimento da própria Comissão de Familiares de que certa morte ou desaparecimento tinha natureza política, o caso poderia se manter na listagem. O *Brasil: Nunca mais* também pressupunha que os "atingidos" eram aqueles com alguma atuação política. Contudo, isso se dava por uma outra via: o próprio acervo documental utilizado como base do projeto. Isto é, a definição do universo de atingidos se dava não pela atuação das famílias, mas pela força probatória de um conjunto documental específico.

Por caminhos distintos, determinados sujeitos se tornavam aptos a integrar as listas, os livros e os relatórios que funcionavam para atribuir uma natureza específica às violências por eles sofridas — isto é, conferindo às violações sofridas o estatuto de uma violência política. Em ambos os casos, fica evidente que o reconhecimento social da legitimidade do status de atingido ou de vítima não é uma decorrência objetiva de uma dada violência sofrida. Esses são lugares sociais historicamente construídos, por meio de processos atravessados por relações de poder as mais diversas.

A luta de movimentos como a CFMDP e o GTNM e a publicação de documentos como o BNM foram fundamentais para ampliar o reconhecimento público de novos sujeitos como vítimas da ditadura. Ao contrário do que queriam os militares, a Lei da Anistia de 1979 não fora capaz de cristalizar os termos do entendimento público de quem eram as vítimas da ditadura. Aos poucos — e enfrentando enormes resistências — essas iniciativas lograram reposicionar socialmente o lugar dos antigos "subversivos" e "terroristas".

Paulatinamente, os militantes da luta armada passavam a ser reconhecidos por setores cada vez mais amplos da sociedade como grupos cuja ação era de natureza política, não criminosa. Nesse processo, esses sujeitos puderam se apresentar como alvos de uma injusta criminalização, a partir da qual sofreram arbitrariedades diversas. Os atos perpetrados pelo Estado contra eles, então, passavam a ser vistos como ilegítimos.

8. A QUARTA TENTATIVA

NO DIA 17 DE AGOSTO DE 1985, a atriz e deputada federal Bete Mendes, à época sem partido, participava da comitiva presidencial em uma viagem ao Uruguai. Na ocasião, identificou que o adido brasileiro no país era o militar que a havia torturado na prisão, Carlos Alberto Brilhante Ustra. O Brasil já vivia sob o governo Sarney, e, em seu retorno, a deputada escreveu uma carta ao presidente, publicizando o fato e pedindo providências.

A repercussão da denúncia foi ampla. Nove dias depois, o jornal *O Globo* trouxe uma série de notícias cujos títulos já mostravam quem receberia mais apoio público no conflito. "Leônidas: Confrontação está sepultada pela anistia"; "Políticos tentam conter repercussão"; "Exército condena 'os que querem reabrir cicatrizes ultrapassadas'"; "Líderes querem evitar novos casos para não ameaçar processo político". Na matéria sobre as declarações do ministro do Exército, Leônidas Pires Gonçalves, o jornal apontava que o militar havia determinado a elaboração de um informe aos "escalões inferiores", a fim de comunicar que Ustra seguia gozando de sua confiança. "O documento", dizia o texto, "ressalta que os militares que atuaram 'patrioticamente' contra os terroristas merecem o respeito da instituição."[1]

Publicamente, Leônidas defendia que a "confrontação" deveria estar sepultada pela anistia. Na caserna, contudo, o general fazia um elogio explícito a Ustra. Àquela altura, a defesa do "esquecimento" e da "conciliação" já era hegemônica entre os atores políticos. Havia espaço, portanto, para que, de dentro da caserna, um novo tipo de formulação voltasse a ganhar força. Era exatamente o discurso de defesa aberta da atuação dos militares durante o regime autoritário, que não fazia qualquer concessão nem reconhecia qualquer tipo de ilegitimidade na repressão — nem mesmo como "excessos individuais".

Essa perspectiva seria mais bem expressa em um projeto que o Centro de Informações do Exército (CIE) tiraria do papel naquele emblemático ano de 1985. Tratava-se do *Orvil*. O termo, que significa a palavra "livro" ao contrário, era uma referência direta ao *Brasil: Nunca mais* (BNM). O *Orvil*, na concepção das Forças Armadas, deveria ser o contrário do BNM.

A existência do *Orvil* foi revelada em 2007, pelo jornalista Lucas Figueiredo.[2] Segundo Figueiredo, o projeto teria sido desenvolvido como resposta ao BNM entre 1985 e 1988. Levado por Leônidas Pires Gonçalves ao presidente Sarney em 1988, o chefe do Executivo teria vetado a publicação da obra em nome da estabilidade política do processo de abertura. Assim, na história escrita pelo jornalista, que acabou se tornando uma espécie de narrativa canônica sobre o *Orvil*, o livro teria ficado esquecido, voltando a aparecer em 2007 a partir do trabalho obstinado de Figueiredo em recuperar o documento.

Essa narrativa vem sendo complexificada por outras pesquisas acadêmicas. As historiadoras Priscila Brandão e Isabel Leite, em artigo de 2012, mostram que, pelo menos desde um ano antes da publicação do BNM, circulava dentro do CIE uma proposta objetiva para levar adiante algo semelhante ao *Orvil*.[3]

Em 1984, o tenente-coronel Romeu Antonio Ferreira, lotado no CIE, parecia indignado com a proliferação de denúncias sobre violações de direitos humanos cometidas por militares na ditadura. Essa indignação transparece no documento intitulado "Apreciação s/nº A1" de 27 de março de 1984. A "apreciação" é um tipo de documento produzido pela inteligência militar em que, para além de repassar um informe ou uma informação aos seus superiores, se elabora um juízo de valor sobre determinada situação, com o intuito de sugerir linhas de ação.

Como revelou o jornalista Marcelo Godoy, esse documento elaborado por Ferreira é que daria origem ao *Orvil*.[4] Na apreciação, o objetivo do tenente-coronel era caracterizar a forma de atuação das "organizações subversivas" naquela conjuntura.[5] "Uma das principais atividades das organizações subversivas brasileiras" dizia o militar no texto, "é a de deturpar os fatos, distorcer as notícias e dar significados diferentes aos fatos históricos."

"E é no campo da História, particularmente a que envolve recentes fatos da subversão no BRASIL, que os comunistas estão agressivamente atuando", concluía Romeu. Ele passava, então, a um tópico intitulado "Reescrevendo a História", no qual se podia ler:

> A história da subversão já ficou na História. Mas, essa História está sendo reescrita pelos comunistas, do modo que lhes é conveniente. Dezenas de livros são publicados. Entrevistas são concedidas a jornais e revistas. Os terroristas de ontem estão sendo, hoje, glorificados, ganhando nomes de ruas, praças e avenidas. Nas assembleias legislativas, os LAMARCAS são descritos como patriotas e defensores do povo. Seus nomes designam os diretórios acadêmicos, as publicações estudantis e os organismos populares.
>
> Enquanto isso, aqueles que lutaram e deram o sangue contra a subversão são esquecidos. Seus filhos nunca viram um ato de reconhecimento pelo sacrifício dos pais. E pior: constantemente veem seus nomes tachados de sádicos torturadores, opressores e reacionários.

O militar apresentava, por fim, suas sugestões do que deveria ser feito. "Há que se fazer a História. Nós, vencedores, temos que escrevê-la. Nossas vítimas têm que ser os heróis", apontou o tenente-coronel. "Temos que reverenciá-los e homenagear suas famílias. Os terroristas têm que ser mostrados como delinquentes, e como clandestinos."

Para pôr em prática sua ideia, Romeu Antonio Ferreira sugeria um projeto baseado em uma pesquisa nos próprios acervos do CIE. Seu objetivo era divulgar a perspectiva do órgão em "quadrinhos, ilustrações e slides" e, posteriormente, em "livros, mais completos". Ao mesmo tempo, Romeu propunha "um programa de homenagens aos nossos mortos, com a presença dos familiares".

O documento elaborado por Romeu não conclamava a um "esquecimento", tal como o discurso do revanchismo fazia. Pelo contrário: ele criticava o esquecimento das "vítimas" militares. Fica claro, nesse trecho, o quanto interessava aos militares disputar os sentidos das representações coletivas que iam se formando sobre o período ditatorial. Neste caso, a partir da afirmação de que as "vítimas" daquele período não haviam sido os militantes oposicionistas, mas os próprios agentes do Estado.

Com o nome oficial de *As tentativas de tomada do poder*, o *Orvil* é composto, na grande maioria de suas quase mil páginas, da reafirmação das fantasiosas versões oficiais sobre os assassinatos cometidos pela ditadura. De inexistentes trocas de tiro ao teatro do suicídio de Vladimir Herzog nas celas do DOI-Codi de São Paulo, todos os casos apresentados retomam as farsas montadas à época dos mais duros anos da ditadura.

Mas, para além disso, o livro tenta oferecer também uma explicação mais geral sobre a história do Brasil e o papel desempenhado pelas Forças Armadas em diferentes momentos dela.

Segundo essa leitura, houve três momentos da história brasileira em que os comunistas teriam tentado subverter a ordem política interna. Em primeiro lugar, na chamada "Intentona Comunista" de 1935. Em seguida, com João Goulart em 1964. Por fim, com as guerrilhas urbana e rural na virada dos anos 1960 para os 1970. O insucesso das três tentativas é explicado pela atuação das Forças Armadas, sempre coesas e mobilizadas para defender a nação de seus inimigos internos.

No entanto — e aqui está o principal aspecto do argumento —, *Orvil* defende que, desde a derrota das organizações revolucionárias no início dos anos 1970, estaria em curso uma "quarta tentativa de tomada do poder", mais perigosa que as anteriores:

> Essa tentativa de fato já teve início há alguns anos. Vencida na forma de luta que escolheu — a luta armada —, a esquerda revolucionária tem buscado transformar a derrota militar que lhe foi imposta, em todos os quadrantes do território nacional, em vitória política.[6]

Mas por qual razão a "quarta tentativa de tomada de poder" era avaliada como mais perigosa que as pregressas? Em razão dos métodos utilizados nesse novo momento. Mais especificamente, pela substituição do "militarismo" pelo "trabalho de massa". Para tentar reafirmar esse perigo, *Orvil* traz uma leitura bastante específica sobre a abertura política, que se inicia exatamente com uma explicação acerca do que seria esse "trabalho de massa":

> O trabalho de massa consiste na propagação da ideologia e na utilização das técnicas de agitação, de propaganda, de recrutamento e de infiltração, valendo-se de todos os meios de comunicação social para atuar sobre os diferentes segmentos sociais (movimento operário/sindical; movimento educacional; movimentos populares etc.), a fim de conscientizar a massa para a necessidade de fazer a revolução.[7]

Para o *Orvil*, essa estratégia estava baseada em uma "operação psicológica".[8] Seu início teria se dado exatamente na virada dos anos 1960 para os 1970, quando começaram a se multiplicar as denúncias internacionais de tortura.

O segundo momento dessa "operação psicológica" teria sido a criação dos movimentos pela anistia. Na ótica do *Orvil*, eles atuavam para "transmitir à nação brasileira suas 'bandeiras' e também uma 'verdade' própria, unilateral e distorcida". Assim, "no bojo da campanha pela anistia, deixavam subjacente em suas mensagens a 'candura' dos terroristas, apresentados como 'angelicais defensores' da sociedade democrática".[9]

Como resultado desse processo, os "subversivos" teriam sido capazes de "denegrir e enxovalhar seus algozes — os órgãos de segurança — buscando, nessa fase, combalir o ânimo de seus integrantes, destruir sua moral e acuá-los em campanhas bem orientadas". Com isso, conseguiram também "justificar seus fracassos pretéritos aos olhos dos futuros recrutados, isto é, transformar a derrota militar em vitória política".[10]

Com a Lei da Anistia, teria sido aberto um novo momento, de "contraofensiva" das "organizações subversivas". O retorno dos exilados, as eleições gerais de 1982 e o movimento pelas "Diretas Já!" aparecem no texto como momentos-chave dessa reação.[11]

Nesse quadro, então, os comunistas avançavam para seu objetivo final.

"Para as esquerdas, nesse período, já não satisfazia a facilidade de atuar livremente, confundindo-se com a oposição legal e leal às instituições", afirma o documento. "Era preciso desacreditar a Revolução de 64, negar seus êxitos, proclamando a 'farsa do milagre econômico'."[12]

"Imanente em todo esse trabalho", diz o *Orvil*, "estava o objetivo de atingir seus algozes — agora as próprias Forças Armadas —, que não só recentemente, como em 1964 e 1935, haviam sido o obstáculo mais sério a suas tentativas de tomada do poder, com o fito de afastá-las ou neutralizá-las como empecilhos à sua caminhada."[13] Na percepção dos militares, os efeitos dessa grande "operação psicológica" já eram visíveis:

> A postura imobilista em relação a essas atividades, a progressividade das campanhas, o seu entrosamento no tempo e no espaço político nacional e a conjugação de esforços das organizações subversivas, de fachadas [sic] e infiltradas, permitiram que essas inverdades, repetidas em várias formas, oportunidades e diferentes meios de comunicação social, fossem ganhando foros de verdade, inclusive para boa parte dos componentes das próprias Forças Armadas, seus familiares e, em especial, os elementos mais jovens que não viveram aquela situação e que passaram a sofrer os efeitos dessa versão ideológica dos fatos.[14]

Diante de uma "operação psicológica" cujos efeitos já se faziam sentir, o *Orvil* era precisamente um contra-ataque nesse mesmo campo. Daí a centralidade atribuída às iniciativas de "reescrita da História". Na síntese elaborada pelos militares: "Enquanto os insurgentes tiveram sempre quem lhes cantasse as façanhas em que foram vitoriosos ou mártires, os legalistas calaram-se e amargaram os apodos injuriosos".[15]

PARA ALÉM DE UM LIVRO SECRETO

Quando o tenente-coronel Romeu Antonio Ferreira escreveu, em 1984, a Apreciação que daria origem ao *Orvil*, o militar citou um autor para embasar seus argumentos: o professor da Escola Superior de Guerra (ESG) Jorge Boaventura. Como destacou Ferreira no documento, Boaventura apontava em seu livro *Ocidente traído*, publicado pela editora do Exército em 1980, que estava em curso uma "interferência cultural que, além de modificar os valores, procura criar novas noções e conceitos, de acordo com a ótica marxista".

Juntos, o professor e o militar participariam, em 1987, do lançamento das atividades, no Rio de Janeiro, da Associação Brasileira de Defesa da Democracia (ABDD). Instituída em janeiro de 1985, a ABDD tinha, entre seus membros fundadores, além dos próprios Ferreira e Boaventura, figuras como Agnaldo del Nero Augusto, que comandava a Seção de Informações do CIE, Renato Brilhante Ustra, irmão de Carlos Alberto Brilhante Ustra. A *Folha de S.Paulo* noticiou o evento:

> "O Brasil está em transição, mas é da desordem crescente para o caos absoluto", afirmou o professor Jorge Boaventura de Sousa e Silva, do Corpo Permanente da Escola Superior de Guerra (ESG), [...] em palestra de três horas e meia, na noite de quarta-feira, para cerca de duzentos oficiais da reserva e civis [...]. Segundo Boaventura, os socialistas e comunistas brasileiros adotam a "estratégia de Gramsci de infiltrar-se nas instituições e corroê-las, com apoio da burguesia [sic], preparando o ataque final ao Estado, que, enfraquecido, não poderá reagir".[16]

A formulação do professor da ESG era semelhante ao argumento geral presente no *Orvil*, mas trazia um ingrediente que não estava explícito no documento: a ideia de que a nova estratégia das esquerdas era influenciada pelos escritos de Gramsci. Tratava-se de uma leitura inspirada em uma produção acadêmica conservadora estadunidense que girava em torno da noção de "marxismo cultural".[17]

A ABDD era o braço público e político do grupo de militares que, naquele mesmo momento, na segunda metade dos anos 1980, elaborava o *Orvil*. Seus encontros reuniam figuras como os representantes da Associação Integralista Brasileira ou o presidente do grupo de extermínio Scuderie Le Cocq, o policial José Guilherme Godinho, conhecido como Sivuca.[18]

Ao mesmo tempo que escreviam o *Orvil*, os militares expressavam suas ideias por meio do boletim oficial da ABDD, o *Pontos de Vista*. Em uma das edições, é possível ler:

> Nos idos de 1974, todas as correntes de esquerda atuantes, em nosso país, realizaram um amplo processo de autocrítica, que as levou a concluírem pela necessidade de mudança nos métodos, até então utilizados, na tentativa de empolgar [sic] o poder. [...] Era preciso encontrar um novo caminho, menos arriscado, que levasse a resultados mais palpáveis, ao mesmo tempo, que permitisse dissimular a verdadeira face da ideologia marxista. Ficou decidido o abandono da luta armada, como forma principal de luta, adotando-se, então, a propaganda — batizada de trabalho de massa — como arma prioritária e exclusiva de expansão política com vistas à conquista do poder.[19]

Ou seja, o documento de quase mil páginas do CIE não era o único lugar em que essas ideias começavam a aparecer. Pelo contrário, ao lado do *Pontos de Vista*, muitos outros jornais produzidos por associações de militares circulavam entre oficiais da reserva, mas também da ativa. Entre eles, um dos mais famosos era o *Inconfidência*.

No final daquela década, Marcelo Pimentel Jorge de Souza recém-ingressara na Academia Militar das Agulhas Negras (Aman). "Esses jornais iam por lista de correspondência para coronéis que tinham vivido todo o período da ditadura como capitães e majores", explica Pimentel, que hoje é coronel da reserva do Exército brasileiro. "Com o fim da União Soviética e do Muro de Berlim, as bandeiras do anticomunismo estavam soltas, perdidas", afirma ele, explicando que os materiais eram repletos de textos abordando temas políticos desde uma perspectiva de extrema direita.[20]

Quando retratado do ponto de vista jornalístico, o *Orvil* aparece, em geral, envolto por uma aura de documento secreto. A imagem que se constrói é a de um calhamaço de mil páginas que teria ficado por décadas circulando entre as mãos de um seleto grupo de militares, e é dessa forma que Lucas Figueiredo o retrata em seu livro pioneiro sobre o tema. "Mas a obra secreta (e proibida) do CIE ficou — não exatamente como livro, muito menos com o título original, esquecido com o tempo", narra o jornalista. "Permaneceu vivo em corações, mentes e escrivaninhas de alguns poucos militares como uma espécie de relíquia."[21]

"A corrente dos devotos do *Orvil* era pequena, porém forte", segue Figueiredo. "Nos anos seguintes, a vanguarda guardiã fez cerca de quinze cópias do livro secreto e as distribuiu entre militares de confiança [...]. Assim, de forma controlada, o documento passou de mão em mão, num círculo pequeno, formado por militares e civis de extrema direita."[22]

É verdade que a existência do *Orvil* veio a público, na íntegra, apenas em 2007, mas, ao contrário do que dá a entender a perspectiva apresentada por Figueiredo, as ideias ali contidas circularam intensamente, tanto dentro das Forças Armadas como fora delas. Isto é, o veto de Sarney à publicação não significou o abandono do conteúdo daquele discurso. De fato, ao lado de jornais como o *Pontos de Vista* e o *Inconfidência*, a narrativa do *Orvil* alimentaria a caserna também por meio de documentos oficiais, produzidos pela própria instituição.

É o que fica evidente quando lemos os relatórios periódicos mensais (RPM) produzidos entre 1989 e 1991.[23] Esses RPMs passaram por uma reformulação no início de 1989. O então chefe do CIE, general Sérgio Augusto de Avelar Coutinho, alterou a diagramação, a disposição das imagens e dos textos e a forma de distribuição dos documentos. Com as reformulações, mais de trezentas cópias de cada informe passaram a circular mensalmente entre as várias unidades militares espalhadas pelo país.[24]

Em maio daquele ano, o RPM trouxe um texto intitulado "A 'nova esquerda' e o processo revolucionário". Apesar de longo, vale citar, na íntegra, o início do artigo:

> No Brasil, em meados dos anos 1970, as organizações terroristas que ameaçavam a paz, a soberania e a integridade nacional foram derrotadas. O governo considerou as ameaças afastadas e pôde, como já era sua vontade anterior, dar início à distensão [sic] política.

Aquelas organizações concluíram que a estratégia adotada para a tomada do poder pela via militarista — luta armada — fracassara por falta de apoio popular. Reformularam sua estratégia desenvolvendo o Trabalho de Massa necessário para conquistar o apoio da população.

À mesma época, os "progressistas" seguidores da Teologia da Libertação fizeram a opção revolucionária, não obrigatoriamente luta armada, para atingir seus objetivos e intensificaram seu trabalho junto às bases mais carentes da sociedade, valendo-se principalmente do sentimento místico do povo. Aproveitaram-se habilmente de episódios extemporâneos, utilizando-se de palavras de ordem de alto apelo humanístico e teor emocional (liberdade, democracia, tortura, justiça e paz, direitos humanos).

Sua organização e teses atraíram remanescentes das organizações derrotadas e outras correntes marxistas. Iniciaram violenta campanha, inclusive no exterior, visando a desprestigiar as Forças Armadas, desarticular os órgãos de segurança e pressionar o governo. Este, por conta da distensão, e não desejando confronto com nenhum setor social, especialmente com a Igreja Institucional, evitou tomar medidas contundentes para conter tais pressões, favorecendo-lhes a ação.

Iniciado o processo de anistia, líderes subversivos retornaram ao país. Unindo-se aos remanescentes, encontraram na cobertura e proteção dos seguidos da Teologia da Libertação uma certa "imunidade" para se reorganizarem. Valeram-se, principalmente, da extensa e fluída [sic] distribuição eclesial em todo o território, particularmente junto às bases, para desenvolver seu Trabalho de Massa.[25]

Aqui, os ecos do *Orvil* são evidentes. Mas o texto segue. "Inspirados e influenciados quando de sua estada no estrangeiro pelos pensamentos do ideólogo italiano Antonio Gramsci, considerado depois de Lênin o maior teórico do marxismo, passaram a buscar o domínio das instituições culturais e de educação", diz o relatório assinado por Avelar Coutinho. "Pretendiam, assim, criar uma contra-hegemonia social, viabilizando as transformações que permitiriam a conquista do poder e a modificação da estrutura vigente", conclui.

Nesse trecho, Avelar Coutinho incluía de forma explícita, em um documento oficial produzido pelo Exército brasileiro em 1989, a ideia de que a nova "tentativa de tomada do poder" pelas esquerdas viria a partir de uma atuação influenciada por Gramsci.

Em dezembro daquele ano, o relatório trazia um artigo intitulado "Alerta, comandante! Seus homens não sabem como foi, como é e como será o Movimento Comunista Brasileiro".[26] Novamente ecoando o *Orvil*, o texto começava narrando as três primeiras "tentativas de tomada do poder" dos comunistas. Em seguida, afirmava que a anistia e a transição política haviam trazido ao país um "regime de permissividade política e social sem precedentes".

Com isso, o artigo dizia existir no país, naquele momento, "um clima de ilimitada tolerância que tem dado às esquerdas completa liberdade de ação e crescente complacência, simpatia e aceitações". Então, sintetizava Coutinho, que assinava o artigo: "A verdade é que a esquerda marxista-leninista, com uma nova estratégia e uma feição 'democraticamente palatável', desencadeou a quarta tentativa de tomada do poder".[27]

Aqui não era apenas o argumento de fundo do *Orvil* que estava presente, mas os termos do documento, numa reprodução quase integral. Naquela altura, os militares já sabiam que o calhamaço de mil páginas não seria publicado na íntegra. Assim Coutinho e o CIE seguiam encontrando formas de compartilhar suas ideias, com o intuito explícito de moldar ideologicamente a tropa. "É dever do comandante revelar esta verdade aos seus comandados", concluía o general no último parágrafo.

Marcelo Pimentel narra que via como, nos quartéis, o maior responsável pela circulação das ideias sobre o "marxismo cultural" era de fato o general Avelar Coutinho. "Coutinho foi fundamental para agarrar essas bandeiras, por intermédio dessa leitura 'gramscista', e divulgá-las. Nos anos 1990 só se falava disso. Eu já estava como tenente, capitão, e recebia no meu quartel esses jornaizinhos",[28] revela, fazendo referência ao *Inconfidência*.

No entanto, mesmo depois da saída de Avelar Coutinho do comando do Centro de Informações do Exército, as perspectivas do *Orvil* continuaram sendo difundidas por relatórios mensais. O último informe disponível nesse acervo, localizado no Arquivo Nacional, é de julho de 1991. Nele, há um texto chamado "A crise do comunismo e as instituições militares". A análise do CIE afirmava que, com a derrocada da União Soviética, vinha sendo observado um "clima de aparente segurança". Com isso, muitos governos vinham adotando "uma apressada redução das medidas de defesa interna, esquecendo-se que as esquerdas jamais abdicarão da tomada do poder".[29]

Diante dessa profusão de relatórios periódicos mensais, jornais e eventos públicos de associações militares, é evidente que os ideais do *Orvil* não ficaram restritos a meia dúzia de militares da reserva. A concepção de uma "quarta tentativa de tomada do poder", representada pelo "marxismo cultural", foi amplamente difundida desde o final da ditadura pelos mais diversos veículos. Muitos desses meios, como o jornal *Inconfidência*, seguiram existindo pelas décadas seguintes.

Em uma análise das publicações entre 1998 e 2014, a historiadora Maud Chirio aponta que o jornal cumpriria um papel como "uma pequena engrenagem, entre muitas outras, da reconstrução da extrema direita brasileira nos anos 2000 e 2010".[30] Em suas páginas, publicaram muitas figuras que ficariam célebres nos anos de governo Jair Bolsonaro. Entre elas, Olavo de Carvalho. O astrólogo e autointitulado filósofo, que receberia o epíteto de "guru do bolsonarismo", acabou por se tornar o nome em que imediatamente pensamos quando lemos a expressão "marxismo cultural". O fato é, no entanto, que essas ideias circulavam na caserna muito antes de virem a público pelas mãos de Carvalho.

9. DIREITOS HUMANOS PARA QUEM?

NO DIA 13 DE OUTUBRO DE 1979, dez policiais militares invadiram a casa de Paulo Pereira Soares Filho, em Belford Roxo, Baixada Fluminense, uma das regiões mais empobrecidas e violentadas do estado do Rio de Janeiro.[1] O jovem negro de dezoito anos foi torturado na casa onde morava com a irmã, Marli Pereira Soares. Marli, ao lado dos dois filhos, Anderson e Sandro, assistiu às torturas. Mesmo com uma arma apontada em sua direção, gritava para os policiais, pedindo que interrompessem a violência.

Após a primeira sessão de sevícias, Paulo foi carregado para fora da casa, ensanguentado, pelos policiais. Os agentes disseram para Marli que o irmão seria levado para a delegacia, o que nunca ocorreu: no caminho, Paulo foi executado. "Mais tarde, depois da perícia, ela saberia: foram treze tiros, a maioria na cabeça", narra Semayat Oliveira, jornalista que reconstituiu o caso para um perfil sobre Marli publicado no livro *Heroínas desta história*.[2]

Ali começaria a via-crúcis de Marli para denunciar o caso, reconhecer os assassinos de seu irmão e buscar justiça. Sua coragem e perseverança a levaram a realizar algo inédito. Em plena ditadura militar, Marli foi levada pelo delegado responsável pelo caso para o Batalhão da Polícia Militar da região, para tentar identificar os agentes que estiveram em sua casa naquela noite.

Com sua luta, o caso obteve uma repercussão igualmente inédita. As mortes provocadas pela polícia faziam parte do cotidiano das favelas e periferias do Rio de Janeiro, e raramente chegavam aos jornais. Mas a cena de uma mulher negra caminhando no pátio de um batalhão policial para acusar e denunciar policiais era forte. Em 9 de abril de 1980, a foto estampou a primeira página do jornal *O Globo*.[3]

"Na foto mais emblemática do Caso Marli", descreve Semayat Oliveira, "ela aparece de calça jeans, camisa de malha branca estampada e sapatos de salto alto caminhando no pátio da delegacia, a única mulher entre homens e mais homens."[4]

Além da foto, foi publicado um livro sobre Marli — *Marli Mulher*, escrito pelas jornalistas Maria Alice Rocha e Maria Teresa Moraes. Ivan Lins e Vitor Martins escreveram uma canção sobre o caso, intitulada "Coragem, mulher". No entanto, apesar da repercussão, o caso pouco avançou na Justiça. Entre protelações, idas e vindas, o principal policial militar acusado pelo assassinato de Paulo Pereira Soares foi absolvido em 1986.

Em 1993, Marli ainda veria seu filho ter destino semelhante ao de seu irmão. Sandro Luiz, com quinze anos, foi executado pela polícia, junto de outros dois jovens.

Na madrugada de 7 de fevereiro de 1981, cerca de um ano e meio depois do assassinato de Paulo Pereira Soares Filho, o comerciário Francisco do Rosário Barbosa voltava do trabalho, no bairro de Maria da Graça, subúrbio do Rio de Janeiro, para sua casa em Copacabana.[5] Na praia do Flamengo, já na zona sul carioca, o ônibus em que estava foi parado em uma blitz policial. Os agentes entraram no veículo e exigiram a identificação de todos os presentes.

Ao solicitar uma explicação para a ação aos policiais, Francisco foi retirado do ônibus e levado para uma delegacia próxima, onde sua entrada não foi oficialmente registrada. Lá, foi brutalmente torturado. Os policiais usaram um pedaço de madeira para espancá-lo e um cigarro aceso para queimar sua pele.

Da delegacia, Francisco foi levado em uma viatura da polícia para o Hospital Souza Aguiar. Os agentes o jogaram na porta e o deixaram no local, gravemente machucado. O comerciário ainda conseguiu entrar no hospital e avisar que fora espancado pela polícia na praia do Flamengo. "Logo após essa única frase", descreveu seu irmão, José Barbosa do Rosário, no livro *Quando a polícia mata*, "desfaleceu, sendo levado para o Centro de Tratamento Intensivo do HSA, onde morreu quinze minutos depois de traumatismo craniano, conforme constataram os mesmos legistas do IML [Instituto Médico Legal]".[6]

José do Rosário era jornalista e trabalhava n'*O Globo*. Tinha o conhecimento e os contatos necessários para jogar luz sobre o assassinato de seu irmão, cometido por policiais militares. Já no dia seguinte à morte de Francisco, o periódico noticiava: "Comerciário morre, mas antes acusa policiais".[7] No livro que escreveu sobre o caso, José narrou como a ida de um fotógrafo do jornal ao necrotério foi importante para fazer dois registros das marcas de espancamento no corpo de Francisco.

"Eles nos seriam de grande utilidade, posteriormente, em nossa campanha de denúncia", apontou o jornalista.[8] Essa campanha buscou sensibilizar entidades como a ABI e a OAB, além da própria Secretaria de Segurança Pública do estado.

No primeiro capítulo de *Quando a polícia mata*, José do Rosário esclareceu quais eram os objetivos da família quando iniciaram a campanha para dar visibilidade ao assassinato: "A morte de Francisco foi uma entre dezenas acontecidas nesta cidade, resultantes da brutalidade policial. Todas ficaram impunes, com raríssimas exceções. Decidimos lutar para que os criminosos fossem condenados".[9]

O livro foi publicado dois anos depois do assassinato, em 1983. Nesse meio-tempo, os policiais foram condenados "a penas suaves", mas apelaram à segunda instância e respondiam em liberdade. "Podem, a qualquer dia", escreveu o jornalista, "ser considerados inocentes. Daí a razão deste livro. Uma tentativa para sensibilizar a opinião pública, que na época esteve do nosso lado, e os desembargadores que vão dar seu veredito final."[10]

A repercussão do caso surpreendeu o próprio José: "A morte de Francisco repercutiu imediatamente, e muito além do que eu, pessoalmente, supunha".[11] O *Fantástico* exibiu matéria sobre o assassinato. Os jornais impressos cobriram o acontecimento com amplo grau de visibilidade e detalhamento. *O Globo*, em que o irmão da vítima trabalhava, seguiu noticiando por anos os desdobramentos do caso.

Em julho de 1983, os policiais responsáveis foram condenados. Em entrevista ao *Globo*, José Barbosa do Rosário falou sobre o esforço que a família de Francisco precisou fazer para ver a responsabilização do assassino. "É preciso, infelizmente, dispor de conhecimentos de direito, de recursos financeiros e, sobretudo, de muita paciência e sangue-frio", atestou.[12]

Poucos meses depois do assassinato de Francisco do Rosário Barbosa, um jovem de treze anos, morador da favela da Rocinha, foi morto por agentes do Estado. A vítima tinha o mesmo nome do comerciário assassinado sob tortura: Francisco. Além do nome, os dois compartilharam, também, o trágico destino de serem mortos após uma blitz policial.

Segundo o *Jornal do Brasil*, policiais de uma delegacia das proximidades abordaram um homem que estava sem documento de identificação. O rapaz se identificou como militar do Exército e disse que seus documentos haviam ficado em casa. Um amigo se ofereceu para ir buscar a documentação, mas os policiais não aceitaram e o algemaram.

"Nesse momento", narra o jornal, "cerca de cem pessoas se postaram à frente do carro da polícia, impedindo que ele desse partida. Foi quando Vareta [um dos policiais], depois de agredir a várias pessoas, sacou da arma e fez um disparo, atingindo Francisco Gilmar Rodrigues na coxa esquerda."[13] O menino ainda foi levado ao Hospital Miguel Couto, onde morreu.

A União Pró-Melhoramentos dos Moradores da Rocinha (UPMMR) logo produziu um panfleto denunciando o ocorrido e convocando todos ao enterro de Francisco.[14] Apreendido pela polícia, o documento se encontra hoje nos acervos do Departamento de Ordem Política e Social (Dops), localizados no Arquivo Público do Estado do Rio de Janeiro. O panfleto apontava:

> Fala-se muito em violência na Rocinha, mas não se falam [sic] da violência dos policiais que fazem rondas constantes na Rocinha. Ontem o policial da ronda atirou na multidão que protestava contra os maltratos [sic] que eram infringidos [sic] por eles a um soldado porque este não portava documentos.
> O POLICIAL ATIROU NA MULTIDÃO MATANDO FRANCISCO
> E AGORA?

NÓS NÃO ADMITIREMOS QUE O ASSASSINATO DE FRANCISCO FIQUE IMPUNE.

queremos justiça

queremos a prisão do policial

A convocatória feita pela associação fez efeito, e o enterro de Francisco transformou-se em um ato de repúdio à violência policial. Segundo *O Globo*, havia cerca de trezentas pessoas presentes, metade das quais eram crianças.[15] A reportagem descrevia as cenas do enterro, destacando a presença de um pano branco sobre o caixão, em que se lia: "Matança, não. Polícia matou criança. Quem mata criança não merece respeito e precisa ser punido".

Na entrevista para a matéria, o presidente da UPMMR, Antônio de Oliveira Lima, disse que a associação já havia procurado a OAB. Em matéria publicada cerca de um ano depois, a ida dos moradores da favela à entidade era assim descrita:

> Dezenas de moradores da Rocinha literalmente invadiram o gabinete do presidente da OAB, com uma blusa suja de sangue e cápsulas de balas de revólver dentro de um saco de plástico. Indignados, alguns chorando, os moradores da Rocinha traziam as provas de que o menino Francisco Gilmar Rodrigues, de treze anos, tinha sido assassinado, sem qualquer motivo, quando jogava futebol no morro, pelo detetive Claudionor Gonçalves de Castro, o Vareta, dia 28 de outubro.[16]

O caso do menino Francisco também teve alguma repercussão, mas, a partir de certo momento, os jornais deixaram de noticiar seus desdobramentos. Pela pesquisa nos seus acervos, não é possível saber qual foi a conclusão jurídica do caso.

Circunstâncias diversas fizeram com que os assassinatos de Paulo Pereira Soares Filho, Francisco do Rosário Barbosa e Francisco Gilmar Rodrigues, todos mortos pela polícia, tivessem uma repercussão mais ampla que a habitual para esse tipo de caso: a coragem de Marli, a rede de contatos de José e a idade de Francisco.

O contexto social e político desses casos era diferente do que marcara o país na década anterior. Na virada dos anos 1970 para a década de 1980, havia um circuito de instituições onde era possível denunciar violações aos direitos humanos. Existia também uma maior abertura na imprensa para esse tipo de denúncia. Ao mesmo tempo, o país vivia um ambiente político um pouco mais favorável para demonstrações públicas de descontentamento e crítica às instituições governamentais. Diante desse cenário, na prática, a violência policial já vinha ocupando espaço cada vez mais significativo nas páginas dos jornais.

Contudo, os diferentes graus de repercussão e os distintos desfechos jurídicos dos casos mostram como as dimensões de classe, raça e local de moradia seguiam desempenhando um papel fundamental para determinar quem teria direito à visibilidade e à justiça. Apenas os assassinos de Francisco do Rosário Barbosa, que não era negro nem morava em uma favela, cujo irmão trabalhava no jornal de maior circulação do estado, foram responsabilizados.

Ainda assim, a certa altura, as notícias dos casos se emaranhavam nas páginas dos jornais. No dia 3 de outubro de 1981, *O Globo* trazia duas matérias, uma ao lado da outra. Na primeira, uma entrevista com Marli Pereira Soares, comentando uma declaração do comandante da Polícia Militar do estado, segundo a qual ele não queria "um novo caso Marli". "Se ele não quer que aconteça um novo caso Marli", afirmava ela na entrevista, "antes de mais nada deveria selecionar melhor seus homens, já que muitos deles não são dignos de vestir a farda da Polícia Militar."[17]

A segunda matéria mostrava que a família de Francisco do Rosário Barbosa entraria com uma ação contra o Estado para requerer uma indenização pelo assassinato do comerciário. O texto afirmava que a ação seria fundamentada "no dever do Estado de preservar a integridade física e moral daqueles que estão sob sua tutela" e que ela relacionaria "a morte de Francisco com a do jornalista Vladimir Herzog, que morreu após torturas sofridas no DOI-Codi de São Paulo".[18]

Folhear os jornais daqueles anos mostra que, de fato, para além desses três casos, as arbitrariedades das forças de segurança foram significativamente tematizadas no período. A ponto de levar um novo secretário de Segurança Pública a prometer, no primeiro dia de sua gestão, que a "violência da polícia vai acabar no Rio".[19] A troca no comando da pasta aconteceu pouco depois do assassinato de Francisco do Rosário Barbosa, e meses antes da morte de Francisco Gilmar Rodrigues, em fevereiro de 1981. O autor da promessa não era nenhum defensor dos direitos humanos, mas sim um general chamado Waldir Muniz. Sinal de que, àquela altura, tratava-se de um problema cuja repercussão incomodava até mesmo os dirigentes do regime ditatorial.

Naquele mesmo dia, houve também uma troca no comando da Polícia Militar. Quem assumiu a direção da corporação foi o coronel Nilton Cerqueira, responsável por comandar a operação militar que culminou com o assassinato de Carlos Lamarca, em 1971. Na cerimônia de posse no cargo, o militar afirmou: "o policial militar tem que contar com o apoio irrestrito das pessoas de bem, homens do povo, aos quais dedica a vida diuturnamente, para oferecer-lhes paz, tranquilidade e segurança".[20]

As falas de Muniz e Cerqueira, naquele fevereiro de 1981, eram emblemáticas do cenário que o país vivia. Naquele momento, uma forte tensão marcava as discussões sobre a atuação das polícias. De um lado, havia as denúncias de violações de direitos promovidas pelos agentes estatais, que criavam um ambiente de repúdio à violência policial. De outro, muitos vinham a público justificar e legitimar essas práticas, em nome da defesa "das pessoas de bem", como diria Cerqueira na matéria.

Esse conflito marcaria de forma significativa o início da década de 1980.

O PROBLEMA DA "VIOLÊNCIA URBANA"

Em meados de 1979, uma pesquisa de opinião feita no Rio de Janeiro apontou, pela primeira vez, que a população via a violência como o principal problema do estado.[21] Os sociólogos Luiz Eduardo Soares e João Trajano Sento-Sé, ao analisar esse dado, lembram que aquele não era um ano qualquer. Era o momento em que os debates sobre a anistia se intensificaram a ponto de culminar na aprovação da lei, em agosto.

De certa forma, a definição de quais seriam os contornos da anistia passava pela resposta a duas perguntas: Qual é o limite da legitimidade da violência promovida pelo Estado contra seus cidadãos? Sobre quais bases um futuro regime democrático deve ser construído?

Sabemos, já, quais foram as respostas que a lei — aprovada tal como formulada pela ditadura militar — deu a essas questões. O texto permitia o reconhecimento limitado, de um rol muito restrito de ações do regime, como atos de exceção. Ao mesmo tempo, apontava para a construção de uma democracia baseada na "conciliação" e no "esquecimento" da violência, e não em uma alteração minimamente significativa da lógica de atuação e das estruturas estatais que haviam promovido a violência.

Na arena pública, no entanto, circularam outras respostas para essas perguntas. Ainda que não estivesse expresso na lei, os presos políticos e os mortos e desaparecidos políticos passaram a ser reconhecidos, por parte da sociedade, como vítimas de violências ilegítimas — a tortura, a execução, o desaparecimento forçado. Dignos, portanto, de anistia e reparação.

Assim, mesmo diante de uma Lei da Anistia extremamente limitada, foi sendo desenhado um acerto fundamental para a democracia que se buscava construir. Na futura ordem, a tortura e a eliminação física de opositores — aquilo a que se daria o nome de violência política — não poderiam mais fazer parte do jogo político. Mais adiante, a Constituição de 1988 consolidaria esse consenso muito básico.

No entanto, a violência que a pesquisa do Ibope de 1979 captava como o novo grande problema do Rio de Janeiro não era a violência política, mas a chamada violência urbana.

Diversos sociólogos estudiosos da questão da violência urbana apontam que, até a virada da década de 1970, a questão da criminalidade dita comum não ocupava lugar de destaque no debate público.[22] Com exceção de raros casos espetaculares que ganhavam as manchetes, o tema era restrito a jornais sensacionalistas.

"Tradicionalmente, às questões relativas à violência era concedido um espaço relativamente limitado nos veículos de comunicação impressa tidos como sérios do ponto de vista jornalístico", notam Luiz Eduardo Soares e João Trajano. "O destaque maior era dado por jornais quase especializados, do tipo 'espreme que sai sangue', de circulação ampla nas camadas mais baixas da população, mas pouco efetivos no processo de definição das pautas públicas."[23]

O que aconteceu naquele fim de década foi uma conjunção de fatores que levou, ao mesmo tempo, a um aumento concreto na chamada criminalidade violenta e a um maior interesse, por parte da imprensa, de dar visibilidade ao problema.

"É inegável o extraordinário aumento da criminalidade violenta nas grandes cidades brasileiras no último quartel [do século XX]", afirma o sociólogo Michel Misse.[24] Na descrição do pesquisador, entre as práticas que vivenciaram esse "extraordinário aumento" estavam os homicídios dolosos, roubos a residências e veículos, latrocínios, assaltos à mão armada e conflitos com feridos e mortos.

De certa forma, essa explosão na criminalidade estava relacionada ao que outro sociólogo, Luiz Antonio Machado da Silva, caracterizou como "profundas transformações nas atividades criminais".[25] Uma das principais explicações para essas mudanças foi a entrada da cocaína nos circuitos de venda de drogas ilícitas, mercado operado por traficantes armados que controlavam territórios da cidade, sobretudo de favelas.

Com a chegada dessa nova droga, houve, nos termos de Machado da Silva, uma aproximação do "pequeno criminoso" a "uma poderosa cadeia produtiva subterrânea que, por falta de proteção institucional, precisa da violência privada para reproduzir-se".[26] Para isso, havia a necessidade de mais armas, de modo que é também nesse momento que os primeiros fuzis aparecem nas mãos desses operadores do varejo das drogas.

Não são apenas as armas, no entanto, que permitem que esses agentes sigam atuando no mercado ilegal. Há algo mais importante a ser comprado: a proteção. A partir do conceito de "mercadorias políticas", Michel Misse argumenta que aos mercados ilegais corresponde sempre um mercado de proteção. Nesse caso, na forma dos "acertos" e "arregos" — valores pagos pelos traficantes para policiais, com o intuito de evitar o conflito armado e seguir operando os pontos de venda de drogas.[27]

Naquele momento, como descreve Misse, "o volume de crimes violentos, que já vinha aumentando desde o início da década, começa a ganhar uma inédita visibilidade na cidade [do Rio de Janeiro] e no país".[28] Ou seja, não se trata apenas de um incremento quantitativo da criminalidade, mas principalmente de uma mudança qualitativa na forma pela qual os meios de comunicação a tratavam.

Essa presença constante do tema da "segurança pública" ou da "violência urbana" na imprensa levou a questão a "dominar os debates, as propostas de intervenção e as escolhas eleitorais subsequentes", nos termos de Luiz Antonio Machado da Silva. "Na primeira metade da década de 1980 armaram-se os termos da disputa que dá origem ao debate atual sobre o problema da segurança pública", conclui o sociólogo.[29]

Esses termos conformam o que Machado da Silva nomeia como a gramática da violência urbana. Segundo ele, essa gramática é uma linguagem que fornece aos indivíduos um quadro de compreensão do mundo social baseado na ideia de que a combinação entre crime e violência "ameaça permanentemente, e não apenas eventualmente, a integridade física e patrimonial das pessoas".[30]

Daí, é produzido um medo constante de que as rotinas cotidianas podem ser interrompidas por atos violentos. Surge, então, um "círculo vicioso",[31] em que a violência policial e a violência criminal se retroalimentam. Assim, a gramática da violência urbana gera o que o sociólogo caracteriza como uma "simplificação" e um "reducionismo", ao restringir o tratamento de um problema social concreto — o da criminalidade — "a uma guerra contra atividades que perturbam o prosseguimento rotineiro da vida social".[32]

Essa guerra, por sua vez, é baseada numa lógica segundo a qual um segmento da população — "os moradores dos territórios da pobreza e, mais especificamente, os favelados" — são alvos de uma criminalização. Tornam-se, assim, nas palavras de Machado da Silva, "o tipo ideal do Outro que precisa ser afastado a qualquer preço. Em decorrência, convergem para os aparelhos policiais demandas de recomposição de uma ordem social tida como ameaçada".[33]

Ainda seguindo o argumento do sociólogo, o estabelecimento dessa gramática da violência urbana levou a "tomadas de posição polares".[34] De um lado, o clamor pelo aprofundamento da repressão, sobretudo a baseada na ação ilegal das forças policiais. De outro, as posições de crítica à violência do Estado.

Tal como na discussão em torno dos limites da anistia, estava em jogo, aqui, um debate sobre as características da democracia a ser construída no país. Se as disputas em torno da violência política foram capazes de gerar um consenso básico — prisões, torturas, assassinatos e desaparecimentos forçados não devem fazer parte do jogo político —, a pergunta que se colocava ao problema da violência urbana era: essas práticas de violência estatal valeriam, na futura democracia, para lidar com os ditos criminosos "comuns"?

Para alguns movimentos e organizações que atuavam naquele início dos anos 1980, era preciso fazer com que os mesmos direitos humanos assegurados para os presos políticos fossem estendidos para o restante da população, sobretudo aos negros e moradores de favelas e periferias, que continuavam sendo alvos prioritários da violência policial. Assim, para além de denunciar casos específicos — tais como os narrados no início deste capítulo — houve quem tentasse inscrever o problema da violência policial em reflexões mais amplas, apresentando explicações e propostas de solução para o problema.

DIREITOS HUMANOS E VIOLÊNCIA POLICIAL

No dia 2 de março de 1981, em pleno Carnaval, o Departamento Estadual de Ordem Política e Social de São Paulo (Deops/SP) prendeu dois homens nas proximidades do local onde ocorriam os desfiles das escolas de samba da cidade. Eram Flávio Carrança e Milton Barbosa, o Miltão, militantes do Movimento Negro Unificado (MNU).[35] Miltão e Flávio estavam distribuindo panfletos de divulgação da Campanha Nacional Contra a Violência Policial, que o MNU decidira adotar como eixo central de sua atuação política a partir de 1980.[36]

O panfleto que Miltão e Flávio entregavam naquele Carnaval de 1981 era intitulado "As razões da violência". O texto apresentava a leitura do MNU sobre a origem do problema da violência urbana. "Hoje está sendo bastante discutida, através da televisão, rádios e jornais, a tal 'violência urbana', com muitos assaltos, tiroteios e mortes, nas principais cidades do país", apontava o movimento no início do documento, para então seguir:

> Aproveitando-se disso, as "autoridades" brasileiras a todo momento pedem mais dinheiro para combater o crime, e a violência policial aumenta prendendo, torturando e matando em todo o território nacional.
> O que essas "autoridades" pretendem com este barulho todo é desviar a atenção da "opinião pública", sobre as verdadeiras causas dessa violência.
> As causas dessa violência são: o alto índice do custo de vida, o desemprego, exemplo: a Volkswagen demitiu em meados de janeiro cerca de 3 mil funcionários, as péssimas condições de vida da população brasileira, a falta de saneamento básico, educação, assistência médica e transporte. Enfim, as causas da tal "violência urbana" são as condições de miséria em que vive a maior parte da população brasileira.[37]

No panfleto, o MNU retomava o argumento das suas intervenções durante a campanha pela anistia. Os militantes negros defendiam que era preciso caracterizar como presos políticos aqueles normalmente definidos como presos comuns. Levados à prisão por causa de decisões políticas do Estado brasileiro — que produzia e reproduzia, historicamente, o racismo e a desigualdade —, esses presos também deveriam ser beneficiados pela anistia.

Agora, na nova campanha, o objetivo do movimento era elaborar uma crítica à forma pela qual o problema da criminalidade era tratado pelas autoridades e pela imprensa. Na perspectiva do MNU, a abordagem hegemônica invisibilizava a dimensão política da violência policial perpetrada em um suposto combate à criminalidade. Por isso, no lugar da expressão "violência urbana", o MNU destacava a noção de "violência policial". Nos termos do panfleto, essas violações recaíam prioritariamente "sobre a população pobre nos bairros da periferia, nas favelas, cortiços, clubes recreativos, escolas de samba e no próprio centro da cidade".

E no que consistia essa violência? Em um texto intitulado "Genocídio: O Estado elimina fisicamente a população negra através da violência policial", o movimento descrevia as práticas violentas que buscava denunciar:

> A polícia, através da Rota, Tático Móvel e organizações paramilitares como Mão BRANCA, Esquadrão da Morte e outras, continuam matando cidadãos brasileiros, não julgados, ou condenados, mas em sua grande maioria, apenas considerados suspeitos de cometer crime.[38]

Em outra publicação do movimento negro, o jornal *Tição*, encontramos, em letras garrafais, a chamada: "Chega de violência". O texto apontava:

> Sair na rua sem carteira profissional assinada dá cadeia para qualquer negro ou mulato. Nunca foi preciso mandado judicial para prender um negro, assim como não existe muita explicação para a costumeira batida em pontos frequentados pela população pobre e, principalmente, negra. O Esquadrão da Morte ou a Mão Branca no centro do país se orgulham em informar que 90% dos seus presuntos são negros [...]. Tudo isto está sendo denunciado na Campanha Nacional contra a Violência Policial.[39]

Em um texto de 1980 assinado pela Frente Negra para Ação Política de Oposição (Frenapo) e pela executiva nacional do MNU, os integrantes da campanha articulavam de forma mais aprofundada as questões que apareceriam no panfleto distribuído no Carnaval. "A história do Brasil mostra que a violência policial desde o período escravista sempre foi usada para o controle social e político da população oprimida", apontava o artigo, citado e analisado pelo sociólogo Paulo César Ramos em sua tese de doutorado.

Se essa era uma tônica em toda a história nacional, o texto afirmava também que as diferentes conjunturas traziam mudanças na forma dessa violência:

> Nos momentos de ditadura a violência policial é aumentada sem maiores alardes, nos de "abertura" são feitas campanhas criando uma atmosfera de insegurança, dando dimensão artificial ao problema da criminalidade e marginalidade, ao mesmo tempo que confunde as suas verdadeiras causas da criminalidade. Desde o ano passado o governo vem desenvolvendo uma campanha, através dos meios de comunicação, objetivando conseguir respaldo na população para aumentar e oficializar as ações repressivas do aparelho policial.[40]

Para além de argumentar que as raízes da violência eram intimamente relacionadas com a desigualdade social, os movimentos sustentavam que o imaginário da violência urbana vinha sendo construído como parte de uma estratégia governamental para lidar com a nova conjuntura.

Afinal, durante as ditaduras a violência policial recrudescia e isso não podia ser tematizado. Naquele contexto de abertura, no pós-Lei da Anistia, era preciso encontrar formas de legitimar essas práticas violentas — daí, portanto, a campanha voltada para a criação de uma "atmosfera de insegurança".

A chave da questão, para os movimentos, era ressaltar a dimensão profundamente política dessas arbitrariedades cometidas por policiais no contexto do pretenso combate à criminalidade. Como no seguinte trecho:

> A repressão exercida no dia a dia em cima de cada pessoa, e das greves e manifestações públicas, são formas diferenciadas de controle policial que objetivam a manutenção do poder nas mãos de alguns enquanto a maioria permanece alijada dos centros de decisão e na mais absoluta miséria. No entanto o combate a esta violência até hoje não foi encarado analisados assumido [sic] nos seus devidos parâmetros políticos. Relegado a segundo plano devido a vários fatores, entre os quais [destacam-se] a falta de percepção

política aliada a ideologia burguesa e racista frente a maioria das vítimas, pelo fato de serem negras.[41]

Tal como havia acontecido no quadro da campanha pela anistia, o apelo do MNU e da Frenapo era o de que a luta contra a violência policial fosse articulada com outros temas que pareciam mais caros à esquerda tradicional:

> Junto à luta pela estabilidade no emprego, melhores salários, liberdade sindical, direito de greve, salário-mínimo nacional etc... está a luta contra a violência policial enquanto parte de um processo de dominação e exploração do conjunto dos trabalhadores, notadamente daqueles que nem o direito de ser trabalhador em qualquer setor da produção foi conquistado.
> Nesse sentido convocamos todos os setores que lutam pela democracia a aprofundar as discussões em torno do papel da violência policial. É preciso que coloquemos as verdadeiras causas da marginalidade e criminalidade, não endossando os discursos, as arbitrariedades do governo e sua polícia civil e militar.[42]

No entanto, no quadro de reorganização das esquerdas e de reconstrução do sistema partidário do país, poucas seriam as forças políticas e os atores sociais a fazer coro às denúncias do MNU e dar centralidade à luta contra a violência policial.

Em janeiro de 1982, em Taboão da Serra, São Paulo, ocorreu o II Encontro Ecumênico de Direitos Humanos, sob coordenação de d. Paulo Evaristo Arns. Segundo o documento final do evento, anexado a um livreto produzido pelo Centro de Defesa dos Direitos Humanos (CDDH) de Petrópolis, coordenado por Leonardo Boff, o evento reuniu, ao longo de três dias, cerca de sessenta entidades e aproximadamente 120 personalidades para debater temas relacionados aos direitos humanos.[43]

O evento foi monitorado de perto pelas forças repressivas. A publicação do CDDH, por exemplo, foi apensada a um relatório do Serviço Nacional de Informações (SNI). Ao mesmo tempo, o Centro de Informações da Aeronáutica (Cisa) produziu um informe sobre o encontro.[44] Segundo o Cisa, entre as entidades presentes estavam a Comissão Justiça e Paz, o Comitê Brasileiro pela Anistia, o Movimento Negro Unificado, a Associação Brasileira de Imprensa, a Comissão Pró-CUT, as pastorais operárias, universitária, carcerária, da Terra, além de outras. Algumas das personalidades presentes foram Jaime Wright, Paulo Freire, Paulo Sérgio Pinheiro, Fábio Konder Comparato, José Gregori, Hélio Bicudo, Margarida Genevois, Luiz Eduardo Greenhalgh.

No texto que resume as conclusões dos debates, as entidades afirmavam que um dos eixos de articulação dos grupos presentes era a "Repressão". Esse tema era descrito da seguinte forma: "Luta organizada em todos os níveis contra todo tipo de repressão. Campanha nacional contra a violência policial (com destaque à discriminação racial) em concordância com a CF83. Reforço do movimento das mães das vítimas da polícia (Rota etc.)".[45]

Vimos anteriormente que a Comissão Justiça e Paz, vinculada à Arquidiocese de São Paulo, foi o primeiro espaço de acolhimento e apoio aos familiares de desaparecidos políticos. Essa ação da Igreja católica tinha relação com as mudanças introduzidas pelo Concílio Vaticano II (1962-5) e pela II Conferência Geral do Episcopado Latino-Americano (1968), quando o tema dos direitos humanos passou a ser central para a Igreja.

A década de 1970 assistiria a um desdobramento importante dessas mudanças internas da Igreja católica, com impactos significativos no Brasil — a emergência e o fortalecimento da Teologia da Libertação. Nesse contexto, se fortaleceu a perspectiva eclesial da "opção pelos pobres".[46] A partir dessa leitura, a defesa dos direitos humanos deixou, aos poucos, de ter apenas um sentido político e carregou também uma dimensão social. A defesa dos direitos humanos passava a ser vista como um "compromisso evangélico e político" da Igreja com os mais necessitados.[47]

Diante dessa ampliação de perspectiva, mudaram também as formas de ação da Comissão Justiça e Paz. Criada como espaço de recebimento e processamento das denúncias relacionadas aos presos políticos, a CJP passou a priorizar a atuação baseada nessa "opção pelos pobres". Com isso, como destaca o antropólogo Adalton Marques, entrou em cena uma preocupação com a "necessidade de ampliar a defesa jurídica que dedicavam aos presos políticos para que fossem garantidos os direitos violados dos presos comuns".[48]

Em 1977, a Arquidiocese de São Paulo editou uma publicação intitulada *Violência contra os humildes*, bastante emblemática dessas mudanças. Uma cópia do documento localizada nos acervos do Serviço Nacional de Informações é particularmente interessante, pois traz as marcas da censura, determinando quais trechos deveriam ser excluídos do livreto a fim de obter a liberação para publicação.

O primeiro grande carimbo de "Vetado" aparece no início da introdução escrita por d. Paulo Evaristo Arns.[49] O trecho cuja publicação não interessava aos militares dizia o seguinte:

> A repressão ideológica, onde quer que exista, não somente persegue os setores da população possuidores de uma visão crítica dos acontecimentos, como são as universidades, os movimentos estudantis, a imprensa, as ações das igrejas, os movimentos operários e os grupos de oposição política. Abate-se também de maneira ampla e com incrível rudeza contra os mais humildes, os quais por ignorarem seus direitos e por não contarem com nenhum apoio, ficam à mercê de indizíveis arbitrariedades.[50]

Violência contra os humildes é um livro permeado por descrições de práticas violentas cometidas por agentes e instituições do Estado, como torturas e assassinatos. Assemelha-se, assim, a outros tantos relatórios de direitos humanos publicados para denunciar as arbitrariedades cometidas pelo regime contra os presos políticos.

Mas há uma diferença: os alvos dessas violências. No lugar de relatos de militantes apontando a violência como parte de um projeto de repressão política às oposições, a publicação apresentava, a partir de matérias de jornais de São Paulo, aquilo que ela descrevia como "a violência de cada dia contra os humildes".

Presente já no livreto de 1977, a concepção que relacionava os direitos humanos com a proteção aos "humildes" no âmbito da Igreja católica seria reforçada após a III Conferência Geral do Episcopado Latino-Americano realizada em Puebla, México, em 1979.[51] E teria desdobramentos importantes, no Brasil, nos Encontros Ecumênicos de Direitos Humanos, tal como aquele que, em 1982, debateu a Campanha Nacional Contra a Violência Policial.

Inspirada por essa concepção, nasceu em 1983, a partir de redes de ativismo em direitos humanos criadas e reforçadas desde a existência da Comissão Justiça e Paz, a Comissão Teotônio Vilela para as Prisões e Instituições Fechadas, ou apenas Comissão Teotônio Vilela (CTV). Mais precisamente, a comissão foi fundada após uma chacina promovida por policiais militares ligados à Rota, unidade de elite da polícia paulista, no Manicômio Judiciário de Franco da Rocha, em janeiro de 1983.

A CTV atuava fazendo visitas a espaços de privação de liberdade para averiguar as condições dos locais. Como não possuía nenhum mandato ou prerrogativa para entrar nesses lugares, contava com o prestígio de seus membros para ser recebida e elaborar as denúncias. Muitos dos integrantes da CTV haviam se conhecido e estabelecido relações atuando na Comissão Justiça e Paz, tais como Paulo Sérgio Pinheiro, José Gregori, Hélio Bicudo, José Carlos Dias e Margarida Genevois.

Para além deles, personalidades de diversas áreas de atuação se somaram ao grupo: Emir Sader, Fernando Gabeira, Marilena Chaui, Antonio Candido, Eduardo Suplicy, Severo Gomes, entre outras. Para amplificar os relatos das visitas, a comissão utilizava o espaço da grande imprensa, notadamente do jornal *Folha de S.Paulo*, onde Paulo Sérgio Pinheiro mantinha uma coluna periódica.

A CTV foi fundamental para trazer à tona questionamentos sobre o interesse desigual, por parte da opinião pública, em relação às violências cometidas pelo Estado contra os presos políticos e os chamados presos comuns. Em 1986, a comissão publicou um livro, cuja apresentação era escrita por Eric Braun e Paulo Sérgio Pinheiro.

"Enquanto a sociedade civil ainda continua a protestar contra o desrespeito pelos direitos humanos dos prisioneiros políticos", afirmavam os autores no texto, "a violência ilegal do Estado contra os suspeitos policiais continua a se abater sobre os pobres e desempregados, mantendo sob terror os miseráveis, pobres e indigentes que constituem os 70% da população brasileira".[52]

Pinheiro e Braun apontavam a notável contradição de uma "sociedade civil" que se preocupava com os "direitos humanos dos presos políticos", mas ignorava a violência que se abatia contra "miseráveis, pobres e indigentes". Pinheiro, um cientista político com notável atuação na defesa dos direitos humanos, se tornaria uma voz incansável na tentativa de chamar a atenção para esse aspecto.

Em uma das formulações mais ácidas sobre a questão, em um texto de 1982, ele escreveu:

> Não estão muito longe os tempos em que as velhas famílias da aristocracia carioca, da boa burguesia paulista e das classes médias em geral viviam inusitados momentos de apreensão. Seus filhos estavam no pau de arara, na cadeira do dragão, nos afogamentos simulados. [...]
>
> Se apesar dos mortos e caídos, reina a tranquilidade no país dos militantes conscientes, o mesmo não se pode dizer quanto à maioria do povo brasileiro. As classes populares continuam sob a ameaça permanente da tortura, incorporada aos usos da polícia brasileira como metodologia científica. Os presos comuns, os detidos, os suspeitos nunca perceberam as sucessivas aberturas que já ocorreram nesse país. No pau de arara, nas maquininhas de choque, não sentiram os efeitos da Constituinte de 1934, da "redemocratização" de 1946 ou da última abertura.[53]

A ideia de que "os presos comuns nunca perceberam as sucessivas aberturas que já ocorreram nesse país" lembra de forma inequívoca as formulações do Movimento Negro Unificado. A tônica das intervenções públicas, tanto de Pinheiro, a partir de seu lugar de intelectual público engajado, como do MNU, desde seu papel de movimento social, era a denúncia de que, a depender de quem eram os sujeitos atingidos pela violência do Estado, ela era objeto de maior ou menor repúdio do conjunto da sociedade.

Mas pelo menos duas diferenças chamam a atenção na comparação entre a atuação da Comissão Teotônio Vilela e do Movimento Negro Unificado. A primeira é o lugar que a raça e o racismo ocupavam nas denúncias. Embora a questão apareça em alguns textos de Pinheiro ou da CTV, ela não é incorporada como elemento central do argumento, ao contrário de toda a reflexão promovida pelo MNU.

A segunda tem a ver com o lugar ocupado pela ditadura militar na longa história de violência de Estado no país. Se o MNU destacava o período escravista como origem histórica fundamental das violações, para a CTV era a experiência do regime iniciado com o golpe de 1964 que ganhava maior destaque.

Para a Comissão Teotônio Vilela e para Paulo Sérgio Pinheiro, portanto, uma questão fundamental se colocava. O regime ditatorial iniciado em 1964 teria trazido especificidades na forma pela qual as forças de segurança promoviam a violência contra as classes populares? A resposta que aparecia nas reflexões de Pinheiro era afirmativa, sobretudo a partir de dois elementos: a militarização produzida pela ditadura sobre as polícias e a questão da impunidade.

Era na articulação entre uma história de longo prazo e as mudanças ocorridas no curso das décadas de 1960 e 1970 que a CTV e Pinheiro encontrariam suas explicações para a violência. "No Brasil", disse o cientista político em um dos textos, "a tortura e a morte de cidadãos das classes populares jamais emocionaram a consciência cívica."

"Ainda que essa tolerância não tenha surgido com o regime autoritário, a militarização das funções da polícia agravou intensamente a violência e sua impunidade, disparando a níveis escandalosos os cadáveres de suspeitos, criminosos, condenados, menores e inocentes", concluiu.[54]

Apesar das formulações eminentemente críticas, a comissão deixava transparecer, em alguns momentos, certo grau de otimismo com a conjuntura da redemocratização. Em especial porque, nas eleições gerais de 1982, as oposições conquistaram importantes governos estaduais. Após esse pleito, Pinheiro escreveu:

> E há esperança? Claro. A ditadura e os governos biônicos, unicamente preocupados em instrumentalizar a polícia para seus inte-

resses, descuidaram das funções legítimas de proteção dos cidadãos e de prevenção ao crime que cabem à polícia. O autoritarismo construiu a insegurança da população, abandonando a polícia à dominação dos esquadrões da morte, dos torturadores e dos matadores. Os governos estaduais democraticamente eleitos mostram que algo de diferente pode ser feito.[55]

Seu otimismo se explicava porque, entre os governadores vitoriosos, estavam políticos que empunhavam explicitamente a bandeira dos direitos humanos. E que compartilhavam, em alguma medida, da premissa de que era preciso garantir aos presos comuns os mesmos direitos e a mesma dignidade que a sociedade entendia valer para os presos políticos.

Destacavam-se, nesse cenário, Leonel Brizola, do Partido Democrático Trabalhista (PDT), eleito no Rio de Janeiro, e Franco Montoro, do Partido do Movimento Democrático Brasileiro, que se tornou governador de São Paulo.

AS PROPOSTAS DE BRIZOLA E MONTORO SOBRE OS DIREITOS HUMANOS

Leonel de Moura Brizola governava o Rio Grande do Sul em 1961. Quando os militares tentaram impedir que o então vice-presidente João Goulart tomasse posse após a renúncia do presidente Jânio Quadros, Brizola liderou a resistência em seu estado. Ao levar adiante a chamada "cadeia da legalidade", o chefe do Poder Executivo gaúcho teve papel central para impedir que um golpe se consumasse na ocasião.

No golpe de Estado de 1964, Brizola, cunhado de Jango, foi uma das lideranças políticas que tentou convencer o presidente deposto a resistir, sem sucesso. Sua trajetória o colocou na primeira lista de cassados da ditadura, publicada em 10 de abril de 1964. De imediato, partiu para o exílio no Uruguai, onde ficou até 1977. Em seguida, passou brevemente pelos Estados Unidos e por Portugal, de onde retornou ao Brasil após a publicação da Lei da Anistia, em agosto de 1979.

Brizola foi intensamente monitorado pelos militares ao longo dos anos de exílio. Considerado pelo regime um político radical e perigoso, seu retorno ao Brasil causava preocupação aos dirigentes da ditadura. Poucas figuras foram tão utilizadas pelos militares para acionar o medo do tal "revanchismo".

Durante o exílio e depois de sua volta ao país, o ex-governador gaúcho buscou reconfigurar sua imagem pública. Como descreve a cientista política Cristina Buarque de Hollanda, o perfil com que Brizola se apresentou nas eleições de 1982 combinava duas dimensões. De um lado, o "vínculo explícito e insistente com referências histórias passadas" — ou seja, o retorno ao trabalhismo histórico e a seus grandes nomes, Getúlio e João Goulart. De outro lado, a preocupação com "temas contemporâneos, sintonizados com questões em voga na Europa e nos Estados Unidos".[56]

Assim, ainda nos termos da cientista política, esse "hibridismo conceitual" deu origem a uma leitura específica sobre a questão dos direitos humanos, em que o "alvo do discurso foi explicitamente deslocado para os segmentos menos privilegiados da população".[57] Para exemplificar como se traduzia na prática essa concepção, Cristina Buarque de Hollanda cita o seguinte trecho de uma propaganda eleitoral de Brizola, datada de novembro de 1982: "A favela não pode continuar sendo tratada discriminadamente como uma parcela marginalizada da sociedade. Aos favelados serão assegurados, em sua plenitude, os direitos humanos".[58]

De fato, esse tipo de promessa deu o tom da campanha. Em 24 de agosto, *O Globo* noticiou um encontro de Brizola com o então presidente do Tribunal de Justiça do Rio. "No encontro", dizia a matéria, "Brizola prometeu apoio à instituição no controle de 'muitas ações da polícia, para que sejam sempre de acordo com a lei e com o respeito aos direitos humanos'." E seguia o texto, sintetizando as propostas do candidato:

> Defendeu também a criação de varas junto às comunidades pobres "para evitar a exploração dos mais humildes", a designação de um juiz itinerante para acompanhar os conflitos que envolvam trabalhadores e a descentralização do sistema penitenciário, com a transformação das prisões em unidades de produção de materiais destinados à construção de moradias nas favelas e comuni-

dades pobres, além de uma ação cultural e educativa junto aos presos, feita com a participação da comunidade.[59]

Assegurar os direitos dos "favelados" e obrigar a polícia a atuar com respeito aos direitos humanos. Propostas que tinham um horizonte comum com esses vários outros atores sociais que, naquele início dos anos 1980, acreditavam ser possível expandir os limites da redemocratização e garantir direitos e cidadania a parcelas mais amplas da sociedade.

Eram ideias que levantavam resistências, mas que ainda podiam ser anunciadas sem representar um prejuízo eleitoral incontornável ao candidato. Pelo contrário: mesmo falando explicitamente em limitar a atuação das polícias — e, em certa medida, exatamente por causa dessas propostas —, Brizola foi eleito. Ao assumir o governo do estado do Rio de Janeiro em 1983, passou a implementar políticas, na área de segurança pública, baseadas nessa concepção.

Durante a ditadura militar, havia ocorrido uma subordinação das polícias militares ao Exército. Isso se deu por meio de alterações legislativas que, inspiradas pela Doutrina de Segurança Nacional, criaram uma arquitetura institucional rigidamente hierarquizada e profundamente militarizada.[60] Uma das legislações mais importantes para isso foi o decreto-lei 667/69, que determinava que os comandantes das polícias militares nos estados deveriam ser oficiais do Exército nomeados com autorização do ministro do Exército.

Diante dessa obrigatoriedade, uma das primeiras ações de Brizola foi a extinção da Secretaria de Segurança, dando às polícias civil e militar o status de secretarias autônomas. Com isso, o governador driblava o decreto e se tornava apto a nomear, sem se subordinar às decisões do Exército, os comandantes das suas polícias. Como ressalta Cristina Buarque de Hollanda, isso inaugurou, no Rio de Janeiro, "a prática de orientação da força pública pelo poder político civil".[61]

No início do governo, Vivaldo Barbosa, que seria nomeado secretário de Justiça e Interior, deu o tom do que seria essa orientação. "Nós trataremos os presos como gente, respeitaremos seus direitos humanos", afirmou Barbosa no dia em que tomou posse no primeiro escalão de Brizola. "A administração pública não pode aplicar qualquer pena adicional: não pode bater, não pode torturar, não pode deixar sem comer, não pode deixar sem dormir, nem sem vestir",[62] concluiu.

Para a Secretaria da Polícia Militar, Brizola nomeou um homem negro, da carreira da PM, não pertencente às fileiras do Exército, o coronel Nazareth Cerqueira. Entre suas primeiras medidas, Cerqueira anunciou um "plano para mudar a mentalidade dos soldados e oficiais da corporação", baseado na contratação de um psicólogo para "orientar as mudanças no comportamento dos efetivos da PM".[63] A proposta foi anunciada em matéria do *O Globo*, que seguia afirmando:

> A nova filosofia de trabalho da PM, explicou o secretário, será baseada na negação do que chamou de "uma antiga crença transmitida aos soldados: a de que a função da Polícia é matar bandidos". E acrescentou:
> — Vamos colocar na cabeça dos nossos homens a ideia de que a função da corporação é muito mais preventiva do que repressiva. É preciso acabar com a crença de que o marginal deve morrer, de que o bandido deve ser torturado. Esse entendimento não é só do público interno da PM, mas também disseminou junto ao público externo. Queremos questionar isso e provar que a PM pode produzir mais e melhor se cumprir os seus deveres respeitando os direitos humanos, defendendo as instituições e protegendo a sociedade.

Na mesma matéria, já como secretário de Justiça e Interior, Vivaldo Barbosa também deu uma declaração. "Até aqui", disse, "o comportamento da PM era condicionado por padrões inadequados de segurança, que valorizavam a repressão em detrimento da segurança dos indivíduos." E seguiu, enfaticamente: "Os soldados terão que se adaptar à nova filosofia do governo, que se baseia em dois pontos: respeito aos direitos humanos e valorização técnica e profissional dos policiais".

Essa primeira grande mudança — a nomeação de um comandante não vinculado ao Exército, um homem negro — foi o passo que abriu caminho para uma série de novidades que Cristina Buarque de Hollanda destaca em seu trabalho. Mudanças no plano de carreira e na forma de promoção dos policiais militares; estímulo à maior participação dos policiais nos processos decisórios, por meio da criação de grupos de representação; o fim das chamadas "promoções por bravura"; estabelecimento de uma associação voltada para reabilitar policiais acidentados em serviço; alterações nos currículos da formação da Polícia Militar; fomento a convênios e parcerias com universidades e centros de pesquisa.[64]

Essa nova filosofia se traduziu no "Plano Diretor da PMERJ" (1984-7), um documento detidamente analisado pelo historiador Bruno Marques Silva em sua tese de doutorado. O plano estabelecia uma premissa clara de respeito aos direitos humanos em detrimento da perspectiva meramente repressiva, como se nota no seguinte trecho destacado por Silva:

> A mudança de conduta do governo em relação à comunidade deve começar pelo respeito aos direitos humanos em todos os níveis, particularmente no que diz respeito à segurança do cidadão comum. É necessário criar junto à população a consciência do fim da arbitrariedade e da impunidade, no que diz respeito às autoridades estaduais. O cidadão não deve temer a polícia, que será acionada para protegê-lo, e não para reprimi-lo. Não haverá prisões sem flagrante delito e não se entra nas favelas arrombando portas de barracos, mas, ao contrário, a nova administração vem tentando atuar em colaboração com a comunidade. A manutenção da ordem pública se fará através do policiamento preventivo, do diálogo e da ação política, e o governo garante ao cidadão o direito de se manifestar livremente.[65]

Como ressalta o historiador em sua análise do plano, a concepção ali presente era a de enfrentamento à perspectiva militarizada, baseada na retórica da guerra que marcava a atuação das forças policiais até então.[66]

Cerqueira defendia que, muito além da repressão policial, o enfrentamento da questão da violência urbana passava necessariamente pela dimensão da justiça social, de mudanças no imaginário social e na reforma de outras instituições envolvidas no tema. Concepção ousada, que encontraria enorme resistência em parte da imprensa hegemônica, dentro das corporações policiais e em amplos setores da sociedade, sobretudo entre as classes médias.

Para ocupar o centro dessa nova perspectiva política para a segurança pública, Brizola criou um órgão na estrutura do estado: o Conselho de Justiça, Segurança Pública e Direitos Humanos. Com encontros mensais, o colegiado deveria "encaminhar demandas, sugestões, denúncias e reflexões sobre assuntos ligados à segurança pública".[67]

Foi nesse Conselho, vale lembrar, que a princípio foram nomeados indivíduos posteriormente acusados de serem torturadores, no processo que levaria à criação do Grupo Tortura Nunca Mais. Como representante do Corpo de Bombeiros no Conselho foi nomeado de início o coronel Walter Jacarandá. Com a nomeação, sua figura veio a público, e houve a denúncia por parte dos ex-presos políticos.

Com isso, o coronel foi exonerado do Conselho. Ao mesmo tempo, foi instalada uma comissão, no âmbito do órgão, para ouvir testemunhos de torturados no regime ditatorial. O Conselho se tornou, assim, uma das primeiras instâncias oficiais, vinculadas ao Estado, a escutar e registrar depoimentos de tortura de presos políticos. O Serviço Nacional de Informações acompanhou de perto o desenrolar das denúncias contra Jacarandá. Em relatório de maio de 1986, o órgão apontava que dezoito ex-presos políticos haviam sido ouvidos pelo Conselho até setembro de 1985.[68]

O próprio Brizola, porém, pareceu incomodado com a repercussão do caso Jacarandá. Em entrevista à *IstoÉ* ainda em abril de 1985, o governador falou: "O governo do Rio de Janeiro não entende ser conveniente fazer sangrar essas feridas". E completou: "Levantar este assunto, especialmente ao sabor de um clima que pode ser interpretado como revanchismo, não entendo que seja correto".

O uso do discurso do revanchismo, por parte de Brizola, pode surpreender a princípio. Por um lado, certamente havia um cálculo político sobre como fora custoso chegar a um cenário político em que ele não apenas poderia retornar ao Brasil após quinze anos de exílio como também poderia se candidatar, ser eleito e assumir como governador do Rio de Janeiro.

Por outro lado, como nota Cristina Buarque de Hollanda, Brizola buscava muito intensamente "criar a imagem de um governo comprometido com os setores marginalizados da população". Assim, "qualquer demanda não concernente às carências sociais dos segmentos mais pobres da população — fundamentalmente concentradas no setor educacional — não mereceria tratamento prioritário".[69]

Levando em conta esses dois aspectos, talvez seja possível entender a menção de Brizola ao "revanchismo". Mas há, ainda, outro elemento. A manifestação de Brizola era sinal claro de que os universos da violência política e da violência urbana — ou seja, a questão da tortura do regime autoritário, de um lado, e o problema da segurança pública, de outro lado — já estavam profundamente apartados um do outro.

Somente assim Brizola podia acionar a ideia de "revanchismo" para interromper o crescimento de demandas em torno do reconhecimento e reparação das violências do regime ditatorial, ao mesmo tempo que afirmava uma política de direitos humanos para os setores mais marginalizados da população.

André Franco Montoro iniciou sua trajetória política nos anos 1940, na Juventude Universitária Católica e no Partido Democrata Cristão (PDC). A marca da influência católica o acompanharia por toda a carreira. Ainda antes do golpe de 1964, foi eleito para cargos de vereador em São Paulo (1950), deputado estadual (1954), deputado federal (1958 e 1962). Montoro foi, ainda, ministro do Trabalho e da Previdência Social no início do governo de João Goulart, entre 1961 e 1962.

Advogado de posições moderadas e pertencente ao PDC, Montoro não foi cassado nas primeiras listas dos militares. Nem o seria durante toda a ditadura. Com a imposição do bipartidarismo pelo regime, ingressou no Movimento Democrático Brasileiro e passou a compor o partido da oposição consentida. Pelo MDB, elegeu-se deputado federal outras vezes, até que em 1971 virou senador.

Embora tenha exercido sua atividade parlamentar sem ser cassado — muito menos preso ou enviado para o exílio —, Montoro manteve contato com parte das oposições à ditadura. Especialmente com o setor liberal--democrático e com as organizações igualmente ligadas à Igreja católica, tais como a Comissão Justiça e Paz. No quadro da abertura política, Montoro se manteve filiado ao PMDB, partido pelo qual concorreu e venceu as eleições para o governo do estado de São Paulo em 1982.

Montoro não era Brizola. Sua trajetória política e seu posicionamento ideológico situavam o peemedebista em um lugar muito distante do que o pedetista representava. Brizola se apresentava a partir de uma noção de socialismo que congregava o trabalhismo histórico com temáticas renovadas da esquerda europeia. Por sua vez, Montoro se filiava ao que seu próprio secretário de Governo, Luiz Carlos Bresser-Pereira, em um trecho citado pelo antropólogo Adalton Marques, definia como uma linha que "não tem nada de revolucionária", vinculada a um "reformismo humanista que não chega a ser social-democrata, podendo ser talvez considerado como democrata cristão progressista".[70]

Ao mesmo tempo, o PMDB não era o PDT. O Partido do Movimento Democrático Brasileiro carregava e aprofundava a característica marcante da agremiação tolerada no bipartidarismo dos militares: sua enorme heterogeneidade interna. Composto de grupos diversos, com perspectivas ideológicas, interesses e formas de atuação políticas absolutamente divergentes, o MDB se mantivera coeso, durante sua existência, por ser o estreito espaço permitido pelos militares para o exercício da oposição político-partidária.

No PMDB, Montoro representava uma ala mais progressista, alinhando--se aos grupos que no futuro formariam o Partido da Social Democracia Brasileira (PSDB), do qual foi efetivamente um dos fundadores. Seu suplente no mandato de senador, que exercia quando foi eleito governador, foi Fernando Henrique Cardoso.

Nas preparações para a campanha, Franco Montoro reuniu uma série de intelectuais e quadros políticos para a montagem de sua plataforma política. Como nota Adalton Marques, "a questão da segurança pública não figurava como área de atenção prioritária" desse grupo, sendo precedida por temas como descentralização do poder, participação social, geração de empregos, combate à corrupção e aplicação de recursos nas áreas de saúde e educação.[71] Mas o nome forte de Montoro para a segurança pública era significativo: José Carlos Dias, advogado, presidente da Comissão Justiça e Paz e integrante da Comissão Teotônio Vilela.

O grupo coordenado por Dias se dedicaria, então, a formular propostas de governo dando atenção para a questão policial além da questão penitenciária. Daí emergiriam os dois eixos fundamentais do programa — e do futuro governo — de Montoro no campo da segurança pública: reformar as polícias e humanizar os presídios.

A socióloga Samira Bueno aponta que, na proposta de reforma das polícias, eram sugeridos a extinção do Dops, o fortalecimento da corregedoria, a informatização dos processos burocráticos, a melhoria nas condições de trabalho e a racionalização do policiamento preventivo. Havia, ainda, pontos como o fim das práticas de tortura e a mudança na mentalidade da Polícia Militar.[72] Outro debate proposto era a extinção — ou ao menos a modificação profunda — da Rota, tropa de elite da PM paulista.

Por sua vez, a política para os presídios incluía, como mostra a historiadora Eda Maria Góes, as seguintes medidas: aumento no número de vagas, criação de canais oficiais e diretos de comunicação entre os presos e os juízes corregedores, por meio das Comissões de Solidariedade, fim da censura à correspondência dos presos, implementação de assistência jurídica para os detentos, permissão de visitas conjugais.[73]

Em janeiro de 1983, ainda antes da posse, a *Folha de S.Paulo* publicou uma série de reportagens intitulada "A Proposta Montoro em debate — Segurança". A cada dia, eram entrevistadas pessoas ou entidades consideradas especialistas na temática. As matérias evidenciavam o misto de expectativa e desconfiança em torno das ideias do futuro governo.

No dia 23 de janeiro, primeiro da série, a *Folha* trazia uma entrevista com o próprio José Carlos Dias — descrito na matéria como "um dos candidatos mais fortes para o cargo de secretário da Justiça". O início do texto destacava as propostas ousadas da equipe de Montoro.

> A polícia de trânsito não andará mais armada. A Rota — Rondas Ostensivas Tobias de Aguiar — não será desativada, mas passará

por profundas modificações, transformando-se em tropa de elite, que atuará apenas em casos especiais. O Deops vai transformar-se no Departamento de Defesa do Consumidor (Decom). O delegado geral da Polícia não será mais indicado pelo secretário da Segurança Pública — seus colegas, de classe especial, vão elegê-lo. A corrupção e a violência, problemas que se arrastam há anos, serão enfrentados através de uma Corregedoria de Polícia eficaz e independente.[74]

No texto, Dias explicava a lógica geral que deveria guiar as mudanças na atuação policial. "Não basta trocar homens-chave para extirpar a corrupção e a violência policial", dizia ele. "É preciso inverter a ordem das coisas. Hoje, a regra numa investigação é partir do criminoso para se elucidar o crime, usando confissões extorquidas. O ideal é partir da apuração do crime para se chegar à identificação do criminoso."

Ao lado da entrevista com Dias, havia uma matéria em que dois policiais civis, dirigentes da Associação dos Investigadores de Polícia, opinavam sobre os planos de Montoro. A entrevista era repleta de críticas: à Polícia Militar, à forma de seleção dos delegados, ao estado de armas, carros e equipamentos das polícias, e, principalmente, ao salário dos agentes. Os membros da entidade também se defendiam das críticas.[75]

"Para a Associação", dizia a matéria, "tortura, achaque, proteção a traficantes, suborno e tudo aquilo que denigre a imagem do policial, 'são feitos por uma minoria da classe, que acaba atingindo a todos nós'." No entanto, a conclusão do texto trazia um importante detalhe percebido pelos repórteres: "Mas ainda está lá, bem visível no meio da parede, a insígnia 'Scuderie Le Cocq — EM', rodeando o crânio e duas tíbias cruzadas. Triste símbolo do Esquadrão da Morte".

No dia seguinte, 24 de janeiro, a *Folha* trouxe três entrevistas: com o coronel da PM eleito deputado federal pelo PTB Sidney Palácios, com o diretor do Sistema Nacional de Defesa do Consumidor (Procon) e com Margarida Genevois e Maria Victoria Benevides, integrantes da Comissão Justiça e Paz.

A entrevista com Genevois e Benevides mostrava que a organização nutria expectativas de "mudanças radicais na filosofia de trabalho na área da Segurança Pública", cujo resultado deveria ser a "eliminação de preconceito de classe". "Os pobres, os negros, os carentes em geral, não podem mais ser perseguidos", insistia Benevides na matéria. "E a reforma do sistema penitenciário (embora isso implique também na ação da Justiça) não pode ser mais adiada", complementava.[76]

No dia 25, outras três vozes que carregavam esperanças com a vitória de Montoro foram entrevistadas. O padre Agostinho Duarte, representante da Comissão Arquidiocesana dos Direitos Humanos, o presidente da seção paulista da OAB, Márcio Thomaz Bastos, e Paulo Sérgio Pinheiro, apresentado como cientista político e professor da Unicamp.

"Sou um homem que tomou o partido da marginalidade, onde não há meio-termo", afirmava de forma cabal Agostinho Duarte em sua entrevista. "Portanto, não sei como a polícia deve agir no próximo governo, mas estou bem à vontade para indicar o que ela não pode mais continuar fazendo", assegurava, apontando como prioridade fundamental o fim das torturas. "Em todos os distritos policiais, inclusive no interior, continuam funcionando o pau de arara e a maquininha de aplicar choques. Não acredito que se possa dar segurança à população com uma polícia agindo dessa maneira."[77]

Thomaz Bastos, por sua vez, defendeu que fossem tiradas as armas da polícia. "Ele acredita que a única maneira para acabar com a crescente onda de violência é uma polícia treinada para prevenir, e não para matar, nos moldes da polícia londrina, que anda desarmada", dizia a matéria.[78]

Atribuindo à violência policial a responsabilidade pela multiplicação da criminalidade violenta, o advogado apontava o grande desafio do futuro secretário de Segurança Pública: "Ele vai ter de eliminar os vícios de violência adquiridos pela nossa polícia nos últimos anos e mostrar que a função policial restringe-se à prevenção. Uma polícia que não saísse às ruas para matar, mas para prevenir, diminuiria a violência ilícita e a marginal", concluiu Bastos.

Paulo Sérgio Pinheiro, por sua vez, assumiu um tom "realista", apontando as dificuldades políticas que Montoro enfrentaria para pôr em prática seu programa. Mas não deixou de dar sua opinião sobre o que deveria ser feito. Segundo a matéria, o professor "acha que a polícia mata porque na instituição 'o direito de matar é reconhecido'. À medida que tal conceito desapareça e se passe a utilizar outras técnicas de dissuasão, seria possível reduzir o número de assassínios".[79]

A matéria também destacou as reflexões de Pinheiro sobre a tortura:

> O único caminho para acabar com a violência contra presos — entende ele — seria "o governo, a partir de seu primeiro dia de mandato, responsabilizar e punir os torturadores publicamente". Considera possível a administração civil de um governo eliminar a tortura, "pois até mesmo organismos paralelos de repressão foram constrangidos a abandoná-la nestes últimos anos".

A última reportagem da série "A Proposta Montoro em debate — Segurança" foi publicada em 26 de janeiro. Na ocasião, foram entrevistados policiais militares não identificados, o presidente da Associação dos Delegados e os juristas Hélio Bicudo e Eduardo Muylaert.

A entrevista com os PMs começava com a informação de que o comando da Polícia Militar não queria falar publicamente sobre "os vários aspectos da Segurança Pública em geral e o trabalho da corporação". Segundo a matéria, a resposta objetiva da assessoria do então comandante-geral da PM, general Arnaldo Braga, foi: "o general acha melhor não dizer nada agora". Os jornalistas ouviram, então, "soldados e cabos", em conversas isoladas.

As críticas eram direcionadas a dois aspectos principais: os baixos salários e o excesso de punições. Segundo os entrevistados, essa situação de estresse e tensão contínuos era a explicação para a violência, para a corrupção e para o "alto nível de agressividade dos PMs contra os civis".[80]

Hélio Bicudo reforçou a necessidade de controlar a atuação da PM. "A PM não está preparada para fazer policiamento preventivo porque sabe apenas usar de violência. E a impunidade dos excessos cometidos por seus integrantes está aumentando ainda mais o nível de arbitrariedade e violência da corporação", dizia o texto com sua entrevista. "Quanto mais incentivarem a PM a fazer policiamento ostensivo, maior será o estímulo para sua agressividade."[81]

Eduardo Muylaert, outro jurista, conselheiro da OAB-SP e assessor de Montoro — apresentado na matéria como "um dos candidatos ao cargo de secretário da Justiça" —, fechou a série de entrevistas defendendo o projeto do governador eleito. "Para o advogado", afirmava a reportagem, "o respeito aos direitos humanos não é incompatível com o trabalho policial eficaz, 'desde que as ações violentas sejam desestimuladas e rigorosamente controladas, como prevê a proposta do próximo governo'."[82]

Sintetizando a visão que se buscaria colocar em prática, Muylaert defendeu que era necessário "mostrar que os órgãos de segurança estão a serviço da comunidade. Além disso, é preciso mudar a ideia de certos segmentos da sociedade de que a repressão policial violenta é um mal necessário".

A série da *Folha de S.Paulo* mostra como um amplo conjunto de atores sociais estava alinhado com as propostas de Montoro de reformar as polícias e humanizar os presídios. É verdade que ali também já apareciam desconfianças e descréditos sobre algumas das ideias defendidas pelo peemedebista na campanha, os quais apenas cresceriam durante o mandato propriamente dito.

Uma vez eleito, Montoro começou a executar seus projetos. Para a Secretaria de Justiça, responsável pela questão carcerária, nomeou o próprio José Carlos Dias, que permaneceu na pasta até 1986.

Segundo a *Folha de S.Paulo*, no dia da cerimônia de transmissão de cargo, o secretário que antecedeu Dias, Manoel Gonçalves Ferreira Filho, "disse não acreditar nas propostas do novo governo paulista e ironizou os planos do secretário empossado". Apesar do constrangimento, Dias não se abateu e, em seu discurso, reafirmou os pontos básicos que defenderia em sua gestão. Entre eles, "a luta pelos direitos humanos" e "pela humanização do sistema carcerário".[83]

A ironia do antigo secretário ajuda a iluminar o argumento de Adalton Marques, de que as ações propostas pelo plano de governo de Montoro eram "nada desprezíveis" quando consideramos o "lugar moral" que se reservava às prisões naquele momento. Mas, como nota o estudioso, "além de sua excepcionalidade, essas ações foram marcadas pelo curto período de efetiva existência, interrompido com a demissão de Dias em junho de 1986".[84]

Se a experiência da "humanização dos presídios" foi tão excepcional quanto curta, algo semelhante se pode dizer das propostas sobre a segurança pública. "No caso da reforma da polícia", segue apontando o antropólogo, "a brevidade foi ainda mais marcante, já que o governo sustentou as transformações empreendidas pela chamada 'nova polícia' somente durante oito meses, os mesmos em que Manoel Pedro Pimentel ficou à frente da Secretaria de Segurança Pública."[85]

De fato, Pimentel ficou apenas seis meses no cargo, sendo então substituído por Miguel Reale Júnior, cujo mandato foi ainda menor: em cinco meses, foi exonerado e, em seu lugar, entrou Michel Temer. Temer sairia do cargo em 1986, para ser substituído por Eduardo Muylaert.

Não propus, nestas últimas páginas do capítulo, uma análise pormenorizada das campanhas ou dos governos de Leonel Brizola, no Rio de Janeiro, e de Franco Montoro, em São Paulo. Mais restrito, o objetivo foi chamar a atenção para a existência de propostas governamentais que incorporavam, de formas distintas, discursos sobre a necessidade de ampliação dos direitos humanos. Eram perspectivas segundo as quais as garantias da cidadania, que começavam a ser asseguradas para os opositores políticos do regime ditatorial desde a anistia, deveriam ser também estendidas para outros setores da sociedade, especialmente nas prisões e nas favelas e periferias urbanas.

Mas os planos de Brizola e Montoro sofreriam resistências e oposições de várias ordens, sobretudo dos setores da sociedade que entendiam que o caminho não era a expansão dos direitos humanos — mas o contrário.

10. BANDIDO BOM É BANDIDO MORTO

EM 12 DE MAIO DE 1985, os integrantes da Comissão Teotônio Vilela encontraram-se com José Sarney, recém-empossado como primeiro civil na Presidência da República após 21 anos de ditadura militar. A descrição do encontro feita pela CTV era carregada de otimismo. O texto da Comissão dizia:

> Fotografados ao lado do eminente maranhense conversamos sobre a violência urbana e a geral, e saímos certos de que nossa experiência de campo, de corpo, de mente e de emoção, adquirida nos cinzentos anos de ditadura, serviria ao menos para, naquela conversão, transmitirmos a esperança de motivar o governo e a sociedade para a necessária transformação em defesa dos direitos humanos.[1]

Aquele era um momento particularmente notável da longa abertura política, iniciada ainda em meados da década de 1970. Os governos estaduais eleitos pelo voto direto em 1982 já estavam trabalhando havia dois anos. Entre eles, alguns — como os de Brizola e Montoro — tentavam colocar em prática políticas de segurança pública baseadas na perspectiva de ampliação da garantia dos direitos humanos.

Agora, chegava ao governo federal também um civil. Figura próxima do regime, mas eleita em um processo liderado por Tancredo Neves, representante de uma oposição liberal e moderada. Assim, a despeito da trajetória de Sarney, havia certa expectativa de mudança e algum otimismo.

No entanto, no mesmo texto, os integrantes da Comissão Teotônio Vilela mostravam conviver com resistências profundas à sua atuação:

> Por efeito da propaganda contínua desenvolvida por grupos e pessoas obscurantistas, de timbre vulgarmente demagógico, a opinião pública já incorporou a ideia segundo a qual nós, da Comissão Teotônio Vilela, defendemos "os bandidos" e que nossas propostas são contrárias aos "direitos humanos das vítimas", uma figura abstrusa criada pela retórica reacionária, e contra a própria sociedade.[2]

Defensores de bandidos, que não se importavam com os direitos humanos das vítimas. A acusação que se voltava contra a CTV era a mesma utilizada contra outras organizações e defensores de direitos humanos, inclusive contra as políticas adotadas por Brizola e Montoro.

No centro dessa crítica, uma disputa pela concepção de quem eram as vítimas. Como já dito aqui, grande parte dos esforços dos movimentos sociais que lutaram por direitos humanos desde os anos 1970 se voltou para afirmar que os opositores políticos atingidos pela ditadura eram vítimas de uma violência ilegítima. Para afastar a possibilidade de que eles fossem enquadrados como terroristas, subversivos e bandidos, os movimentos buscaram legitimar a sua condição de vítimas, ao mesmo tempo que abandonavam aos poucos sua autodesignação como revolucionários, combatentes ou heróis.

Nas disputas em torno da anistia, especialmente após a lei de 1979, esses movimentos conseguiram, em alguma medida, afirmar essa imagem. Os militantes que estavam no exílio ou na prisão foram aos poucos reabilitados no mundo da política, apesar dos grandes esforços dos militares e de parte das elites políticas civis para se contrapor a esse processo.

Mas aqui o que estava em jogo não era a imagem das vítimas da violência política, mas a questão sobre quem eram as vítimas da violência urbana. E a disputa em torno dessa categoria caminharia em outra direção.

Em um de seus relatórios, a CTV apresentava uma reflexão sistematizada sobre o tema. O trecho começava com um relato feito por um preso à

Comissão: "Nós somos todos amigos de infância, porque a gente que está aqui ou que está em todas as outras prisões começou [sic] no Juizado de Menores". E o texto seguia:

> Com esta afirmação dilacerante, um presidiário relatou à Comissão Teotônio Vilela o caminho que conduz um indivíduo pelo interior das instituições que fabricam os criminosos: a criança, abandonada e carente, circulando pelas ruas para obter os meios de sobrevivência, conduzida ao Juizado, sofrendo sevícias, "prestando serviços" (furtos) aos guardiães, treinada para agir em grupos e quadrilhas sob a proteção daqueles a quem passa a servir no interior da instituição que a recebeu. Raras vezes tem a chance da educação formal e profissional. Quase nunca recebe assistência afetiva, psicológica ou social. Na maioria das vezes recebe apurado aprendizado para encarar o restante da sociedade como presa fácil de suas "habilidades", pelas quais os encarregados das instituições as recompensam. Assim, à pergunta: "e os direitos das vítimas?", é preciso acrescentar mais uma: quem são as primeiras vítimas? E responder: as crianças do Juizado de Menores, da Febem, dos lixões.[3]

Naquele momento de radical abertura para o futuro, a Comissão Teotônio Vilela tentava afirmar uma noção de que as "primeiras vítimas" da violência urbana eram aqueles que apareciam como os autores dessa violência para parte cada vez mais significativa da sociedade.

RIO DE JANEIRO

"O novo governo que ora se instala no estado do Rio está cheio de boas intenções." Com essas palavras, um homem chamado Honorato Sarttori iniciava o texto publicado na seção "Cartas dos Leitores", do jornal *O Globo*, em 13 de junho de 1983.[4] Brizola havia tomado posse cerca de três meses antes e vinha tentando aplicar seu plano de governo, com foco na expansão dos direitos humanos. Era esse o tema da correspondência.

> Vasculham-se os presídios, sob o rótulo do respeito aos direitos humanos. Execra-se a violência contra os presos. Muito bem, louvável isso. Mas, e o reverso da medalha? O que dizer das centenas de policiais que anualmente morrem no cumprimento do dever e dos quais se esquece tão rapidamente? E a família desses policiais [...]? Não estão sofrendo pelo ato criminoso daqueles que, hoje presos e pagando pelos seus crimes, são considerados "vítimas"? A título de respeito aos direitos humanos enaltece-se hoje a figura do encarcerado, sem se preocupar pensar um pouco sobre o que se esconde por trás de cada um daqueles que hoje cumprem penas nas prisões. Verdadeiras feras que, quando soltos, matavam, estupravam, cometiam violências, hoje em dia são tidas como vítimas da sociedade...

O texto dava o tom do tipo de resistência que a política de Brizola enfrentaria. E essa mesma seção do jornal *O Globo* seria um espaço fértil para a multiplicação dessas críticas. Ao longo dos dias que se seguiram à publicação da carta de Honorato, outros textos semelhantes foram selecionados pelos editores para figurar no espaço.

No dia 15 de junho, o leitor Jorge de Souza defenderia a pena de morte, acionando argumentos semelhantes aos de Honorato.[5] "Fala-se muito em direitos humanos desses assassinos e estupradores", dizia Jorge. "E os direitos humanos de suas vítimas?" E então, asseverava: "Para eles, só há uma medida: excluí-los da sociedade, através da pena de morte". A proposta era até mais detalhada. Jorge de Souza sugeria que o Congresso convocasse um plebiscito sobre o tema, "sem tomar conhecimento de apelos da Igreja católica". E então, deveria "reunir uns dez desses indivíduos no Maracanã e convidar o povo para assistir a seu fuzilamento".

Mais dois dias, e o leitor Roberto Porto teve sua carta publicada sobre o mesmo tema.[6] "Nos países onde florescem governos ditos fortes e ditaduras, observa-se que a criminalidade não atinge os fantásticos patamares da bestial brutalidade verificada nos países que se embalam suavemente ao cântico dos 'direitos humanos'", dizia Roberto, com certo saudosismo de tempos encerrados havia pouco no país. Continuava ele, então:

> Os que se declaram contrários à pena máxima — não fazem discursos e não se preocupam oficial ou oficiosamente, com a estarrecedora perversidade do criminoso habitual. A revolta é sempre contra os "métodos brutais da Polícia", contra os maus-tratos nas penitenciárias ou contra tiroteios em que os policiais se vêm [sic] forçados a participar da perseguição aos delinquentes. O massacre da população ordeira, de famílias, trabalhadores, jovens estudantes, esse nunca mereceu a atenção dos nossos legisladores ou da OAB.

Depois dessa sequência, uma nova carta sobre o tema seria publicada um mês depois.[7] "Hoje em dia", dizia o leitor João Nascimento, "o marginal é amparado pelos famigerados 'direitos humanos', enquanto o cidadão honesto que trabalha para sustentar a nação só tem direito a pagar impostos para sustentar as mordomias e a demagogia do governo. Apoiado nesse governo, vamos dar um viva à marginalidade, ao estupro e ao crime de morte."

E o autor do texto apontava o que faria se tivesse autoridade: "Tivesse eu carta branca para agir, a coisa mudaria. Os cemitérios do Rio, em uma semana, ficariam lotados somente com os 'bons moços' que hoje o governo ampara".

As cartas mostram uma série de argumentos e lugares-comuns que seriam exaustivamente repetidos pelos que se contrapunham à política governamental de Brizola. A dicotomia entre a "proteção aos marginais" e o suposto desamparo do "cidadão honesto", a desqualificação da ideia de que os criminosos poderiam ser "vítimas" de qualquer coisa, a ideia de que esses criminosos eram "enaltecidos" ou "amparados", a defesa de soluções como a legalização da pena de morte ou o simples extermínio.

Chegando ao final do ano de 1983, o tema migrou da seção de cartas dos leitores para as páginas principais d'*O Globo*. Em novembro, o jornal noticiou o aumento de 40% nos índices de criminalidade no estado.[8] Com isso, entrava em cena uma das grandes disputas que o governo Brizola veria no que se refere à política de Segurança Pública.

Diante das novas orientações políticas do governo estadual, parte das forças de segurança e das corporações policiais passou a adotar aquilo que a cientista política Cristina Buarque de Hollanda caracterizou como "posturas negligentes".[9] Ou, nos termos mais diretos do sociólogo Diogo Lyra, houve um verdadeiro boicote.[10] Esse boicote era justificado explicitamente por um suposto medo, dos policiais, de agir e ser punido — o que apenas confirma que os agentes não concebiam qualquer forma de ação que não fosse pautada na violência.

"Fontes da própria Secretaria de Polícia Judiciária", dizia o texto da matéria, "reconhecem estar havendo um 'certo imobilismo' na Polícia Civil. Grande parte da culpa está sendo jogada na política atual de defesa dos direitos humanos."[11]

A atitude de negligência das polícias levava a uma sensação de imobilismo das forças de segurança, que por sua vez era amplificada pela imprensa e tinha como efeito o crescimento da sensação de insegurança. Esse ciclo se retroalimentava, abrindo espaço para a construção da ideia de que "os direitos humanos" eram diretamente responsáveis pelo aumento da violência, visto que impediriam a polícia de agir.

A publicação da matéria disparou uma nova enxurrada de cartas dos leitores. Entre a publicação da reportagem e o final do ano, foram selecionadas pelo menos mais quatro, atacando os direitos humanos e defendendo a pena de morte. E o ano de 1984 começou da mesma forma.

Em 7 de janeiro, a missiva de Eduardo Carise justificava que a pena de morte não deveria ser discutida pelo critério de diminuir ou não a criminalidade.[12] "Sua aplicação", dizia o leitor, "tem por sentido dar ao criminoso uma penalidade igual ao delito praticado." Eduardo não tinha receio de explicitar de onde vinha sua concepção: "Esta conceituação está capitulada na própria Bíblia e com origens no Código de Hamurabi".

A discussão, segundo o leitor, colocava de lado duas "correntes". A contrária à pena de morte valia-se "dos falsos preconceitos dos direitos humanos", enquanto a pró-pena de morte "extirpa da sociedade um cancro maligno". Afinal, "a eliminação de um latrocida assegura e recrudesce o clima de tranquilidade entre os homens de bem".

Mas é interessante que Eduardo fazia uma ressalva para as hipóteses em que deveria valer a lei do olho por olho, dente por dente: "Na legítima defesa, nos crimes passionais, o procedimento é diferente. Precisam-se [sic] dos antecedentes para avaliações circunstanciais e do estado emocional do réu; aí sim, o Estado deve arbitrar".

Assim, na leitura de Eduardo, um homicídio considerado "crime passional" — que hoje chamaríamos de feminicídio — deveria ser envolto de cuidados e avaliações circunstanciais. Ao contrário dos "latrocidas", que deveriam ser simplesmente eliminados em nome da tranquilidade dos "homens de bem". O texto é didático no sentido de mostrar as clivagens morais que existiam entre aqueles que defendiam a pena de morte e resistiam à política de direitos humanos.

A violência de Estado deveria se voltar apenas para um conjunto muito específico e seleto de sujeitos, vistos como indignos moralmente de participar da sociedade — os quais deveriam ser eliminados tal como "cancros malignos".

Embora isso nunca seja explícito, cartas como as de Eduardo transbordavam preconceito de classe e racismo — além de, nesse caso, alto grau de misoginia.

Às vezes, as cartas eram mais diretas, como a de Ruth da Silva, publicada em 20 de janeiro de 1984.[13] "O que não entendo", dizia a leitora, "é essa preocupação constante com os detentos e seus parentes. Afinal, não foram eles mesmos que se meteram nessa situação? Fala-se em direitos humanos desses cidadãos, mas ninguém se preocupa com as vítimas deles."

Mas, diferentemente de Ruth, muitos leitores gostavam de esbanjar sua sabedoria e detalhar suas propostas. Como o leitor Roberto Porto, que em junho do ano anterior já tivera publicada uma carta em que defendia "governos ditos fortes e ditaduras". Desta vez, em novo texto, publicado em fevereiro, ele acionava um exemplo concreto, e sugeria que o Brasil copiasse a "sabedoria oriental" oriunda da China.[14]

Segundo ele, naquele país, o governo teria adotado a pena de morte "em processo rápido e eliminou do convívio social e do mundo dos vivos elementos nocivos e inúteis ao progresso. Assassinos, e até estupradores, foram enviados para o Hades e os contribuintes não pagaram impostos para sustentá-los — absurdamente! — em uma prisão".

Pouco mais de uma semana depois, nova carta de Roberto Porto era publicada, voltando ao tema da China. Na íntegra, o texto do leitor:

> Na China — informam notícias de jornais — um cidadão, de idade não especificada, após violentar uma jovem, houve por bem arrancar-lhe os olhos com auxílio de um alicate.
>
> Pústulas humanas desse jaez são, naquele país, eliminados após rápido julgamento. Mesmo admitindo que a pena capital fosse legal em nosso país, certamente monstros daquele quilate teriam suas vidas preservadas graças aos piedosos pedidos de nossos magistrados, OAB, e possivelmente, à interferência dos padres. Aqui permitimos que "coisas" lutulentas, como o chinês acima citado, continuem no seio da sociedade, poluindo-a, agredindo-a, conturbando-a, sob a duvidosa égide do respeito aos "direitos humanos".
>
> Práticos e objetivos, os chineses, além de terem estancado o desmesurado crescimento populacional, fizeram de seu país um dos mais ordeiros do planeta.
>
> Essa orientação parece bem mais benéfica do que o alarde vazio e balofo de que respeitamos "direitos humanos" de facínoras perversos.

Nos primeiros meses de 1984, um ano do governo Brizola, uma nova reportagem dava conta do aumento da criminalidade. Nela, um delegado entrevistado reforçava que havia um boicote explícito, por parte dos policiais, em relação às orientações políticas de respeito aos direitos humanos:

> O policial civil, hoje, trabalha apavorado. Já era fiscalizado pelo chefe, pelo juiz e agora é vigiado pelo Conselho dos Direitos Humanos. Se der um tapa num vagabundo, corre o risco de ser punido — queixa-se um delegado com 38 anos de serviço, reconhecendo que, por isso, muitos fazem "corpo mole".[15]

Naquele marco de um ano de governo, o jornal seguiu amplificando essas vozes, até que em junho de 1984 decidiu deixar de terceirizar as críticas para os leitores. No primeiro dia do mês, publicou um editorial intitulado "Contraofensiva urgente". O texto começava com uma pergunta: "Por que a uma situação de criminalidade sistemática não corresponde, sob a atual administração estadual, uma reação de policiamento sistemático?".[16] E dentre as respostas oferecidas, a certa altura, vinha o seguinte posicionamento:

> A bandeira da defesa dos direitos humanos por sua vez tem servido à administração estadual para justificar atitudes de tolerância e paciência em face das piores expressões da marginalidade social. Não há como entender nem aceitar, todavia, uma política de direitos humanos que vise à proteção exclusiva do delinquente. O direito de não ser assaltado e assassinado nas ruas, dentro de casa ou em qualquer lugar do espaço de civilização em que nos movimentamos, constitui um dos direitos humanos por excelência e deve prevalecer sobre aquele reconhecido no inimigo da sociedade.

Com termos um pouco mais rebuscados que os das cartas dos leitores, *O Globo* assumia a posição editorial de ataque e descrédito à política de Brizola.

Poucos dias depois, em nova reportagem, o jornal daria destaque a uma nota do Clube de Oficiais da Polícia Militar e do Corpo de Bombeiros. "Na nota", diz a matéria, "o governo estadual é acusado também de ter solucionado mal o problema de respeito aos direitos humanos, deixando a sensação de que o esforço nesse sentido 'culminou por privilegiar os criminosos, em detrimento da ação policial'."[17]

Mesmo depois de assumir as críticas como sua própria posição, e dar destaque à fala dos policiais igualmente resistentes à orientação do governo, *O Globo* não deixou de publicar cartas sobre o tema. No dia 13 daquele mesmo mês, uma nova correspondência articulava argumentos até então inéditos para explicar por que a política dos direitos humanos não poderia funcionar no Brasil.[18]

"Ao estabelecer uma metodologia baseada em direitos humanos", dizia Carlos de Queiroz Alves no texto, "nossos juristas não se fixaram em certos parâmetros da sociedade brasileira: não levaram em conta a composição étnica e econômico-social do nosso povo, em que um caldeamento ímpar de raças e culturas díspares resultou num conglomerado promíscuo e indefinível, como raça humana."

Utilizando argumentos racistas, que caracterizava a "raça humana" brasileira como "promíscua e indefinível", o leitor buscava afastar a possibilidade de que a "metodologia baseada em direitos humanos" funcionasse no país.

Em julho de 1984, as Organizações Globo — ou seja, o jornal *O Globo*, o Sistema Globo de Rádio e a Rede Globo de Televisão — lançaram uma campanha intitulada "O Rio contra o crime". Composta de uma pesquisa de opinião e de um grande seminário, a iniciativa tinha o objetivo declarado de colher sugestões da população sobre a onda de violência que atingia a cidade. Em editorial com o mesmo título da campanha, o jornal mostrava o núcleo central de sua preocupação:

> As autoridades estaduais de segurança pública tendem por natureza e obrigação de ofício a avaliar o problema da criminalidade segundo parâmetros sociológicos de longo prazo, de caráter reformista, ainda que reivindiquem também melhores condições materiais e operacionais de repressão imediata. A crise do desemprego, a má distribuição de renda, a recessão econômica, o drama do menor abandonado e outras manifestações de desequilíbrio ou injustiça social, tão próprias dos países em desenvolvimento, assumem assim a clássica posição de relevo na explicação do nosso "salve-se quem puder". E é óbvio que as mesmas condições de carência do país criam os demais componentes da situação crítica: os baixos salários dos policiais, a lentidão e os entraves da Justiça, a tragédia do sistema penitenciário, o envolvimento do aparelho repressivo pela criminalidade etc.

Tudo isso faz sentido, mas evidentemente não pode justificar contrapartidas de conformação e inércia, seja no que respeita à responsabilidade do poder público ou aos deveres da comunidade, sobretudo quando esta tem avançado tanto nos rumos da associação, da representação e do participacionismo.[19]

Em outras palavras, o jornal estava interessado em buscar soluções para a questão da criminalidade que passassem ao largo dos "parâmetros sociológicos de longo prazo". Assumindo que sim, aspectos econômicos podiam até ter um papel na explicação da situação da violência urbana, o ponto era que isso não deveria justificar "conformação e inércia". A crítica era destinada ao governo Brizola e à leitura defendida por ele — expressa por exemplo nas posições já vistas do coronel Nazareth Cerqueira —, segundo a qual para combater a criminalidade era necessário enfrentar suas raízes socioeconômicas.

Ao longo das semanas que se seguiram, a cobertura diária d'*O Globo* deu grande destaque à campanha. Banquinhas espalhadas pela cidade recebiam sugestões das pessoas para o problema da criminalidade. Depois de mais de um mês de ampla visibilidade desse processo, foi organizado um seminário.

Aquele foi um momento ímpar. Reuniu do presidente das Organizações Globo, Roberto Marinho, ao governador, Leonel Brizola. Participaram dos painéis, ainda, sociólogos, juristas, representantes de associações de moradores. Marinho discursou na abertura do encontro. "O direito à segurança não contradiz os demais direitos humanos", falou o empresário na ocasião. "Ao contrário, deve assegurá-los igualmente para todos. Na verdade, só o respeito e o exercício dos direitos humanos, por parte de todos, garantem a autêntica segurança."[20]

A fala de Marinho parecia tentar equacionar os dois vetores que disputavam, no debate público, a forma pela qual se deveria combater a violência. Ele não criminalizava ou descartava os direitos humanos, mas enfatizava a importância de "assegurá-los igualmente para todos", em um claro recado que reproduzia a ideia de que o "homem de bem" e o "cidadão honesto" também deveriam ter seus direitos humanos respeitados.

Os resultados da pesquisa também eram reveladores das complexidades do momento vivido. Coordenada pela socióloga e antropóloga Alba Zaluar, a pesquisa obteve 228 327 respostas aos questionários. Eram muitas as mensagens passadas pelos respondentes: 60,2% diziam não confiar na Justiça, e um número ainda maior (64,4%) desconfiava da polícia.[21]

Apesar da desconfiança quase generalizada nas forças policiais, grande parte das sugestões para o problema passava por ampliar o número de agentes de segurança nas ruas ou equipar melhor as corporações. No espaço para as sugestões espontâneas sobre o tema "repressão ao crime", as que mais apareciam eram as seguintes propostas:

> Forças Armadas nas ruas (em 3371 questionários); controle da natalidade (2487); blitz nos ônibus, favelas e grandes centros (1531); acabar com a maioridade de dezoito anos, diminuindo o limite (610); acabar com as favelas (443); acabar com os direitos humanos para criminosos (443); acabar com o "habeas-corpus" (405).[22]

Ao mesmo tempo, havia espaço para sugestões espontâneas para o tópico de "prevenção do crime". Entre elas estavam:

> Maior atenção à educação (em 5180 questionários); maior participação da Igreja (1767); eleições diretas já (1457); maior assistência e vigilância nas favelas (1294); amor ao próximo, mais união entre as pessoas (1288), combater a fome (1065); educação para o menor abandonado (892).[23]

O aparente paradoxo das respostas apenas mostra como conviviam de forma radical a perspectiva que sugeria maior repressão e mais violência estatal, de um lado, e a que defendia o enfrentamento às causas da violência, de outro.

Ao final do encontro, um documento com 43 sugestões foi produzido pelos participantes do seminário. Seu início sintetiza o conteúdo mais geral do texto: "Segurança não é só repressão e não é problema apenas da polícia.

É preciso que a questão da segurança seja discutida e assumida como tarefa e responsabilidade permanente de todos, do Estado e da população".[24]

No segundo parágrafo, o documento chamava a atenção para a questão da democracia: "Adequar a polícia às condições e exigências de uma sociedade democrática, aperfeiçoando a seleção e a formação profissional orientada para a obediência aos preceitos legais de respeito aos direitos humanos, independentemente de sua condição social".

O teor geral das sugestões incorporava a perspectiva de defesa dos direitos humanos e, em algum grau, apontava para a necessidade de enfrentamento das causas socioeconômicas da criminalidade. Evidentemente, era um texto mais progressista do que a posição das Organizações Globo. Não à toa, poucos dias após sua publicação, em um novo editorial, o jornal se posicionaria. O título era "Agora é que começa o trabalho".

"Que ninguém se deixe enganar pelos resultados da pesquisa e do seminário 'O Rio contra o crime'", dizia o editorial. "Queremos providências, já."[25] E continuava: "Concordamos em que as causas da violência urbana e da criminalidade são a violência da crise, a injustiça do modelo econômico concentrador de renda e o exemplo de impunidade para os 'criminosos de colarinho branco' e os delinquentes dourados. Mas queremos providências, já". O texto seguia essa estrutura, fazia concessões sobre as necessidades de enfrentar causas estruturais e de buscar soluções a médio e longo prazo, mas cada parágrafo terminava reforçando: "queremos providências, já".

O jornal deixava claro, assim, que seguiria se posicionando de forma distinta dos especialistas convidados no seminário. Apesar de incorporar, ao menos no discurso, a perspectiva de que havia problemas de fundo que precisavam ser enfrentados ao longo do tempo, a questão era a necessidade de "providências, já". Providências essas que não assumiram outra cara, senão a da amplificação da repressão e da violência estatal.

Ainda assim, o seminário parece ter sido um ponto de inflexão para o próprio *O Globo*. A partir dele, diminuiu a quantidade de cartas publicadas nos termos daquelas que abundaram entre 1983 e a primeira metade de 1984 — ainda que isso não tenha cessado por completo.

O encontro também é uma das marcas de uma inflexão dentro do debate acadêmico sobre a questão da violência e da criminalidade. O sociólogo Francisco Thiago Rocha Vasconcelos mostra como, ao lado de outros eventos do tipo, o seminário esteve no centro de um processo por meio do qual cientistas sociais — sociólogos e antropólogos, principalmente — foram cada vez mais convocados a opinar no debate público sobre esse tema.[26]

Aos poucos, esses intelectuais passaram também a ocupar um espaço central na formulação de propostas políticas para o problema, o que ajudou a conformar um campo de atuação altamente influente nas décadas posteriores, centrado na aliança entre governos, organizações não governamentais e cientistas sociais estudiosos da violência e do crime.

Parte importante do debate sociológico sobre a violência se desdobrou, a partir daí, em torno da relação entre pobreza e criminalidade. Há, hoje, um largo consenso em torno da fragilidade teórica da tentativa de se reduzir o problema da violência urbana a um mero desdobramento automático e mecânico da situação de pobreza. De fato, não é possível sustentar, hoje, explicações tão simplórias.[27] Mesmo porque, nas cidades contemporâneas, o problema da violência está diretamente conectado a fenômenos cada vez mais complexos, como os grandes mercados transnacionais de armas e drogas ilícitas.[28]

O que o pesquisador Adalton Marques mostra, no entanto, é que o desenvolvimento específico dessas críticas levou à conformação do que ele chama de uma "postura teórico-política institucionalista frente ao problema da violência urbana".[29] Isto é, a um conjunto de propostas que assumiriam, como agenda política, a reforma do Estado e das suas instituições voltadas para a segurança pública, deixando de lado a preocupação com as causas estruturais da criminalidade.

Assim, questões como a desigualdade social, o racismo e o próprio capitalismo deixaram de figurar entre os temas a serem discutidos na tentativa de enfrentar o crescimento da criminalidade. A partir de então, o problema fundamental seria o de como construir instituições estatais moldadas à democracia, capazes de produzir segurança pública sem promover formas ilegítimas de violência estatal. Essa percepção teria efeitos, segundo o argumento de Marques, tanto sobre a academia como sobre as agendas políticas dos setores progressistas.

Em novembro de 1986 seriam realizadas novas eleições para os governos estaduais. Em junho daquele ano, um motorista da Polícia Civil do Rio de Janeiro foi morto ao reagir a um assalto, e seu enterro foi transformado em um ato contra Brizola e sua política de segurança. Na ocasião, um delegado chamado José Guilherme Godinho, conhecido como Sivuca, deu declarações incisivas sobre o governador: "Polícia nós sabemos fazer, mas precisamos de um mínimo de auxílio. Polícia se faz com dinheiro, e não com promessas".

"O governador", continuou Sivuca, "ao se eleger, prometeu segurança para esta cidade, e direitos humanos. Mas a ideia de direitos humanos não é a liberalidade para os marginais, é respeito ao ser humano. Nós não somos imbecis, idiotas, ingênuos, até os índios precisam de arco, flecha e tacape para guerrear." Para finalizar, conclamou: "Nós queremos que o governador transfira para a Polícia o carinho que tem pelos marginais".[30]

O Globo registrou a fala do delegado em uma matéria cujo tom buscava dar razão à indignação e ao discurso do policial. Não à toa, o texto se encerrava com nova declaração taxativa de Sivuca: "Nós podemos parar o crime nessa cidade, como já fizemos em 1963. Basta que esse governador não desrespeite o policial e a população desta cidade, como vem fazendo".

A complacência do jornal com o delegado era tanta que, ao registrar que ele era "presidente nacional da Escuderia de Detetives Le Cocq", o jornalista não julgou necessário apontar que esse era um dos grupos de extermínio constituídos ainda durante os anos 1960 e que ganharam força ao longo do regime ditatorial. Aliás, era exatamente ao Esquadrão da Morte que Sivuca se referia ao dizer que, em 1963, o crime na cidade havia "parado". A Scuderie Le Cocq fora criada em 1964, como forma de vingar a morte do inspetor Milton Le Cocq pelo assaltante conhecido como "Cara de Cavalo". Encontrado em Cabo Frio no início de outubro daquele ano, o ladrão foi executado com mais de cem tiros por um grupo de policiais dos quais Sivuca fazia parte.

Se a existência desses grupos de policiais organizados para exercer a violência de forma ilegal e ilegítima remetia a fins dos anos 1950, o fato é que foi no curso da ditadura militar que eles encontraram terreno fértil para se desenvolver e se multiplicar.[31] A militarização promovida pelo regime abriu caminho para o enraizamento de grupos de extermínio e esquadrões da morte. Em julho de 1969 o estado da Guanabara criou o Grupo de Operações Especiais (GOE), uma tropa de elite da Polícia Civil, típica desse processo de militarização que o regime levou adiante. Sivuca estava entre os doze policiais chamados para integrar a força.

Ou seja, a trajetória de Sivuca era emblemática dos caminhos e descaminhos da violência policial antes, durante e depois da ditadura. De fato, o agente que se mostrava indignado no enterro do motorista da Polícia Civil em 1986, cujas falas revoltadas eram registradas pelo *O Globo*, não era um policial qualquer. Sivuca era um dos principais representantes do tipo de concepção militarizada e autoritária sobre o papel da polícia, precisamente a perspectiva que Brizola buscava combater. Era o contraponto ideal à política levada adiante pelo governo estadual, de tentar moldar a atuação da polícia à luz do imperativo do respeito aos direitos humanos.

A morte do motorista da Polícia Civil em junho de 1986 e as declarações de Sivuca na ocasião de seu enterro levaram a uma crise entre o secretário da Polícia Civil de Brizola e os policiais civis que defendiam a atuação violenta. Assim, no início de julho, a Coligação dos Policiais Civis do Rio de Janeiro enviou um telegrama ao ministro da Justiça, Paulo Brossard, solicitando uma intervenção no estado, já que "a Polícia Civil do Rio de Janeiro está sem condições de autodefender-se".[32]

Na mesma edição em que noticiou a crise, *O Globo* trouxe uma matéria sobre uma passeata que percorreu em silêncio um quarteirão da lagoa Rodrigo de Freitas para marcar o assassinato de um estudante, em que se lê:

> O médico Luís Franco, pai do estudante assassinado, disse que discorda da opinião do governador Leonel Brizola, que culpou a política econômica do governo federal pelo aumento da criminalidade:
> — Não é a miséria que faz a criminalidade, é um absurdo

que se diga isso. A grande maioria dos pobres trabalha para sobreviver, e apenas uma minoria vai para o crime.[33]

A fala revela uma explosão daquela tensão em torno das diferentes propostas sobre como explicar e combater a criminalidade — afinal, devem ser atacadas as raízes socioeconômicas ou deve ser aplicada uma repressão mais dura?

No mesmo dia das matérias sobre o telegrama de policiais a Brossard e sobre a passeata antiviolência na lagoa, *O Globo* noticiou: "Criada entidade para defender a pena de morte". No lançamento da nova associação, realizado no plenário do 4º Tribunal do Júri, em um evento comandado por um promotor de Justiça, estava presente ele, o delegado Sivuca.[34] O nome dado à organização não era irrelevante: Associação dos Direitos Humanos das Vítimas e seus Familiares. Estava em jogo, aqui, a disputa radical pelo conceito de "direitos humanos" e pela categoria de "vítima".

Enquanto para as organizações que defendiam os direitos humanos — e para o próprio governo Brizola — era preciso compreender as raízes sociais da violência a fim de combatê-la, na perspectiva da nova associação o fim da criminalidade passava pelo endurecimento penal e pela possibilidade de institucionalizar práticas como a pena de morte.

A defesa de uma atuação policial limitada pelo paradigma dos direitos humanos e de respostas estatais para a violência baseadas na perspectiva de combate às suas causas profundas, notadamente a desigualdade social, não parece ter convencido a população fluminense. Na síntese de Cristina Buarque de Hollanda, "a recuperação do paradigma repressivo" se valeu "do estigma negativo dos direitos humanos como elemento potencializador do crime". Assim, durante a campanha eleitoral para a sucessão de Brizola, essa dimensão foi amplamente utilizada pelos seus adversários como arma crítica. Por fim, o governador não foi reeleito.

Nas eleições municipais subsequentes, Sivuca foi candidato a vereador pelo Partido da Frente Liberal (PFL) e recebeu 6 mil votos, tornando-se o quinto suplente.[35] Assim noticiou *O Globo* um evento da campanha do policial:

> Um corpo a corpo que mais parece ser de um candidato ao cargo de xerife do "Velho Oeste" do que a uma cadeira na Câmara municipal [...]. Entre as credenciais que apresenta aos eleitores, revela ter matado "uns 200 marginais em combate" e ter respondido a mais de 150 sindicâncias policiais.
>
> Orgulhoso, empunhando um cartaz com o slogan "Bandido bom é bandido morto", ele promete que, eleito ou não, manterá o princípio que aplicou em 36 anos de Polícia:
>
> — Matar, se preciso for. Morrer, jamais.[36]

O tom crítico da matéria era muito distante daquele que, dois anos antes, o mesmo jornal adotara ao amplificar as falas de Sivuca. Mas tratar uma candidatura baseada no slogan "bandido bom é bandido morto" apenas na chave da ironia não seria suficiente para interromper a trajetória do delegado. De fato, em 1990 Sivuca foi eleito deputado estadual no RJ pelo PFL, recebendo 28 mil votos. No alvorecer da democracia brasileira, chegava à casa legislativa do Rio de Janeiro o candidato cujo slogan de campanha era "bandido bom é bandido morto".

SÃO PAULO

"A notícia da morte de Daniel Bispo chegou à casa da família pela voz de seu ídolo, o radialista Afanásio Jazadji." É assim que o jornalista Caco Barcellos narra, em seu livro *Rota 66*, como Elza Lúcia Colferai soube da morte do marido, o comerciário Daniel Bispo de Oliveira, em setembro de 1985.

Naquela noite, ele saiu para comprar leite e cigarro em um bar. Segundo depoimentos dos policiais, o local estaria servindo de ponto de encontro, naquele momento, de pessoas que haviam assaltado o comércio de um soldado da Polícia Militar. Para se vingar dos ditos assaltantes, PMs à paisana chegaram ao bar atirando. Logo em seguida, uma viatura da tropa de elite da polícia paulista, a Rota, também apareceu.

Bispo era um entusiasta do trabalho da polícia, sobretudo da própria Rota. Barcellos descreve que, ao ver a viatura, o comerciário saiu do bar e anunciou, com euforia: "A Rota está chegando. É, sim, é a Rota!".[37] De acordo com as testemunhas, como Bispo ficou no local para acompanhar a atuação dos agentes, acabou sendo morto por engano pelos policiais.

A versão apresentada pelos militares, no entanto, foi outra. No depoimento dos agentes, citado por Barcellos, Daniel Bispo teria se refugiado no meio de um mato e efetuado disparos contra os policiais, que, "não tendo outra alternativa para o momento", teriam sido obrigados a "revidar aquela injusta agressão".[38]

E foi essa mesma versão que Afanásio Jazadji, de quem Bispo também era fã, levou para o rádio. "No seu programa matinal, Jazadji apresentou a vítima como um bandido sem identificação, morto depois de ter agredido a tiros os policiais militares no meio de um matagal", narra Barcellos no livro.[39]

"Rota mata o bandidão do Jaraguá... a cidade fica livre de mais um assaltante!... mais um que vai pro inferno",[40] anunciou o radialista em seu programa. A viúva de Bispo, revoltada, chegou a procurar Jazadji para provar a inocência do marido. Mas ele se recusou a recebê-la pessoalmente.

Àquela altura, Afanásio Jazadji era o campeão de audiência da rádio paulista. "Hoje, para 2 milhões de habitantes da Grande São Paulo, segundo números do Ibope, o dia começa com o crime e a violência em todos os seus contornos", descreve uma reportagem da *Folha de S.Paulo* de novembro de 1983.[41] Ao lado de Jazadji, o radialista Gil Gomes também entregava à população conteúdo de teor semelhante. Juntos, eles atingiam essa cifra de 2 milhões de ouvintes. Afanásio, líder inconteste no Ibope, alcançava até 1,4 milhão de pessoas com seus programas, como noticiaria a mesma *Folha* alguns meses depois.[42]

Em 1985, ano em que Daniel Bispo foi assassinado, Jazadji dizia ter uma audiência que chegava ao dobro dessa cifra, que confirma outra matéria da *Folha*:

> "O menor de hoje já não é mais aquele abobado, inocente, do passado", disse o radialista Afanásio Jazadji, 35, que defende diariamente em dois programas de rádio, em São Paulo (com 2,8 milhões de ouvintes, segundo ele), a redução da idade penal e a implantação da pena de morte.[43]

Voltando à reportagem de novembro de 1983, o jornal trazia entrevistas com a socióloga Maria Victoria Benevides, da Comissão Justiça e Paz, e José de Castro Bigi, representante da OAB. Ambos criticavam os programas, afirmando que eram sensacionalistas e incentivavam a violência. Os entrevistados reagiam indignados e defendiam não apenas seus estilos jornalísticos, mas também a atuação da polícia.

Além disso, a matéria citava passagens dos programas do dia anterior, para exemplificar no que consistia o seu conteúdo. "Olha aí, olha aí", dizia Afanásio em um dos trechos citados, "não merecia morrer esse bandido, também? Claro que merecia, tinha que jogar uma bomba na cabeça dele. Ah, crioulo sem-vergonha, macacão. Tinha que ter te explodido também."[44]

A fala extremamente racista e agressiva e altamente crítica a qualquer perspectiva de defesa dos direitos humanos parecia ser parte do cotidiano do programa. Não é fácil localizar e acessar gravações de programas antigos de rádio. Mas aqui e ali é possível encontrar, como no caso acima, transcrições e citações de falas de Afanásio, em jornais da época ou artigos acadêmicos. A antropóloga Teresa Pires Caldeira, por exemplo, em um artigo, recupera outra declaração do radialista, feita em um programa de abril de 1984:

> Tinha que pegar esses presos irrecuperáveis, colocar todos num paredão e queimar com lança-chamas. Ou jogar uma bomba no meio, pum!, acabou o problema. Eles não têm família, eles não têm nada, não têm com que se preocupar, eles só pensam em fazer o mal, e nós vamos nos preocupar com ele? [...] Esses vagabundos, eles nos consomem tudo, milhões e milhões por mês, vamos transformar em hospitais, creches, orfanatos, asilos, dar uma condição digna a quem realmente merece ter essa dignidade. Agora, para esse tipo de gente... gente? Tratar como gente, estamos ofendendo o gênero humano![45]

Como não poderia deixar de ser, Afanásio foi uma das principais vozes a fomentar ataques às políticas de direitos humanos do governo Franco

Montoro. José Carlos Dias, secretário de Justiça responsável por implementar a política de humanização dos presídios, parece ter sido um alvo frequente do jornalista.

Segundo a *Folha de S.Paulo*, em 28 dezembro de 1983, durante um motim na Penitenciária do Estado, Dias chegou a se recusar a ser entrevistado por um repórter do programa do radialista. "Para o Afanásio, não", disse o secretário na ocasião. "Me desculpe, mas depois ele pega a gravação, edita, distorce tudo."[46]

A historiadora Eda Góes, no livro *A recusa das grades*, sobre as rebeliões nos presídios paulistas no início dos anos 1980, afirma que aquele episódio foi uma "revolta forjada pelos guardas penitenciários".[47] Na cobertura que a imprensa fez sobre o caso, aponta a autora, essa dimensão não foi destacada. Pelo contrário: o acontecimento foi um importante ponto de inflexão para o crescimento das críticas às políticas de Montoro. "A própria denominação de rebelião, que supunha uma manifestação violenta dos detentos, trazia embutida a intenção de iniciar o processo de desestabilização da equipe responsável pela implantação da humanização", argumenta Góes.[48]

Segundo a historiadora, a abordagem dominante desses veículos caracterizava "o preso como um ser destituído de racionalidade, portanto desumanizado". O intuito seria "demonstrar a inviabilidade de uma política de humanização".[49] Assim, a partir de 1984, as críticas às tentativas de incorporar a defesa dos direitos humanos na política carcerária se multiplicaram. O quadro se agravou quando, em junho daquele ano, surgiu a denúncia da atuação de um grupo chamado "Organização Criminosa Serpentes Negras" no interior das prisões paulistas.

A questão remetia a uma das primeiras medidas criadas pela política de humanização dos presídios de Montoro: o estabelecimento, no início de 1983, das Comissões de Solidariedade. Esses grupos eram a tentativa de instituir um canal direto de comunicação entre representantes de presos, a Secretaria de Justiça comandada por José Carlos Dias e os juízes corregedores.

"Através das comissões", descrevem os sociólogos Marcos Alvarez, Fernando Salla e Camila Nunes Dias, "os presos encaminhavam as demandas relativas às condições de cumprimento da pena de prisão e as reivindicações em termos do acesso aos direitos e sua garantia."[50] A proposta estava diretamente vinculada à ideia de que também os presos eram sujeitos dignos de terem seus direitos reconhecidos e respeitados. Na verdade, ela ia além, tentando introduzir nos cárceres o espírito democratizante da conjuntura, ao prever a "eleição direta de seus integrantes através do voto secreto, garantido a toda população carcerária".[51]

Pois foi contra as Comissões de Solidariedade que a artilharia dos grupos conservadores se voltou. Segundo a análise dos sociólogos Gustavo Higa e Marcos Alvarez, a oposição à iniciativa se baseava no argumento de que a comissão "corromperia a disciplina nas prisões por meio dos 'privilégios' que concedia, gerando o afrouxamento punitivo, diminuição do controle e a inversão da autoridade".[52] As críticas se intensificaram com o surgimento da questão das "Serpentes Negras".

O tema apareceu pela primeira vez em uma denúncia do juiz corregedor Haroldo Pinto da Luz Sobrinho, de início publicada no *Estado de S. Paulo*. "Segundo o juiz", narram Higa e Alvarez, "existiria uma organização secreta de presos, denominada Serpentes Negras, que havia se infiltrado na comissão de solidariedade e se articulava por meio dessa 'fachada'."[53] Diante disso, a solução que começou a ser defendida pelos setores conservadores, sobretudo no próprio *Estadão*, era a dissolução das comissões.

Como mostram os sociólogos, o secretário de Justiça, José Carlos Dias, disse não ter conhecimento das "Serpentes Negras". Dias afirmou que investigaria a denúncia, "ainda que a considerasse uma sabotagem visando deslegitimar as políticas de humanização".[54] Em entrevista à *Folha de S.Paulo* citada por Higa e Alvarez, Dias sentenciou: "Há muitas pessoas que não concordam, após anos de autoritarismo, com a redemocratização do país".[55]

A partir das declarações do juiz corregedor, duas frentes de investigação sobre as "Serpentes Negras" foram abertas. Uma pelo Conselho do Tribunal Superior de Magistratura e outra pela Assembleia Legislativa do Estado de São Paulo (Alesp), por meio de uma comissão especial de inquérito (CEI). A CEI ouviu detentos, agentes penitenciários e integrantes do governo Montoro. Convocou também o juiz Haroldo Pinto Sobrinho, autor da denúncia inicial — no entanto, ele não apresentou as provas da acusação sob justificativa de que o caráter da investigação era sigiloso.

Gustavo Higa e Marcos Alvarez mostram que os "resultados das duas investigações foram, no entanto, no mínimo nebulosos e não apresentaram um veredicto final".[56] A CEI nem mesmo chegou a entregar um relatório, "sendo extinta após o término do prazo estabelecido".[57] Assim, não é possível nem mesmo ter certeza sobre a existência das "Serpentes Negras" no interior do sistema penitenciário de São Paulo. Todavia, saber se a existência desse grupo, na forma como descrita pelo juiz corregedor, foi real não é o mais importante.

Isso porque os efeitos que a denúncia produziu foram enormes e muito concretos. Como sintetizam Marcos Alvarez, Fernando Salla e Camila Dias, a consequência fundamental foi "esvaziar a primeira experiência brasileira de constituição de uma instância de representação dos presos", as Comissões de Solidariedade. Isso ajudou a deslegitimar essas comissões como "um canal de comunicação entre a população carcerária e os responsáveis pela gestão das políticas prisionais".[58]

Higa e Alvarez descrevem que, após o encerramento das investigações, a "preocupação com as Serpentes foi gradualmente desaparecendo das discussões envolvendo a transição democrática e segurança". No entanto, as Comissões de Solidariedade, que foram o objeto central do ataque conservador quando o tema esteve em alta, tiveram "suas atividades paulatinamente enfraquecidas até sua completa extinção, em 1987".[59]

A aposta inicial nas comissões para desempenhar esse papel de canal de comunicação tinha como objetivo fundamental mitigar a violência. "Contudo", apontam Alvarez, Salla e Dias, "diante do bloqueio ou, pode-se dizer, do boicote a esses novos canais de reivindicações, os presos retomaram os métodos violentos já tradicionais que marcam as rebeliões ou motins."[60]

A denúncia das "Serpentes Negras" e as críticas às Comissões de Solidariedade desempenharam papel central no discurso conservador de combate à Política de Humanização comandada por José Carlos Dias e Franco Montoro, mas os ataques a essa política não se restringiram a esses aspectos. A historiadora Eda Góes mostra outros atores e outros momentos que foram cruciais para que as iniciativas de Dias e Montoro fossem desqualificadas.

Ela destaca o papel dos próprios guardas penitenciários. Em seus termos, "diretores de disciplina, carcereiros e guardas penitenciários se acostumaram a monopolizar a maior parte da rede de micropoderes que perpassam o dia a dia dessas instituições e de seus habitantes".[61] Por isso, as mudanças introduzidas pela nova orientação política de Dias e Montoro faziam com que eles temessem a possibilidade de perder esses poderes.

Um exemplo de como essa categoria se recusou a participar da Política de Humanização é que, para além das Comissões de Solidariedade, estava prevista também a constituição de Comissões de Guardas. "A adesão dos guardas, no entanto", apontam Alvarez e Higa, "foi muito baixa, pois havia resistência em dialogar com os presos."[62]

Na síntese dos estudiosos, o "incômodo" se devia a três grandes elementos. Em primeiro lugar, a "suposta diminuição da autoridade"; em segundo, a "alteração nas relações de poder entre custodiados e custodiadores, que girava em torno de um complexo sistema de compra e venda de barganhas", e, por fim, o fato de que, "aos olhos dos guardas", essas políticas introduziam também "uma espécie de equalização moral entre guarda e preso, intolerável para o primeiro".[63]

Outra categoria destacada por Eda Góes por sua oposição frontal às políticas de Dias e Montoro para os presídios foi a dos juízes. Como um dos eixos das propostas do governo era a criação de canais por meio dos quais os detentos poderiam fazer suas reivindicações, as demandas e os questionamentos direcionados aos magistrados responsáveis pela execução das penas e ao Poder Judiciário como um todo aumentariam. Daí, como nota Góes, "os juízes adotaram então uma atitude corporativa defensiva, partindo para a crítica da Política de Humanização".[64]

A historiadora destaca ainda o papel desempenhado pela imprensa na resistência às novas orientações para a política carcerária. Góes enfatiza que *O Estado de S. Paulo* e o *Jornal da Tarde* se destacaram como espaços de ataque a Montoro e Dias, enquanto a *Folha de S.Paulo* defendeu, ainda que de forma moderada, a Política de Humanização. Ocorre que o espaço que a *Folha* dedicou à questão foi muito menor que os dos concorrentes. Essa disparidade "contribuiu para que a imagem do preso e da vida no presídio, veiculada pela grande imprensa, se revelasse de modo geral unilateral", aponta a pesquisadora.[65]

Para além da questão dos presídios, o segundo eixo da política de direitos humanos do governo de Franco Montoro, a reforma das polícias, também foi alvo de incisivos ataques. Nesse ponto, a lógica das críticas se assemelhava muito com aquilo que se via na administração Brizola, no Rio de Janeiro. Elas partiam da premissa de que o combate ao crime exigia uma polícia violenta. E que uma polícia respeitadora da lei e das garantias individuais seria ineficaz em diminuir os índices de criminalidade.

Essa posição ficou explícita em uma pesquisa realizada pela *Folha de S.Paulo* em setembro de 1983, na marca de seis meses de governo Montoro. "Na opinião de 71,8% da população da Capital", apontava a reportagem de divulgação dos resultados, "a polícia deveria ser mais dura no combate à criminalidade."[66]

A matéria vinha acompanhada de dois textos de opinião. No primeiro deles, Maria Victoria Benevides buscava uma interpretação dos dados que relativizava o desejo popular por mais violência policial: "A pergunta não especifica o que seja polícia 'mais dura'". "'Dureza' não significa necessariamente violência e arbítrio", dizia Benevides em uma crítica metodológica à pesquisa. "Não se pode confundir, por exemplo, a eficiência do policiamento ostensivo, que atemoriza ou prende eficazmente os bandidos, com a polícia que arromba domicílios, sequestra, tortura e mata em tiroteios nunca bem explicados", sentenciava ela.[67]

O segundo texto era assinado por Antônio Erasmo Dias. Coronel do Exército, Dias atuou, no início dos anos 1970, nas operações de captura de Carlos Lamarca no Vale do Ribeira. Entre 1974 e 1979, foi secretário de Segurança Pública de São Paulo. Nessa condição, foi o responsável pela invasão à Pontifícia Universidade Católica de São Paulo (PUC-SP) em 1977, que tentou impedir a refundação da União Nacional dos Estudantes por meio de uma brutal repressão. Era a partir dessa sua trajetória que Erasmo Dias elaborava sua reflexão, iniciada com as seguintes palavras:

A insatisfação da população quanto à polícia, exigindo inclusive uma atuação mais "dura", no que possa ser da responsabilidade do governo Montoro, decorre da tão decantada filosofia alardeada de "direitos humanos", aplicada de modo unilateral mais em proveito de bandidos e marginais. Filosofia que dá prevalência ao marginal dando-lhe o "direito" de andar armado, assaltando, matando e estuprando.[68]

As próprias forças de segurança parecem ter compreendido o que significava esse clamor popular por uma polícia "mais dura". Mais uma vez, tal como ocorreu no Rio de Janeiro, uma das estratégias desenvolvidas pelas polícias foi a do boicote. Pouco mais de um mês depois da realização da pesquisa, a mesma *Folha de S.Paulo* publicou uma matéria sobre a Polícia Civil de São Paulo.

"A Polícia Civil está praticamente parada. Os delegados e investigadores dos 51 distritos da Capital limitaram-se a registrar boletins de ocorrência e 'intimar ladrões' para depor na delegacia", iniciava o texto da reportagem.[69] Em seguida, o jornal elencava as razões da paralisação:

> a nova filosofia de trabalho do governo Montoro, que visa a combater a criminalidade sem desrespeitar os direitos humanos; o extermínio de focos de corrupção dentro da própria polícia; a operação antissaque, que vem mobilizando um elevado número de homens e viaturas, durante doze horas por dia; e a falta de verba para aquisição de viaturas, armas e munições.[70]

No parágrafo seguinte, em tom crítico, a *Folha* reforçava que no centro do problema estava a política de direitos humanos:

> Delegados e investigadores responsabilizam a política de direitos humanos pela paralisação da Polícia Civil. Acostumados com a impunidade do passado, quando usavam a tortura como meio de investigação e a corrupção para até triplicar seus vencimentos, eles estão agora boicotando a cúpula da Polícia Civil, revelando que não acreditam nesses novos métodos.[71]

Ao lado da matéria, reforçando a perspectiva de crítica à paralisação da Polícia, uma outra reportagem, assinada por Ricardo Kotscho, tentava compilar as críticas que o governo Montoro vinha sofrendo:

> Há os que dizem que "com essa história de direitos humanos, não dá para trabalhar". Ou seja, sem poder bater para depois perguntar, partindo do suspeito para chegar no crime — como sempre fez e, não ao contrário, como recomendam as técnicas policiais nos países civilizados — a Polícia está na base do "é melhor deixar como está para ver como é que fica".[72]

Cerca de uma semana depois, Montoro acusava o golpe e declarava "guerra permanente ao crime". Em 31 de outubro de 1983, o governador convocou a imprensa para fazer uma declaração sobre "a escalada da violência e da criminalidade", na qual anunciava mais verbas para a área de segurança pública e a montagem de um "esquema especial" de policiamento, que incluía o uso de helicópteros. "O primeiro direito humano", dizia Montoro na conclusão de sua fala, "é a segurança de cada cidadão."[73]

O pronunciamento sintetiza uma das dimensões notadas pelo antropólogo Adalton Marques sobre o governo Montoro. Em vez de pensar aquele contexto como uma derrota das propostas de expansão dos direitos humanos, o pesquisador mostra como essa experiência abriu caminho para um desenvolvimento específico das políticas de segurança pública, que se expressou no aprofundamento de políticas de controle social e punição, mas à luz das "melhores razões democráticas e humanistas".[74]

Marques enfatiza três pontos para explicar seu argumento. Um deles é "o aumento expressivo dos investimentos destinados ao sistema penal".[75] Outro exemplo foi o apoio do governo à proposta de prisão temporária presente em uma reforma legislativa em curso naquele momento. O terceiro, a chamada Operação Polo, deflagrada quando Michel Temer estava à frente da secretaria de Segurança Pública, e que, nos termos do antropólogo, "não foi outra coisa senão o protótipo das ocupações policiais, sem aviso prévio e por tempo indeterminado, de regiões *sensíveis* da cidade" [grifo do autor].[76]

A questão remete, de certa forma, ao que ocorreu no Rio de Janeiro, a partir do seminário "O Rio contra o crime". A ocasião foi propícia para o desenvolvimento de propostas de solução do problema da violência urbana e da criminalidade que partiam da premissa de que, no contexto da democratização do país, era possível também, de alguma maneira, democratizar as forças de segurança. Como se o problema da violência policial e das contínuas violações aos direitos humanos por parte de agentes estatais fosse uma questão de adequação paulatina desses órgãos ao estado de direito.

Voltando ao tema da Política de Humanização dos Presídios, a historiadora Eda Góes sintetiza a questão da seguinte forma: "O caráter necessário, mas modesto das medidas propostas pela humanização dos presídios indica que nunca se chegou a questionar as funções punitivas do sistema penitenciário". O que o governo Montoro teria feito, em sua visão, foi apenas procurar executar essas funções punitivas "através de métodos mais especializados e, portanto, menos violentos".[77]

A aposta nessa nova perspectiva parecia ser uma tentativa de fazer frente à enxurrada de ataques às políticas de expansão dos direitos humanos. Diante de vastos setores sociais que diziam que os direitos humanos eram "privilégio de bandido" ou que deveriam valer apenas para os "cidadãos de bem", a opção foi a de tentar equacionar essas críticas, apontando que as políticas de direitos humanos não significavam falta de firmeza na atuação policial e na punição.

Em ambos os casos, do Rio de Janeiro e de São Paulo — e é para esse ponto que Adalton Marques chama a atenção —, a opção pela via da adequação das polícias à democracia passava pelo abandono das discussões sobre as causas e as razões da criminalidade. As reflexões acumuladas por diversos setores — do Movimento Negro Unificado à Comissão Teotônio Vilela — ficavam de lado, em nome de novas propostas de solução para o problema da violência urbana e da violência policial que eram fundamentalmente de ordem técnica e institucional.

Em uma perspicaz definição, Eda Góes nomeou as mudanças ocorridas ao longo dessa primeira metade dos anos 1980, no interior do governo Montoro, como um duplo processo de "descriminalização da política" e de "despolitização da criminalidade".[78] Ou seja, de um lado, no quadro da abertura política pós-Lei da Anistia, o país caminhava para uma normalização do jogo político-partidário e institucional. De outro, com o crescimento dos debates sobre a questão da "violência urbana", houve um paulatino abandono das perspectivas que buscavam olhar para o problema da criminalidade urbana tentando ver sua dimensão política.

Em seu lugar, a democracia, que começava a assentar suas bases, conviveria no máximo com duas propostas de solução para o problema da violência: ora o aprimoramento técnico/institucional, ora o recrudescimento da repressão estatal.

Acontece que as tentativas — política e discursiva — de adequar as polícias a uma mentalidade democrática não foram muito mais convincentes do que as propostas que partiam da premissa de que era necessário combater as causas da criminalidade. Nem serviram para atenuar as críticas ao governo Montoro. A antropóloga Teresa Caldeira cita uma passagem emblemática, de um manifesto assinado pela Associação dos Delegados de Polícia do Estado de São Paulo publicado em outubro de 1985:

> Os tempos atuais são de intranquilidade para você e de total garantia para os que matam, roubam, estupram. A sua família é destroçada e o seu patrimônio, conseguido à custa de muito sacrifício, é tranquilamente subtraído. E por que isto acontece? A resposta você sabe. Acreditando em promessas, escolhemos o governador errado, o partido errado, o PMDB. Quantos crimes ocorreram em seu bairro e quantos criminosos foram por eles responsabilizados? Esta resposta você também sabe. Eles, os bandidos, são protegidos pelos tais "direitos humanos", coisa que o governo acha que você, cidadão honesto e trabalhador, não merece.[79]

De fato, as eleições de 1986 em São Paulo mostrariam que o que estava em alta, de fato, era a política do "bandido bom é bandido morto". O tema da segurança pública dominou o debate. Nele, dois dos candidatos mais fortes eram Afanásio Jazadji e Erasmo Dias, ambos pelo PDS. Numa reportagem sobre o lançamento da candidatura de Jazadji, a *Folha* repercutiu suas declarações. "Maluf é o único que tem um programa definido de combate à criminalidade", disse o radialista na ocasião.[80] "Chega de tapeação e de balela. Com Maluf, lugar de ladrão será na cadeia e os direitos humanos serão para nós, trabalhadores", sentenciou.

Erasmo Dias era ainda mais incisivo em suas declarações de campanha. Em um evento público, o militar defendeu a criação de campos de concentração em São Paulo. "Erasmo explicou que não seriam 'campos de concentração' do tipo nazista", reportou a *Folha de S.Paulo*, "mas semelhantes aos campos de prisioneiros dos Aliados na Segunda Guerra Mundial."[81]

As declarações geraram uma repercussão muito negativa. Publicamente, até Maluf se esquivou e disse que a ideia era do coronel.[82] No entanto, se entre os candidatos e políticos a fala do militar foi amplamente refutada, isso não necessariamente implicou grande prejuízo eleitoral. No final das contas, Dias teve quase 52 mil votos, elegendo-se deputado estadual. Sua votação não chegou nem perto, no entanto, do campeão de votos naquele pleito: Afanásio Jazadji, com quase 560 mil votos.

No caso da eleição para o governo, diferentemente do Rio de Janeiro, em São Paulo o partido de Montoro conseguiu fazer seu sucessor. Contudo, o nome da vez foi Orestes Quércia, que ocupava o cargo de vice-governador, mas que representava a ala mais conservadora e de direita do PMDB. Já como governador, Quércia nomearia Luís Antônio Fleury Filho para o cargo de secretário de Segurança Pública. Fleury seria eleito governador na sequência e estava à frente do cargo em 1992, quando aconteceu o Massacre do Carandiru.

Sivuca, Erasmo Dias e Afanásio Jazadji são alguns exemplos emblemáticos do tipo de personagem que, ainda durante a abertura, passou a se destacar na vida política.[83] A partir do discurso de desqualificação dos direitos humanos e de slogans como "bandido bom é bandido morto", essas figuras adentraram o regime democrático, abrindo caminho para muitos outros que seguiriam seus passos.

Esse discurso ganhava amplo apelo popular e se difundia pelos meios mais variados. Da posição editorial de grandes jornais, como *O Globo* e *O Estado de S. Paulo*, até os programas de radialistas populares, como o do próprio Afanásio, os meios de comunicação ajudavam a multiplicar as vozes de associações de policiais, de agentes de forças de segurança e de cidadãos comuns que defendiam abertamente o aprofundamento da violência do Estado, da perspectiva punitiva e das formas de controle social.

Em 1987, já eleito, Jazadji proferiu uma frase que citei na introdução deste livro: "Não admito tortura para presos políticos, mas para o bandido comum reconheço que em certos casos o policial não tem outra ferramenta que não seja a força bruta para arrancar a verdade".[84]

A sentença é emblemática do que, ao final das experiências dos governos Brizola e Montoro, já sob a égide do primeiro governo civil pós-ditadura, restava do espírito democratizante que marcara os anos anteriores. Desenhava-se, no horizonte, um regime que seria capaz de normalizar e estabilizar a rotina institucional do jogo político partidário, superando o autoritarismo das décadas anteriores. Mas que teria muita dificuldade de enfrentar práticas autoritárias e violentas que, a essa altura, já não mais eram descritas como políticas.

11. ENTRE FARDAS, ÓDIOS E NOJOS

"**NÓS TEMOS ÓDIO À DITADURA. ÓDIO E NOJO.**" Com essas palavras, no dia 5 de outubro de 1988, Ulysses Guimarães, presidente da Assembleia Nacional Constituinte (ANC), promulgou a nova Constituição da República Federativa do Brasil. Instalada em fevereiro de 1987, a ANC trabalhou ao longo de quase dois anos para elaborar o texto que substituiria a Carta Magna imposta pelos militares em 1967.

Ulysses Guimarães tinha uma trajetória comum a muitos liberais brasileiros. Apoiador discreto do golpe de Estado de 1964, foi se deslocando para a oposição ao longo das duas décadas de regime autoritário, até se tornar uma figura central das oposições. Durante a campanha pelas eleições diretas, acumulou capital político para liderar o processo de elaboração da nova Constituição e se tornar um símbolo inequívoco da defesa da democracia.

As imagens de seu discurso proclamando "ódio e nojo" ocupam o centro de uma memória amplamente compartilhada, que valoriza a dimensão democrática do processo constituinte e da própria Constituição de 1988. A alcunha de "Constituição Cidadã" ajuda a consolidar essa ideia, ao sugerir que a nova lei maior do país teria inaugurado um tempo de liberdade, cidadania, democracia, respeito aos direitos civis e políticos e garantia aos direitos humanos.

Contudo, o peso das palavras de Ulysses Guimarães e toda a simbologia em torno da Constituição de 1988 escondem que a Constituinte foi palco de disputas ferrenhas. Forças políticas representadas na Assembleia se esforçaram muito para garantir que as mudanças trazidas pelas nova Carta Magna não alterassem dimensões estruturais da organização do Estado brasileiro.

***

Desde que a palavra de ordem de defesa das "liberdades democráticas" ganhou força, em meados dos anos 1970, setores da oposição à ditadura passaram a defender com mais ênfase a convocação de uma Assembleia Constituinte. Nas mobilizações pela anistia, na luta pela revogação da Lei de Segurança Nacional, nas "Diretas Já!" e na campanha para a eleição da chapa Tancredo-Sarney, apareceu a ideia de que era necessário elaborar uma nova Carta Magna.

A chegada do primeiro civil à Presidência da República em 1985 abriu caminho para que o país passasse a viver o que o cientista político Antônio Sérgio Rocha nomeou como "situação constituinte".[1] Debates, conferências e seminários públicos sobre o tema eram realizados, ao mesmo tempo que os diferentes atores políticos se articulavam e se organizavam para defender seus interesses nessa futura Constituinte. Ao lado de uma mobilização social cada vez maior, aconteciam também conversas e acordos entre as elites políticas acerca de como "manter sob controle o processo de construção constitucional".[2]

Em junho de 1985, o presidente da República, José Sarney, encaminhou para o Congresso Nacional um projeto de convocação de Assembleia Nacional Constituinte baseado na ideia de uma "Constituinte Instituída". Ou seja, composta dos deputados federais e senadores a serem eleitos no pleito de 1986, não por membros escolhidos apenas para essa finalidade. A proposta não agradava aos setores populares, que defendiam uma Constituinte exclusiva.

Contudo, o Congresso aprovou os termos propostos por Sarney. Ficou decidido que a ANC iniciaria seus trabalhos no dia 1º de fevereiro de 1987, com 487 deputados federais e 46 senadores a serem eleitos em 1986. Contaria, ainda, com os 23 senadores conhecidos como "biônicos", que haviam sido indicados indiretamente pelo regime em 1982 e cujos mandatos iriam até 1990. A legitimidade da participação dos senadores "biônicos" na ANC foi questionada, mas no final do processo eles integraram a Constituinte, ampliando o peso do bloco composto dos antigos quadros e aliados da ditadura.

O pleito de 1986 seria, portanto, decisivo para os rumos da futura ANC. O partido mais bem posicionado para essas eleições era o PMDB, beneficiado enormemente pelos resultados momentâneos positivos do Plano Cruzado. As perspectivas de ganhos eleitorais levaram diversos quadros do PDS para o PMDB, ampliando a heterogeneidade ideológica e política de uma agremiação que já era diversa e repleta de clivagens internas.[3]

No fim daquele processo eleitoral, o PMDB conseguiu garantir a maioria absoluta na Câmara dos Deputados e no Senado, além de governar 23 das 24 unidades da federação. A segunda força da ANC seria o Partido da Frente Liberal (PFL), parceiro do PMDB na Aliança Democrática. Juntos, eles comandavam cerca de 80% dos assentos da Assembleia Nacional Constituinte.

Os partidos de esquerda — Partido Democrático Trabalhista (PDT), Partido dos Trabalhadores (PT), Partido Socialista Brasileiro (PSB), Partido Comunista do Brasil (PCdoB) e Partido Comunista Brasileiro (PCB) — não alcançavam 10% da representação. Mesmo levando em conta a existência de uma ala mais à esquerda no interior do PMDB, era evidente que a correlação de forças da Constituinte favorecia os setores mais conservadores.

Houve várias propostas sobre a forma de organização dos trabalhos da Assembleia Nacional Constituinte. Ao final, os constituintes decidiram não adotar um anteprojeto de Constituição.[4] O texto seria elaborado, portanto, do zero. Para isso, foram instituídas oito comissões temáticas, cada uma dividida em três subcomissões, totalizando 24 dessas subcomissões.

Os debates iniciais se dariam nas subcomissões e seguiriam para as comissões. Depois, haveria uma Comissão de Sistematização, responsável por elaborar e debater um anteprojeto de Constituição. Aprovado o texto na Comissão de Sistematização, ele seria encaminhado para a deliberação no plenário da Assembleia Nacional Constituinte.

A escolha dos titulares das comissões e subcomissões foi feita pelas lideranças partidárias, e Mário Covas, senador pelo PMDB pertencente à ala mais progressista do partido, era o líder da agremiação na Constituinte. Das oito relatorias que seu partido indicou, Covas escolheu parlamentares posicionados mais à esquerda para sete delas. A exceção foi a Comissão da Organização Eleitoral, Partidária e Garantia das Instituições, onde seriam debatidos assuntos de interesse das Forças Armadas.

* * *

Para além dos acordos e movimentações partidárias no interior da Constituinte, a sociedade civil também passou a se movimentar e articular para influenciar os rumos do processo. O esforço organizativo dos movimentos sociais se desdobrou na conformação de entidades como o Movimento Nacional pela Participação Popular na Constituinte e o Plenário Pró-Participação Popular na Constituinte.

Inicialmente havia, por parte de muitos movimentos, uma percepção pessimista sobre a ANC. Ao mesmo tempo, após tantos anos de autoritarismo, existia a expectativa de que, por meio da mobilização popular, seria possível ultrapassar os limites institucionais da Constituinte. Em seu boletim de março de 1987, o Grupo Tortura Nunca Mais expressava bem esse sentimento misto entre pessimismo e otimismo.

> Seria um erro confiarmos em uma Constituinte integrada por dirigentes do regime militar, como Delfim Netto, Jarbas Passarinho, Amaral Neto, Sandra Cavalcanti e Afonso Arinos, sem falar na forte bancada da UDR [União Democrática Ruralista].
>
> Mas seria também um erro não confiarmos na força dos movimentos democráticos organizados, dentro e fora do Parlamento, que estarão lutando, pressionando, exigindo mudanças profundas. No campo, os camponeses exigirão; na cidade, os trabalhadores exigirão, as mulheres exigirão, os negros exigirão.

O Grupo reivindicava para si um "papel importante" a desempenhar: "Podemos organizar muita gente para exigir a ampliação da Lei de Anistia, que não foi ampla, nem geral, nem irrestrita, podemos escrever na Constituição que tortura é um crime contra a humanidade, que é, por isto, imprescritível e inanistiável". E concluía o GTNM: "Isto é possível e depende em grande parte de nós e de nossa luta".[5]

Mas os setores conservadores também se organizaram para influenciar a ANC. Acontece que, para o empresariado e para as Forças Armadas, havia aí algo de novo. O golpe de Estado de 1964 levara os militares para o centro decisório do país, ocupando um Poder Executivo extremamente fortalecido, que não precisava responder aos constrangimentos e às limitações do Judiciário e do Legislativo. Ao mesmo tempo, a ditadura militar abrira espaço para que empresários ocupassem diretamente postos-chave da administração pública, responsáveis pela promoção de políticas públicas nas suas áreas de atuação, como mostra o trabalho exemplar do cientista político René Dreifuss.[6]

Com o fim do regime, o cenário era outro. Nessa nova conjuntura, caracterizada por Dreifuss como "pluralista e de jogo aberto", esses setores precisaram repensar sua forma de organização com vistas a influenciar os rumos da Constituinte.[7] O cientista político identificou diversas associações e entidades que reuniam setores das elites econômicas do país para fazer lobby na ANC. Entre elas, a União Brasileira de Empresários (UB), a União Democrática Ruralista (UDR), o Instituto Liberal, a Câmara de Estudos e Debates Econômicos e Sociais (Cedes) e a Confederação Nacional das Instituições Financeiras (CNF).

Por meio dessas e de outras entidades, o empresariado se articulou para as eleições de 1986. Com o resultado das eleições, um assessor da Federação Brasileira das Associações de Bancos (Febraban) comemorou: "Nossa bancada na Constituinte está garantida".[8] De fato, como já vimos, a correlação de forças da ANC era amplamente favorável aos setores à direita.

Durante os trabalhos da Constituinte, esses grupos atuaram intensamente, junto à bancada conservadora, na defesa de pontos considerados de extremo interesse das classes dominantes. Entre eles estavam questões como a reforma agrária, a estabilidade no emprego e os diversos aspectos da intervenção estatal na economia.

Ao lado do empresariado, os militares também se organizaram para esse novo momento em que não ocupavam diretamente o centro do poder. Como visto no capítulo sobre o *Orvil*, o avanço da abertura política levou à criação de um conjunto de associações compostas de militares, com o intuito de reproduzir e defender a ideia de que era preciso proteger o país da "quarta tentativa de tomada do poder", levada adiante pelos comunistas a partir do "marxismo cultural".

Um dos desdobramentos dessas articulações foi a criação da União Nacional de Defesa da Democracia (UNDD). O jornal *Tribuna da Imprensa*, em 11 de janeiro de 1988, noticiou a formação da UNDD: "Entidade de direita quer legalização para fazer lobby junto à Constituinte".[9] A notícia dizia que se tratava de uma "entidade de caráter conservador recém-organizada por militares, intelectuais e profissionais liberais". Seu lançamento oficial ocorreu em março daquele ano, em um evento que recebeu as saudações dos ministros da Marinha, da Aeronáutica e do Exército. A presidência da entidade ficou a cargo de Jorge Boaventura — o mesmo citado como referência intelectual pelo tenente-coronel que, em 1984, deu início à elaboração do *Orvil*.

Mas as Forças Armadas não contaram apenas com essas associações para defender seus interesses dentro da Assembleia Nacional Constituinte. Pelo contrário, essas entidades cumpriram um papel quase lateral. O peso da presença militar na ANC se deu a partir da grande estrutura de lobby criada e operada oficialmente pelas Forças Armadas, por meio de suas reforçadas assessorias parlamentares.

"Já nos primeiros dias do governo atual, constatou-se, no país, a manifestação de um novo centro de decisões políticas que, diante do próprio contexto de incertezas, assumiu uma valorização superlativa, o Congresso Nacional." Com essas palavras, o relatório periódico mensal (RPM) do Centro de Informações do Exército de julho de 1985 atestava a mudança na conjuntura política.

"Esta constatação", seguia o documento, "levou o exmo. sr. ministro do Exército a determinar um acompanhamento mais cerrado dos acontecimentos políticos, principalmente, daqueles em curso no âmbito do Congresso Nacional." Para isso, dizia o informe, foi feito um "redimensionamento da Assessoria Parlamentar [Asspar] do Gabinete do Ministério do Exército". Esse incremento da Asspar do Exército teria os seguintes objetivos:

> — relacionar-se com os membros ligados mais intimamente ao processo decisório das duas Casas do Congresso;
> — acompanhar a tramitação das proposições naquelas Casas, interferindo em favor dos melhores interesses da Força Terrestre;

— transmitir aos membros das duas Casas uma imagem da Força, de austeridade e dedicação ao serviço, incutindo-lhes, através de adequada ação educativa, ideias dos altos objetivos do Exército;
— resgatar o prestígio do Exército junto ao setor político e, simultaneamente, reposicioná-lo como inibidor das ações e posturas mais radicais;
— manter a Força, suficiente e adequadamente, informada das tendências atuais das forças políticas, antecipando-se às suas ações.[10]

Em setembro de 1987, a atuação desses assessores foi objeto de matérias da imprensa. No seu RPM, o CIE fez uma defesa enfática desses militares. Vale citar na íntegra o trecho, apesar de longo:

> Com desenvoltura e amplo apoio da imprensa comprometida, os parlamentares de "esquerda" acostumaram-se a atuar livremente no Congresso Nacional em defesa de "bandeiras populistas" e/ou interesse das organizações subversivas e entidades contestatórias. Pretendem eles, durante os trabalhos da Assembleia Nacional Constituinte, alterar a atual destinação constitucional das Forças Armadas com o objetivo de limitar seu emprego contra a subversão.
> Desde 1985, perceberam na atuação dos assessores parlamentares dos ministérios militares um óbice aos seus intentos.
> Dentro dos limites regimentais das duas Casas do Congresso Nacional, esses assessores vêm efetuando contatos com as lideranças partidárias e com parlamentares e, paulatina e sistematicamente, apresentam os pontos de vista das Forças Armadas que, como não poderia deixar de ser, são coincidentes com o da maioria da sociedade, pois implicam na segurança da nação.
> Não tardaram as reações e, logo, a imprensa passou a publicar matérias onde, sub-reptícia e às vezes abertamente, procuravam vender a ideia de ingerência militar nos trabalhos do Poder Legislativo [...]. Encontrando adversários que, atuando or-

ganizada e metodicamente, vêm se opondo ao seu trabalho, a esquerda continuará procurando, através de falsas acusações, intimidar a ação dos assessores parlamentares dos ministérios militares, conforme faz habitualmente com aqueles que buscam obstar suas pretensões.[11]

O trecho deixa evidente como os militares compreendiam seu papel na Constituinte. Tratavam explicitamente a esquerda como o adversário a ser combatido e defendiam que "os pontos de vista das Forças Armadas" eram naturalmente "coincidentes com o da maioria da sociedade". Vendo-se como o intérprete último dos verdadeiros interesses da nação, o Exército aparecia não apenas como representante da "moderação" — em contraponto ao "radicalismo" da esquerda —, mas também reforçava seu papel como último "óbice" aos "intentos" dos "subversivos".

Junto do intenso trabalho da Asspar, houve, ainda, outras duas formas de pressão dos militares sobre a ANC. Por um lado, a presença de parlamentares diretamente ligados às Forças Armadas. O mais célebre deles era o coronel Jarbas Passarinho, do PDS, um dos principais quadros dirigentes da ditadura. Por outro, as declarações públicas e notas oficiais, por meio das quais os militares apontariam a reprovação da caserna quando algum assunto de seu interesse fosse rejeitado ou fosse aprovado em termos distintos daqueles desejados.

Toda essa preparação das Forças Armadas para a Constituinte se voltava para duas grandes dimensões.

Havia as preocupações mais gerais sobre aspectos econômicos, sociais e institucionais a serem estabelecidos pela nova Carta Magna. Evidentemente, as Forças Armadas se preocupavam em evitar que as posições progressistas ganhassem terreno. Nos mais diversos temas, as propostas vistas de forma positiva pela caserna eram sempre as que atendiam aos setores conservadores e às elites econômicas. Na base dessa convergência, estava a perspectiva sempre presente nos documentos internos das Forças Armadas de que a construção de uma ordem constitucional vista como "socializante" significaria abrir caminho para a "subversão".

Mas existiam, ainda, temas especificamente vinculados à organização institucional da corporação. Caracterizadas nos documentos como "assuntos de interesse das Forças Armadas", essas questões levariam a um altíssimo grau de mobilização, incidência e mesmo intervenção da caserna sobre os trabalhos da Assembleia Nacional Constituinte. Para além desses pontos, outros dois assuntos mobilizaram muitos esforços por parte dos militares: a anistia e a tortura.

Em um trabalho referencial sobre a atuação das Forças Armadas na Constituinte, o cientista político Eliézer Rizzo elaborou uma descrição importante: "Os militares atuaram eficazmente e discretamente no interior da Constituinte, ficando para os ministros o exercício público, conflitivo e por vezes espalhafatoso da tutela militar", definiu o estudioso, caracterizando essa forma de organização como uma "profícua e bem montada divisão de trabalho".[12]

Em outras palavras, é verdade que o novo cenário político trazia um grau maior de incerteza para os militares, o que os obrigou a atuar operando um lobby condizente com regras mais pluralistas do jogo político da Constituinte. No entanto, a pressão das Forças Armadas sobre a ANC foi exercida, muitas vezes, de forma aberta e claramente autoritária, fora de qualquer regra que pudesse ser caracterizada como democrática. Por isso, a síntese de Rizzo é tão acurada. O fato de as Forças Armadas terem reconhecido a legitimidade do Congresso como um novo núcleo decisório do país não excluiu formas de atuação que se aproximaram de uma tentativa de tutela militar sobre o processo.

OS "ASSUNTOS DE INTERESSE" DAS FORÇAS ARMADAS

No início da Constituinte, todos os parlamentares receberam um pequeno livreto produzido pelo Centro de Comunicação Social do Exército (CCOMSEX).[13] A publicação explicitava as questões consideradas "assuntos de interesse" das Forças Armadas e apresentava o ponto de vista oficial da instituição sobre elas.

No livro, o assunto que ocupava o primeiro lugar era a defesa da destinação constitucional das Forças Armadas como garantidoras da "lei e ordem". Isto é, como instituição responsável não apenas pela defesa externa, mas também pela defesa interna. Em seguida, a publicação defendia a manutenção da existência de três ministérios militares, na contramão das propostas de criação de um Ministério da Defesa comandado por um civil. O terceiro ponto que aparecia no documento era a manutenção do Conselho de Segurança Nacional tal como previsto na Constituição outorgada pela ditadura.

O aspecto seguinte era a prescrição constitucional da existência de uma Justiça Militar responsável pelo julgamento de militares, mesmo quando acusados de crimes contra civis. O quinto ponto era a garantia da subordinação das polícias militares estaduais como forças auxiliares do Exército. O sexto, a manutenção do serviço militar obrigatório.[14]

Todos esses debates seriam feitos em uma subcomissão específica: a Subcomissão de Defesa do Estado, da Sociedade e de sua Segurança, relatada por Ricardo Fiuza (PFL), um conservador com relações próximas aos militares. A subcomissão era vinculada à Comissão da Organização Eleitoral, Partidária e Garantia das Instituições — presidida por Jarbas Passarinho. Em reunião no âmbito dessa Comissão, Fiuza declarou:

> Sr. presidente, é natural, desde o início, que imaginávamos que uma comissão ou uma subcomissão que tratasse da Defesa do Estado, da Sociedade e de sua Segurança, suscitasse imediatamente, numa época de grandes transformações na sociedade brasileira, alguns ressentimentos ou alguns sentimentos que, na realidade, devem ou deveriam ter sido esquecidos.[15]

Complementando a fala, o parlamentar apontou que a Constituinte deveria olhar mais para o futuro do que para o passado. Ao sugerir que olhar para o passado era um "ressentimento" que deveria ter sido "esquecido", Fiuza buscou justificar suas escolhas: ele havia recusado todas as propostas que defendiam mudanças no padrão histórico de organização institucional das Forças Armadas.

"Fiuza fez relatório baseado nas sugestões apresentadas pelo Ministério do Exército." Sem caráter de problema ou denúncia, foi essa a manchete do jornal *O Globo* para noticiar o fim dos trabalhos da Subcomissão. "Praticamente todas as sugestões formuladas pelo Centro de Comunicação Social do Exército", dizia a matéria, "foram aceitas pelo relator da Subcomissão de Defesa do Estado, da Sociedade e de sua Segurança, deputado Ricardo Fiuza." O texto afirmava, ainda, que ele havia mantido "tudo o que já está estabelecido na atual Constituição sobre o tema".[16] As únicas modificações, explicava o jornal, haviam sido pactuadas e "bem-aceitas pelos assessores parlamentares dos ministérios militares".

Os trabalhos da Subcomissão e da Comissão que discutiram a organização institucional das Forças Armadas já foram analisados academicamente por estudiosos como os cientistas políticos Eliézer Rizzo e Pedro Benetti. As pesquisas mostram como a discussão foi marcada por um embate entre dois modelos de função dos militares na nova ordem constitucional a ser formada.

O primeiro modelo era o da "função interventora do aparelho militar na vida política nacional".[17] Era defendido pelas próprias Forças Armadas, com apoio do bloco conservador, majoritário tanto na Subcomissão como na Comissão. Ele significava que os militares deveriam manter as prerrogativas que tinham historicamente nas Constituições anteriores, inclusive na outorgada pela própria ditadura. O modelo estava assentado na concepção de que os militares devem atuar como o poder moderador da República.

O segundo modelo era o da "subordinação política" das Forças Armadas. Eram propostas que buscavam proibir a intervenção dos militares na vida política do país e tentavam subordiná-los ao poder civil.[18] Essa posição era minoritária, tendo sido defendida por apenas um dos constituintes membro da Subcomissão: José Genoino, do Partido dos Trabalhadores.

Nos termos de Pedro Benetti, estava em jogo uma disputa em torno da preservação ou da transformação das estruturas de segurança e dos chamados "mecanismos de defesa do Estado" que haviam sido institucionalizados durante o regime ditatorial.[19]

O cientista político chama a atenção para dois aspectos que mostram como, desde o início, a perspectiva da Subcomissão era preservar o que havia sido instituído durante a ditadura. Em primeiro lugar, a grande referência que servia de fundamento para os temas a serem discutidos era a própria Constituição de 1967. Ou seja, o colegiado vinculou a "criação da nova ordem ao modelo de organização do Estado então vigente".[20]

Outro aspecto notado por Benetti é que, entre os convidados externos a serem ouvidos pela Subcomissão, estavam basicamente militares e policiais. Ou seja, os interlocutores do colegiado eram os representantes das próprias instituições cuja estrutura estava em debate.

No momento da abertura, eram diversas as vozes que haviam se apresentado no debate público formulando visões diferentes, mais críticas, sobre o papel que as Forças Armadas deveriam possuir numa democracia. No entanto, essas perspectivas não foram contempladas. "Os constituintes ali presentes ignoravam a pluralidade de narrativas que se formaram na sociedade em torno do papel ocupado por estas forças", sintetiza Benetti.[21]

Ao limitar as possibilidades de crítica às Forças Armadas no colegiado e ao impor a ideia de que era necessário olhar para o futuro e "esquecer" os "ressentimentos", a Subcomissão relatada por Fiuza naturalizou as "autoimagens" produzidas pela própria caserna, nota Benetti. Segundo o cientista político, ao agir dessa forma, a Subcomissão aceitou a linguagem, os valores e objetivos prioritários dos militares como os únicos possíveis. Legitimou, assim, "a violência do Estado como recurso de mediação de conflitos".[22]

Na Comissão presidida por Jarbas Passarinho, instância seguinte dos trabalhos relatados por Fiuza, seu relatório foi "acolhido no essencial".[23] Ou seja, depois das duas primeiras fases da Constituinte, as propostas elaboradas sobre a organização institucional das Forças Armadas atendiam integralmente aos interesses dos militares.

Em 1985, um conjunto de entidades da sociedade civil convocou um debate, no Congresso Nacional, sobre a extensão da Lei da Anistia.[24] A lista de organizações era encabeçada pelo Movimento Feminino pela Anistia e Liberdades Democráticas, em uma mostra de que, a despeito de ter saído do primeiro plano da cena pública, o MFPA seguia tentando sobreviver e se mobilizar em meio à conjuntura. Abaixo, vinham o Movimento Feminino por Direitos Humanos e a Comissão de Familiares de Mortos e Desaparecidos Políticos.

Também assinavam a convocatória a União dos Militares Não Anistiados (UMNA), a Associação Democrática de Militares Nacionalistas (Adnan) e a Comissão Nacional de Defesa da Anistia (CNDA). Essas entidades integravam o rol de atores que seguia mobilizado em torno de uma compreensão específica do tipo de reparação que a anistia deveria significar. Integrados por militares cassados e perseguidos pelo regime, bem como por trabalhadores que tiveram seus direitos violados, esses grupos tinham duas demandas principais: a reincorporação aos postos que ocupavam e dos quais foram destituídos por perseguição política; e indenizações voltadas para sanar as perdas salariais e monetárias decorrentes dos danos sofridos. Para eles, a ANC foi vista como um momento estratégico para recolocar na pauta a discussão.

De fato, a anistia foi um tema amplamente debatido na Constituinte. Ele apareceu de duas formas. De um lado, a partir dessa dimensão trabalhista, que incluía a questão dos militares cassados e perseguidos. Esse debate ganhou respaldo significativo entre os constituintes. Mas também surgiram demandas que buscavam a revisão do caráter recíproco da lei de 1979. Ou seja, cujo objetivo final era tentar criar condições para a responsabilização criminal dos torturadores. Estas ocuparam um espaço muito mais restrito nas discussões da ANC.

Os debates sobre a anistia ocorreram em duas Subcomissões, vinculadas a Comissões distintas. Por um lado, se deram na Subcomissão dos Direitos Políticos, dos Direitos Coletivos e Garantias, vinculada à Comissão de Soberania e dos Direitos e Garantias do Homem e da Mulher. A Subcomissão foi presidida por Maurílio Ferreira Lima (PMDB) e relatada por Lysâneas Maciel (PDT). Ambos haviam sido cassados com base no AI-5 e integravam o bloco progressista da ANC.

Por sua vez, a Comissão foi presidida por Mário Assad (PDS), parlamentar mais conservador. Mas a relatoria ficou a cargo de José Paulo Bisol, do PMDB. Bisol tinha uma postura de esquerda, e adotaria posições polêmicas — do ponto de vista dos militares e do bloco conservador da ANC — como relator da Comissão.

O tema foi debatido também na Comissão dos Direitos dos Trabalhadores e Servidores Públicos, ligada à Comissão da Ordem Social. A Subcomissão foi presidida por Geraldo Campos (PMDB), marinheiro que havia iniciado sua trajetória no PCB e fora expulso das Forças Armadas durante a ditadura, e teve como relator Mário Lima (PMDB), sindicalista cujo primeiro mandato de deputado federal fora cassado pelo AI-1 e que foi preso duas vezes ao longo do regime ditatorial.

A historiadora Mayara Paiva de Souza analisou a discussão sobre a anistia na Assembleia Nacional Constituinte em sua tese de doutorado, na qual aponta que tanto nas Subcomissões como nas Comissões "a questão central era a reversão dos servidores cassados aos seus antigos postos".[25] A ampliação da medida para a reincorporação ao trabalho de civis não encontrou grandes resistências, mas a história foi bem diferente quando entrou em cena a questão dos militares cassados e perseguidos.

Segundo Souza, o relatório elaborado por Lysâneas Maciel "tomou a defesa da anistia, enquanto reparação, como uma de suas principais preocupações".[26] Essa reparação era vista como "devolução de direitos suprimidos durante a ditadura, a indenização, o retorno dos servidores cassados aos seus antigos cargos e a retomada do fluxo da vida como se os conflitos do passado não tivessem ocorrido".[27]

Mas essa defesa enfática da ampliação dos termos da anistia era justificada pela necessidade de garantir o amplo esquecimento do passado.[28] "Deseja-se sepultar definitivamente todas as marcas de um passado que agora se esgota na revogação de todas as formas de opressão, nas propostas da Assembleia Nacional Constituinte", afirmou Maciel em um dos discursos destacados pela historiadora. E complementou: "Não consideramos oportuno reavivar ressentimentos que possam dificultar os anseios de pacificação do povo brasileiro, aqui definidos em nossa sugestão de Anistia".[29]

A fala de Lysâneas Maciel se assemelhava muito àquela utilizada por Ricardo Fiuza para defender os interesses das Forças Armadas. Evitar o retorno dos "ressentimentos" era a justificativa central usada por ambos os constituintes. No caso de Maciel, a fala parecia fazer parte de uma estratégia mais ampla. Ao incorporar elementos do discurso do "revanchismo" e não tocar no tema da punição, os constituintes progressistas tentavam obter uma vitória localizada, relativa à extensão dos efeitos trabalhistas da anistia a militares cassados e civis perseguidos.

Poucos foram os parlamentares que trouxeram à tona a questão da punição aos torturadores, seja em declarações nos debates, seja apresentando emendas. Para além de manifestações pontuais de constituintes, o pesquisador Mateus Utzig aponta que foram enviadas, para a ANC, quinze sugestões de cidadãos demandando a punição dos torturadores. Entre elas uma do Grupo Tortura Nunca Mais.[30]

O GTNM chegou a ser convidado para uma audiência pública sobre a criminalização da tortura, na qual abordou a questão. Mesmo sem ser o núcleo da discussão na ocasião, Flora Abreu, representante do Grupo, defendeu a revisão da Lei da Anistia e a punição dos militares. Após uma longa exposição em que relatou a concepção do Grupo sobre como a tortura deveria ser tipificada na nova Constituição, Abreu fez um apelo: "Que se apure e julgue esses crimes, para que se resolva essa questão e possamos ser considerados, pelas demais nações, como uma nação civilizada, avançada. E que a questão dos direitos humanos seja realmente respeitada, a nível não só do discurso, mas também da prática".[31]

Ao contrário do debate sobre a organização institucional das Forças Armadas, as discussões sobre a anistia aconteceram em espaços da Constituinte muito mais favoráveis às posições progressistas.[32] Contaram, também, com uma pluralidade maior de vozes e perspectivas.

Durante o período de trabalho das Subcomissões e Comissões, a posição dominante foi aquela representada por Lysâneas Maciel. Tratava-se de uma visão crítica ao regime ditatorial e que apoiava a extensão da Lei da Anistia para a reincorporação de militares perseguidos. Ainda assim, ela mobilizava elementos do discurso do "revanchismo" para defender que era preciso enterrar o passado e superar "ressentimentos", como forma de evitar o debate sobre a responsabilização. Assim, ao final daquele período inicial de trabalho das Subcomissões e Comissões, a Constituinte previa uma ampliação da lei de 1979, mas mantinha a garantia de impunidade aos militares.

No entanto, nem mesmo nesses termos a possibilidade de extensão da anistia para os militares cassados foi bem recebida. Parte importante da mobilização do lobby das Forças Armadas na Constituinte se voltaria, nas etapas posteriores do trabalho da ANC, para evitar que houvesse a determinação de reincorporação de militares perseguidos durante a ditadura.

Ao lado da organização institucional das Forças Armadas e da questão da anistia, os militares elencaram como prioritário, ainda, um terceiro tema: a tortura. Apesar da emergência da imagem dos mortos e desaparecidos políticos, ainda era essa prática o símbolo mais forte das violências da ditadura. A publicação do *Brasil: Nunca mais* e sua enorme repercussão reforçavam essa ideia.

Ao mesmo tempo, no plano internacional, o debate sobre a tortura também avançava. Em 1984, a Organização das Nações Unidas (ONU) aprovou a Convenção Contra a Tortura e Outros Tratamentos ou Penas Cruéis, Desumanos ou Degradantes. Entre outras determinações, o documento apontava que os Estados nacionais deveriam assegurar que a prática fosse criminalizada.

Nesse contexto, era incontornável que a Assembleia Nacional Constituinte enfrentasse o tema. A questão foi discutida em duas Subcomissões: a dos Direitos Políticos, dos Direitos Coletivos e das Garantias, que tinha Lysâneas Maciel como relator, e a dos Direitos e Garantias Individuais. Ambas eram vinculadas à Comissão da Soberania e dos Direitos e Garantias do Homem e da Mulher, relatada por José Paulo Bisol.

O pesquisador Mateus Utzig fez, em sua dissertação de mestrado, uma análise detida sobre como se desenvolveram esses debates. Segundo ele, parecia haver um "amplo consenso" em torno da necessidade de se constitucionalizar o tema, transformando a tortura em um delito autônomo. A questão era como fazer isso.[33]

Especialmente polêmica foi a discussão sobre a caracterização da tortura como "crime contra a humanidade". Utilizar essa definição do Direito Internacional dos Direitos Humanos teria a implicação de definir a tortura como um crime imprescritível, inafiançável e insuscetível de anistia.

Convidado como expositor em uma das audiências públicas da Subcomissão dos Direitos e Garantias Individuais, o Grupo Tortura Nunca Mais apresentou uma proposta de artigo. O texto do GTNM abarcava todos os aspectos mais avançados no que dizia respeito ao debate internacional sobre a tortura. Em sua proposta, a tortura deveria ser "crime de lesa-humanidade, e, portanto, imprescritível, inanistiável, inafiançável, inindutável e inagraciável".[34] O texto apresentado partia da definição de tortura da Convenção da ONU, adicionando ainda a dimensão do "sofrimento psicológico":

> Considera-se tortura qualquer ato através do qual se inflige intencionalmente dor ou sofrimento, seja físico, mental ou psicológico, a uma pessoa com propósitos tais como obter dela ou de uma terceira pessoa informação ou uma confissão, punindo-a por um ato que ela ou uma terceira pessoa tenha cometido ou intimidando ou constrangendo a pessoa ou uma terceira pessoa, por qualquer razão baseada em qualquer forma de discriminação, quando tal dor e sofrimento são infligidos, instigados com consentimento ou aprovação de uma autoridade pública ou outra pessoa agindo em uma capacidade oficial ou oficiosa.

O GTNM propunha, ainda, a criação de um conselho civil especial para julgar as denúncias de tortura, a indenização às vítimas, a anulação de quaisquer declarações obtidas sob tortura e a conexidade entre a tortura e o sequestro, a morte e o desaparecimento das vítimas. Por fim, sugeria o afastamento da anistia de 1979, a fim de abrir caminho para a responsabilização penal dos torturadores da ditadura.

Naquela conjuntura de final dos anos 1980, falar sobre tortura remetia ao regime militar recém-encerrado. Os militares sabiam que, a depender da forma pela qual a prática fosse enquadrada na futura Constituição, isso reforçaria a condenação simbólica à própria ditadura. E poderia significar, ainda, criar brechas jurídicas para a abertura de processos criminais contra os agentes do Estado que haviam perpetrado as violações de direitos humanos.

Por isso, é evidente que os termos propostos pelo GTNM desagradavam os militares e os setores conservadores da Assembleia Nacional Constituinte. Nas palavras de Utzig, havia, por parte dessa ala da ANC, uma verdadeira "irredutibilidade" em relação ao tema.[35] Esses grupos adotaram, então, como estratégia, a tentativa de produzir um texto que diminuísse o peso prático e simbólico desse crime. Para isso, elaborariam um artigo em que outras práticas fossem equiparadas à tortura.

O núcleo dessa estratégia era tentar criar uma equivalência entre a tortura e o terrorismo, como crimes igualmente graves. O sentido era reforçar a ideia de que a violência do regime ditatorial havia tido "dois lados" — o dos agentes do Estado e o dos "terroristas". Além do terrorismo, o tráfico de drogas e a abstrata noção de "crimes hediondos" apareceram para fortalecer essa proposta. Parlamentares do bloco conservador passaram a defender, então, que todos esses deveriam aparecer no mesmo artigo da futura Carta Magna, como crimes sem direito à fiança e à anistia. Contudo, durante a primeira etapa dos trabalhos prevaleceu a concepção mais progressista, que entendia a tortura como crime contra a humanidade e que não a equiparava com outros crimes.

A COMISSÃO DE SISTEMATIZAÇÃO

Em 15 de junho de 1987, foi encerrada a fase das subcomissões e comissões. A etapa seguinte da Assembleia Nacional Constituinte era a Comissão de Sistematização, cuja relatoria ficou a cargo de Bernardo Cabral (PMDB). O trabalho transcorreu entre junho e novembro de 1987. Cabral ficou responsável por reunir os oito projetos enviados pelas Comissões temáticas, a fim de construir um primeiro anteprojeto de Constituição. Esse anteprojeto seria discutido e votado na comissão e o texto resultante iria, então, para o plenário da ANC.

Havia, contudo, uma particularidade nessa nova comissão: a balança da correlação de forças pendia para o bloco progressista. Nesse cenário, a estratégia das Forças Armadas para garantir seus interesses mudou. Se nas fases anteriores a ênfase foi o lobby de bastidores, os primeiros meses de trabalho da Comissão de Sistematização foram marcados por declarações públicas do ministro do Exército, Leônidas Pires Gonçalves.

Já em junho, a questão da anistia foi objeto de polêmica. No dia 25, o

Jornal do Brasil noticiava: "Ministros militares vetam anistia com reintegração":

> Os ministros militares [...] rechaçaram a fórmula, embutida nos relatórios da Comissão da Ordem Social e da Comissão da Soberania, que concede aos militares punidos por atos políticos anistia com direito a reintegração e vantagens e promoções a que fariam jus se estivessem na ativa.

"Esse texto em estudo pela Constituinte impõe coisas que maculam a hierarquia", afirmou Leônidas na matéria.[36] No relatório periódico mensal de julho, o CIE apontou que o tema vinha "se constituindo na questão mais controvertida" da ANC.[37] No mês seguinte, novo informe confirmou a preocupação: "Alguns tópicos continuam divorciados dos interesses da Força, sendo considerado ainda nevrálgico o tema 'Anistia'".[38]

No primeiro anteprojeto apresentado na Comissão de Sistematização, o relator Bernardo Cabral cedeu à pressão. Seguindo a compreensão de Leônidas, ele alterou a proposta que veio das comissões temáticas, a qual previa a ampliação da anistia e a reincorporação dos militares. Segundo a historiadora Mayara Paiva de Souza, "a proposta de exclusão da anistia aos militares cassados gerou intenso debate na Comissão de Sistematização". Diversos parlamentares, afirma a pesquisadora, manifestaram que a Constituinte estava se "rendendo" às Forças Armadas.[39]

Mas não foi apenas Cabral que se submeteu às pressões. Quando o texto foi a voto no plenário da Comissão de Sistematização, em novembro, as propostas de ampliação da anistia foram igualmente derrotadas. Souza narra que houve um tumulto no dia da votação da matéria. O PMDB, que a princípio apoiava a medida, votou contra. Com isso, os termos definidos por Leônidas e incluídos no texto por Bernardo Cabral saíram vitoriosos.

Parlamentares favoráveis à ampliação da anistia e militares cassados presentes na sessão se exaltaram e cobraram do PMDB explicações sobre a mudança de posicionamento do partido. Fernando Henrique Cardoso então declarou que a súbita decisão de mudar o posicionamento do partido havia sido motivada pelo "medo de que os urutus saíssem às ruas".[40]

Outro momento em que Leônidas veio a público para pressionar a Constituinte foi durante a discussão sobre o papel constitucional das Forças Armadas. Na subcomissão e na comissão em que o tema foi debatido, não houve espaço para posições mais progressistas. Entre os pontos que apareceram no texto inicial estava a previsão de que os militares não atuariam apenas na defesa externa, mas também na interna. A síntese dessa ideia era a expressão "garantia da lei e da ordem". A manutenção dessa prerrogativa era considerada uma das prioridades absolutas da estratégia da caserna para a Constituinte.

No entanto, em agosto, quando o relator Bernardo Cabral apresentou um segundo texto na Comissão de Sistematização, a redação do artigo sobre o papel institucional das Forças Armadas aparecia diferente. Agora, o texto previa a defesa dos "poderes constitucionais e, por iniciativa expressa destes, da ordem constitucional". Duas eram as mudanças: a supressão da "garantia da lei e da ordem" e a inclusão de expressão "por iniciativa expressa [dos poderes constitucionais]".

Foi o suficiente para que Leônidas deixasse vazar comentários que fez durante uma reunião ministerial. Segundo a *Folha de S.Paulo*, o general "afirmou que uma 'minoria de ativistas' está se sobrepondo ao sentimento da maioria que, segundo ele, é 'moderada'".[41] No dia seguinte, uma reunião de emergência foi realizada entre o presidente da Comissão de Sistematização, Afonso Arinos, e os ministros militares. Do encontro, participaram ainda constituintes como Fernando Henrique Cardoso.[42]

Enquanto o encontro a portas fechadas ocorria, lideranças civis da Constituinte faziam coro à fala de Leônidas. Chamando Bernardo Cabral de "traidor", um grupo que se autointitulava de "moderados" reclamou da alteração proposta pelo relator. "Transformaram as Forças Armadas numa coisa inútil", disse José Richa, do PMDB, integrante do grupo.[43]

Diante do impasse, a solução de compromisso encontrada foi a volta da expressão "garantia da lei e da ordem", mas com a manutenção da previsão de que era necessário o acionamento por um dos poderes para que as Forças Armadas atuassem internamente.

O terceiro ponto mais significativo para os militares, ao lado da anistia e de questões relativas à organização institucional das Forças Armadas, era a tortura. Bernardo Cabral, no último anteprojeto apresentado à Comissão de Sistematização, chegou a equiparar a tortura e o tráfico de drogas, apontando ambos como crimes imprescritíveis, inafiançáveis e insuscetíveis de graça ou de anistia. Mas o plenário derrubou a proposta, mantendo apenas a tortura como crime dessa natureza, em um dispositivo exclusivamente voltado para a prática.

Da perspectiva das Forças Armadas, a fase da Comissão de Sistematização exigiu uma mobilização que envolveu a pressão aberta e pública. Mas, caminhando para o final de 1987, os relatórios periódicos mensais do CIE mostravam que os militares estavam satisfeitos com os trabalhos realizados até ali.

Em outubro de 1987, o CIE apontava que de 33 pontos indicados pelos militares como prioritários o texto da futura Constituição, tal como existia naquele momento, acolhia 27 delas. "Destacando-se entre estes, como os mais importantes", afirmava o relatório, "a destinação constitucional das Forças Armadas, a manutenção das Polícias Militares como forças auxiliares e reserva do Exército e o serviço militar obrigatório."[44]

Mas os militares seguiam em constante estado de alerta, atentos para os movimentos do seu principal adversário — a esquerda. "As conquistas obtidas poderão sofrer alterações, em virtude da composição da Comissão de Sistematização que incluiu um grande número de constituintes de esquerda", dizia o documento.

No relatório de novembro, o CIE apontava que "mais algumas etapas foram atingidas satisfatoriamente". Mas a atenção sobre as forças adversárias não mudava. "Vale ainda mencionar que a 'esquerda', como previsto anteriormente, vem atuando de forma incansável, constante e bem articulada."[45]

Das três grandes questões que mobilizavam a caserna — sua organização institucional, a tortura e a anistia —, a tortura foi a única que chegou ao final da Comissão de Sistematização com uma redação que a desagradava explicitamente. No RPM de dezembro de 1987, o CIE apontava qual seria o objetivo prioritário da atuação dos assessores militares para a próxima — e última — etapa da Assembleia Nacional Constituinte, a fase de Plenário. "A principal modificação, a ser ainda tentada, é a introdução do terrorismo como crime sujeito às mesmas sanções, no artigo que considera a prática de tortura como crime inafiançável, imprescritível e insuscetível de graça ou anistia", dizia o relatório.[46]

No final de 1987, quando se aproximava o fim dos trabalhos da Comissão de Sistematização, a ala conservadora da Assembleia Nacional Constituinte iniciou uma articulação para criar um bloco parlamentar: o Centrão. O grupo foi formado majoritariamente por parlamentares do PFL e do PDS — os dois partidos oriundos da antiga Arena. Mas 126 dos 303 parlamentares do PMDB, representantes da ala mais à direita do partido, também ingressaram no bloco. Por fim, constituintes do PTB, PL, PDC e mesmo do PDT entraram no grupo. No total, eram 290 nomes.

Esses constituintes argumentavam que o regimento original da ANC havia atribuído excessivo poder às subcomissões e comissões temáticas e à Comissão de Sistematização. Eles entendiam que, com isso, a correlação de forças efetivamente existente na Constituinte não se refletiria no texto final.[47] Na prática, anteviram que a Constituinte se encaminhava para aprovar uma Carta Magna mais progressista do que a desejada por eles — sobretudo em temáticas econômicas.

Nos relatórios do CIE, fica claro como as Forças Armadas viram com bons olhos a formação do Centrão. Mais do que isso: o Exército apostou suas fichas no bloco para ampliar ainda mais as possibilidades de garantir todos os seus interesses na futura Constituição. "A formação do chamado 'CENTRÃO' representou a principal reação dentro da ANC para se contrapor aos avanços das 'esquerdas'", afirmava o RPM de dezembro. E assim seguia o relatório:

> Somente após a configuração de um texto marcadamente "progressista", aprovado pela Comissão de Sistematização, essa maioria, impulsionada pelos mais variados segmentos representativos da sociedade, sentiu a necessidade de se organizar para impedir que as "esquerdas" — minoria na ANC — mantenham em plenário as conquistas alcançadas em razão de artifícios regimentais.
>
> A forma encontrada pelo "CENTRÃO" para inviabilizar a pro-

> mulgação de uma Carta Magna insólita, foi romper, de início, a "camisa de força" imposta pelo atual regimento interno da ANC, propondo mecanismos regimentais que possibilitem a formulação de um texto institucional realmente democrático, reflexo da vontade soberana da maioria. [...] Cumpre ressaltar que o advento do "CENTRÃO" decorreu do despertar da consciência democrática em aprovar um texto constitucional com um timbre representativo do nosso povo. É muito provável que este grupo cumpra com os propósitos que nortearam o seu surgimento, permitindo ao povo manter suas esperanças e a confiança em que a Constituinte caminhará para a depuração dos exageros, adquirindo uma conformação mais moderada, refletindo o pensamento nacional.[48]

Para o Exército, o Centrão era uma alternativa "moderada", nascida do "despertar da consciência democrática". Organizado por "segmentos representativos da sociedade", o bloco era visto como a esperança do "povo". Sua função primordial era se contrapor à esquerda — entendida como uma "minoria" responsável por elaborar uma proposta de Constituição "insólita" e repleta de "exageros".

Com o avanço das votações no plenário da Constituinte, as Forças Armadas, em articulação com o Centrão, conseguiam obter mais vitórias. "No que tange às postulações da Força junto à ANC, as imperfeições observadas estão sendo discutidas, título a título", afirmava o RPM de março de 1988.[49]

Foi por meio dessas articulações com o Centrão que a caserna conseguiu reverter o posicionamento majoritário da Constituinte sobre o tema da tortura, última questão redigida em termos que desagradavam aos militares. Uma proposta equiparando a tortura com o tráfico de drogas, o terrorismo e os "crimes hediondos" foi levada ao plenário por 287 constituintes que compunham o bloco. Nos termos do pesquisador Mateus Utzig, esse foi um "ponto de inflexão no debate constituinte sobre a proibição da tortura".[50]

Foi também junto com o Centrão que as Forças Armadas conseguiram garantir, em relação à anistia, uma redação ainda mais restritiva do que a que viera da Comissão de Sistematização. "A anistia aos militares cassados não passou dos limites estipulados no texto do 'CENTRÃO'", atestou o relatório mensal do CIE de julho de 1988.[51]

No discurso em que declarou ter "ódio e nojo" à ditadura, Ulysses Guimarães sentenciou:

> Conhecemos o caminho maldito. Rasgar a Constituição, trancar as portas do Parlamento, garrotear a liberdade, mandar os patriotas para a cadeia, o exílio e o cemitério. Quando, após tantos anos de lutas e sacrifícios, promulgamos o Estatuto do Homem da Liberdade e da Democracia, bradamos por imposição de sua honra.
> [...]
> O Estado prendeu e exilou. A sociedade, com Teotônio Vilela, pela anistia, libertou e repatriou. A sociedade foi Rubens Paiva, não os facínoras que o mataram. Foi a sociedade mobilizada nos colossais comícios das Diretas Já que pela transição e pela mudança derrotou o Estado usurpador.[52]

O presidente da Assembleia Nacional Constituinte conferia ao novo texto o título bastante simbólico de Estatuto do Homem, da Liberdade e da Democracia. Outro epíteto, também muito emblemático, que a Carta Magna ganharia seria o de Constituição Cidadã. De fato, não há dúvidas de que a Constituição de 1988 trouxe avanços fundamentais para o país. Do ponto de vista das liberdades civis e dos direitos sociais, as décadas que se seguiram à ditadura foram marcadas por importantes transformações.

No entanto, no que se refere ao poder acumulado e concentrado pelas Forças Armadas ao longo de duas décadas de regime autoritário, a Assembleia Nacional Constituinte não teve capacidade de enfrentar o problema. Com a ANC se aproximando do fim, a caserna tinha motivos para comemorar. No RPM de julho de 1988, o CIE afirmava que "os interesses das instituições militares foram satisfatoriamente preservados". Para o Exército, isso aconteceu "pelo trabalho diuturno de assessorias que realizaram convincente trabalho de esclarecimento dos parlamentares".

A autocelebração sobre a forma de atuação de sua Assessoria Parlamentar prosseguia. "Ao contrário de outros 'lobby'", apontava o relatório, "as Forças Armadas não almejaram benefícios corporativistas, pautando suas reivindicações nos interesses maiores da nacionalidade e vislumbrando um futuro de progresso e conciliação para todos os brasileiros."[53] Mais uma vez, aparecia o discurso de que os interesses dos militares não eram corporativos ou particularistas. Eram os próprios interesses da "nacionalidade", necessários para o "progresso" e para a "conciliação".

À luz dessa argumentação, e com base no intenso trabalho de lobby nos bastidores e de pressão pública, além de uma estratégica articulação com o Centrão, as Forças Armadas conseguiram garantir o atendimento integral às suas demandas. Elas mantiveram a previsão constitucional de intervenção interna, garantiram uma concepção limitada de anistia e diluíram o repúdio simbólico à tortura ao equipará-la ao terrorismo.

No curso desse processo, edificaram uma robusta estrutura de lobby, moldando a instituição para seguir com sua atuação política mesmo em um cenário de regime democrático. De fato, no último relatório mensal do CIE que trazia um monitoramento da Constituinte, o Exército destacava que, no regime democrático que se começava a construir, em razão da "transferência de atribuições do Executivo para o Legislativo" as Asspar das Forças Armadas continuariam com uma "elevada responsabilidade de acompanhar e assessorar o trabalho dos congressistas na elaboração das leis complementares de interesse das FA".[54]

A manutenção dessa estrutura de lobby, assumida como prioridade do Exército para o pós-ditadura, é sinal inequívoco de que nunca foi a pretensão dos militares se retirar da vida política. De fato, em um estudo publicado em 2023, o Instituto Tricontinental mostra como esses tentáculos se expandiram durante a democracia, conformando uma estrutura de assessoria parlamentar gigantesca, capaz de render muitos frutos para a caserna.[55]

Durante o governo de extrema direita de Jair Bolsonaro, ficaram mais explícitas, para a sociedade brasileira, as consequências das escolhas e das omissões da Constituinte sobre os militares. Todo o imbróglio em torno do famigerado artigo 142 da Constituição, que Bolsonaro e seus assessores jurídicos tentavam apontar como fonte de legitimidade para um golpe de Estado, tem sua origem no fato de que a Carta Magna manteve a previsão da atuação das Forças Armadas para garantir a chamada ordem interna.

Ao mesmo tempo que manteve intactas as prerrogativas das Forças Armadas, a Constituição de 1988 não mexeu na arquitetura institucional das polícias. Como ficou claro na leitura dos documentos sobre os "assuntos de interesse" da caserna, a manutenção da estrutura militarizada das forças de segurança estaduais, bem como a sua previsão como força auxiliar do Exército, eram demandas dos militares que foram, obviamente, atendidas.

Assim, a Constituição Cidadã assegurou a existência de um Estado militarizado tanto no que se refere às prerrogativas das Forças Armadas como no que diz respeito às polícias. Ao mesmo tempo, a democracia brasileira herdou dois discursos complementares sobre a violência do Estado, construídos ao longo do processo de abertura política.

O primeiro deles dizia ser necessário "esquecer" as violações do passado em nome da "conciliação". Essa formulação passava por um reconhecimento simbólico e limitado de violências do regime ditatorial. Mas se traduzia em poucas transformações práticas, tanto no que diz respeito às formas de reparação a essa violência — cujo exemplo mais notável é a impunidade garantida aos militares pela Lei da Anistia de 1979 — como no que se refere a reformas institucionais no âmbito das Forças Armadas.

O segundo discurso sobre a violência de Estado também partia do reconhecimento simbólico de que as violências perpetradas pelo regime contra seus opositores haviam sido ilegítimas. No entanto, essa concessão servia apenas para legitimar outras formas de violações de Estado. Nos debates sobre a tortura realizados na ANC, o constituinte Narciso Mendes, do PDS, expressou essa perspectiva:

> A imagem do preso político, de triste memória, cruelmente torturado, parece levar a sociedade quando se fala em "tortura ou tratamentos cruéis" a tratar o criminoso perigoso (assaltante, latrocida, estuprador) no mesmo nível de um preso político. O que fazer a polícia ou os agentes de segurança pública diante de um assaltante perigoso, de arma em punho, para desarmá-lo? Será que os argumentos bastam? Será que a medida mais corre-

ta não seria desarmá-lo a qualquer custo? Será que num entrevero dessa ordem o policial não tenha que aplicar técnicas avançadas de defesa pessoal? Será que nesta defesa o criminoso não tenha que sofrer tratamento qualificado como cruel? O avanço da criminalidade e perversidade que se tem notícia parece recomendar que para tais crimes o tratamento ou será na base do "dente por dente", "olho por olho" ou o policial não terá condições de enfrentar o criminoso.[56]

Em meio à conformação de uma Constituição que receberia o epíteto de Cidadã, um parlamentar não via problemas em fazer a defesa explícita do "olho por olho, dente por dente" como forma de atuação cotidiana das polícias. Afinal, não se tratava mais da "imagem do preso político, de triste memória". Essa atuação repressiva, agora, se voltava para "criminosos" de outro "nível". Para eles, o "tratamento qualificado como cruel" era legítimo e até mesmo desejado.

Menos de dois anos depois de Ulysses Guimarães garantir que tínhamos "ódio e nojo à ditadura", aconteceu o que narrei na abertura deste livro: onze jovens moradores da favela de Acari foram sequestrados, torturados e desapareceram. Sob a vigência da Constituição Cidadã, esse "verdadeiro Estatuto do Homem, da Liberdade e da Democracia", chacinas como essa se tornariam rotina.

Depois de Acari, vieram as do Carandiru (1992), da Candelária e de Vigário Geral (1993), de Nova Brasília (1994), de Eldorado dos Carajás (1996), do Borel (2003), da Baixada Fluminense (2005), do Pan (2007), do Fallet-Fogueteiro (2019), do Salgueiro e do Jacarezinho (2021) e da Vila Cruzeiro (2022).

A perene ameaça de uma intervenção das Forças Armadas na vida política e os milhares de mortes provocados pelas polícias — sobretudo as militares — anualmente no Brasil são dois lados de uma mesma moeda. São expressões complementares do caráter limitado de nossa democracia, nascida de uma "distensão lenta, gradual e segura" cujo projeto foi, desde o início, mudar o regime mantendo as bases elitistas, autoritárias e desiguais do Estado e da sociedade brasileira — as quais não se originaram na ditadura militar, mas que nela se aprofundaram de modo radical. Nesse sentido, da perspectiva dos dirigentes civis e militares do regime autoritário, a transição foi bem-sucedida.

Contudo, caso resgatemos os projetos alternativos formulados por movimentos sociais, organizações de direitos humanos, partidos progressistas e intelectuais, veremos que a realidade poderia — e ainda pode — ser diferente. Mirando esses exemplos, podemos almejar um Brasil em que todas e todos sejam dignos das garantias constitucionais e possam ter seus direitos humanos protegidos, independentemente de classe, raça, gênero, orientação sexual e local de moradia. Desse ponto de vista, a transição para uma democracia substantiva, digna deste nome, seguirá inacabada enquanto imperar a lógica racista e classista que oferece direitos e liberdades para uns, e prisões, torturas e chacinas para outros.

AGRADECIMENTOS

COMEÇO A ESCREVER ESTES AGRADECIMENTOS no bloco de notas do celular, com minha filha de apenas dez dias no colo. Marina, sua chegada coincidiu com os momentos finais de elaboração deste livro. Quando você puder ler estas linhas, saiba que sou muito grato às suas longas sonecas de tarde, que me permitiram terminar a revisão do texto. Mas te agradeço principalmente por dar um novo sentido a esta obra — o de pensá-la como uma pequena contribuição para tentar deixar um mundo um pouco melhor para você.

Devo muito mais do que um agradecimento a Virna, companheira de vida, que está presente em cada linha deste trabalho. Este livro é, sem dúvidas, um projeto nosso — mais um! —, alimentado por ideias, lutas e sonhos em comum. Por isso, me emociona tanto que ele venha ao mundo poucos meses depois do nascimento de nossa filha. Agora, precisamos apenas plantar uma árvore!

Esta obra é uma versão adaptada de minha tese de doutorado em sociologia, defendida no Instituto de Estudos Sociais e Políticos da Universidade do Estado do Rio de Janeiro, em 2022. Agradeço muito a José Leon Szwako, meu orientador, entusiasta de primeira hora da pesquisa. Zé foi fundamental não apenas ao longo da escrita da tese, com suas observações e comentários, mas também foi um grande incentivador para que o trabalho ganhasse novos desdobramentos após a defesa.

Agradeço a Cristina Buarque de Hollanda, Desirée Azevedo, Flávia Medeiros, José Sérgio Leite Lopes e Palloma Menezes, que estiveram na banca de defesa e cujos comentários foram essenciais para aprimorar diversos pontos do trabalho.

Embora o livro não tenha entrevistas como sua fonte principal, agradeço a Marcelo Pimentel e Antonio Henrique Lago, que gentilmente aceitaram conversar comigo para esclarecer pontos importantes da narrativa.

A história deste livro se inicia na Comissão da Verdade do Rio de Janeiro, onde cheguei como estagiário para a experiência que transformou radicalmente o rumo da minha vida. Por isso, agradeço a quem tanto me ensinou sobre a ditadura militar, sobre como fazer pesquisa e sobre a política: Andrea Schettini, Diego Maggi, Fabio Cascardo, Juliano Patiu, Marta Pinheiro, Nadine Borges, Pedro Bomfim, Tiago Régis, Vitor Guimarães e Virna Plastino.

Parte importante deste livro tem origem em debates e reflexões coletivas realizadas no âmbito do Núcleo de Memória e Direitos Humanos da UFRJ, coordenado por Zé Sérgio Leite Lopes e integrado também por Felipe Magaldi, Luciana Lombardo e Virna Plastino. Muito obrigado pelas trocas e projetos conjuntos.

Agradeço a algumas pessoas com quem, ao longo da trajetória acadêmica, pude contar para discutir argumentos e consolidar ideias que estão de alguma maneira presentes no livro: Diogo Lyra, Gustavo Simi, Hélio Cannone, Juliana Oakim, Larissa Corrêa, Marco Pestana, Marcos Campos, Paulo Fontes e Pedro Teixeirense.

Agradeço a Paulo César Gomes pela oportunidade de participar de um projeto tão importante como o História da Ditadura, bem como aos demais colegas que integram a iniciativa.

Para além dos diálogos acadêmicos, devo muito aos acúmulos coletivos construídos em meio à militância com companheiros e companheiras que foram, muitas vezes, protagonistas da história aqui narrada. Ao agradecer Jessie Jane Vieira e Vera Vital Brasil do Coletivo RJ Memória, Verdade, Justiça e Reparação; e Leo Alves e Paulo Abrão, da Coalizão Brasil por Memória, Verdade, Justiça, Reparação e Democracia, deixo meu reconhecimento a todos os integrantes dessas organizações.

Do mesmo modo, ao agradecer Derê Gomes e Renata Souza, deixo minha gratidão a todos os companheiros da Revolução Solidária, com quem aprendo diariamente sobre a importância de construirmos um projeto popular e solidário de transformação da sociedade.

Devo um grande agradecimento para toda a turma do BBG, amigos de longa data que costumam acreditar em mim muito mais do que eu mesmo. Deixo um abraço em especial aos agora compadres João Pedro Soares e João Pedro Teles.

Agradeço a meus pais, Marcos e Cristina, e a meu irmão, Pedro, apoiadores essenciais de todas as decisões tomadas por mim ao longo de muitos anos para que hoje este livro existisse.

Agradeço a Ricardo Teperman e Heloisa Starling, pela confiança e entusiasmo com este projeto. O agradecimento se estende ainda a toda a equipe da Companhia das Letras, que certamente ajudou a tornar o texto muito melhor.

NOTAS

INTRODUÇÃO [PP. 11-28]

1   Mario Cesar Carvalho, "Afanásio volta ao rádio e inicia campanha". *Folha de S.Paulo*, 12 ago. 1987.
2   Do ponto de vista acadêmico, a pesquisa pioneira e mais importante sobre essa discussão, que é uma referência para este trabalho, é Desirée de Lemos Azevedo, *Ausências incorporadas: Etnografia entre familiares de mortos e desaparecidos políticos no Brasil* (São Paulo: Editora Unifesp, 2018).
3   Relatório Final da CNV, v. 2, p. 205.
4   Senado Federal, "A implementação das recomendações que constarão no Relatório Final da Comissão Nacional da Verdade". Audiência Pública, 11 dez. 2014. Disponível em: <https://legis.senado.leg.br/cmissoes/reuniao?45&reuniao=2961>. Acesso em: 12 out. 2021.
5   Leonilde Servolo de Medeiros (Org.), *Ditadura, conflito e repressão no campo: A resistência camponesa no estado do Rio de Janeiro*. Rio de Janeiro: Consequência, 2018; Alessandra Gasparotto e Fabricio Teló, *Movimento de luta pela terra e repressão a camponeses durante a ditadura civil-militar no Brasil: Reflexões sobre história, memória e justiça de transição*. In: Carlos Artur Gallo (Org.), *Nas trincheiras da memória: Lutas pelo passado, políticas de memória e justiça de transição no sul da Europa e na América do Sul*. Rio de Janeiro: Oficina Raquel, 2021, pp. 277-300.
6   Comissão Camponesa da Verdade, *Relatório final: Violações de direitos no campo (1946-1988)*. Brasília: UnB, 2015.

7   Brasil, *Camponeses mortos e desaparecidos: Excluídos da Justiça de Transição*. Brasília: Secretaria de Direitos Humanos da Presidência da República, 2013.
8   René Armand Dreifuss, *1964 — A conquista do Estado: Ação política, poder e golpe de classe*. Petrópolis: Vozes, 1981.
9   Pedro Henrique Pedreira Campos, *"Estranhas catedrais": As empreiteiras brasileiras e a ditadura civil-militar, 1964-1988*. Niterói: EDUFF, 2014.
10 Orlando Calheiros, "No 'tempo da guerra': Algumas notas sobre as violações dos direitos dos povos indígenas e os limites da justiça de transição no Brasil". *Revista Verdade, Justiça e Memória*, Rio de Janeiro, v. 9, p. 1, 2015; Rubens Valente, *Os fuzis e as flechas: História de sangue e resistência indígena na ditadura*. São Paulo: Companhia das Letras, 2017.
11 Renan Quinalha e James Green (Orgs.), *Ditadura e homossexualidades: Repressão, resistência e a busca da verdade*. São Carlos: Edufscar, 2014; Benjamin Cowan, *Securing Sex: Morality and Repression in the Making of Cold War Brazil*. Chapel Hill: University of North Carolina Press, 2016; Renan Quinalha, *Contra a moral e os bons costumes: A ditadura e a repressão à comunidade LGBT*. São Paulo: Companhia das Letras, 2021.
12 Thula Pires, "Estruturas intocadas: Racismo e ditadura no Rio de Janeiro". *Direito e Práxis*, Rio de Janeiro, v. 9, n. 2, pp. 1054-79, 2018; Gabrielle de Oliveira Abreu, *O negro na ditadura: Um estudo acerca da invisibilidade das experiências negras nas narrativas sobre o regime*. Rio de Janeiro: UFRJ, 2021. Dissertação (Mestrado em História Comparada). Ver também Lucas Pedretti, *Dançando na mira da ditadura: Bailes soul e violência contra a população negra nos anos 1970*. Rio de Janeiro: Arquivo Nacional, 2022.
13 Marco Pestana, *Remoções de favelas no Rio de Janeiro: Empresários, Estado e movimento de favelados (1957-1973)*. Rio de Janeiro: Arquivo Nacional, 2022; Mauro Amoroso e Rafael Soares Gonçalves, "Golpe militar e remoções das favelas cariocas: Revisitando um passado ainda atual". *Acervo*, Rio de Janeiro, v. 27, n. 1, pp. 209-26, 2014; Mario

Brum, "Ditadura civil-militar e favelas: Estigma e restrições ao debate sobre a cidade (1969-1973)". *Cadernos Metrópole*, São Paulo, v. 14, n. 28, pp. 357-79, 2012; Juliana Oakim, *"Urbanização sim, remoção não": A atuação da Federação das Associações de Favelas do Estado da Guanabara nas décadas de 1960 e 1970*. Rio de Janeiro: UFF, 2014. Dissertação (Mestrado em História).

14 Liliana Sanjurjo e Gabriel Feltran, "Sobre lutos e lutas: Violência de Estado, humanidade e morte em dois contextos etnográficos". *Ciência e Cultura*, Brasília, v. 67, n. 2, pp. 40-5, abr./jun. 2015; Desirée de Lemos Azevedo, "Os mortos não pesam todos o mesmo: Uma reflexão sobre atribuição de identidade política às ossadas da Vala de Perus". *Papeles del CEIC*, Bilbao, v. 2019/2, papel 218, 2019.

15 Judith Butler, "Violência, luto e política". In: ____, *Vida precária: Os poderes do luto e da violência*. Trad. de Andreas Lieber. Belo Horizonte: Autêntica, 2019, pp. 39-72; e Id., "Vida precária, vida passível de luto". In: ____, *Quadros de guerra: Quando a vida é passível de luto?* Trad. de Sérgio Lamarão e Arnaldo Marques da Cunha. Rio de Janeiro: Civilização Brasileira, 2019, pp. 13-53.

16 Aimé Césaire, "Discurso sobre o colonialismo". In: ____, *Aimé Césaire, textos escolhidos: A tragédia do rei Christophe, Discurso sobre o colonialismo, Discurso sobre a negritude*. Trad. de Sebastião Nascimento. Rio de Janeiro: Cobogó, 2022.

17 Gabriel Feltran, "Vinte anos depois: A construção democrática brasileira vista da periferia de São Paulo". *Lua Nova: Revista de Cultura e Política*, São Paulo, n. 72, p. 83, 2007.

18 Lúcio de Castro, "Em discurso, Bolsonaro apoiou grupo de extermínio que cobrava R$ 50 para matar jovens da periferia". Congresso em Foco, 13 out. 2018. Disponível em: <https://cogressoemfoco.uol.com.br/area/pais/bolsonaro-apoiou-grupo-de-exterminio-que-cobrava-r-50-para-matar-jovens-da-periferia/>. Acesso em: 9 out. 2023.

19 "Bolsonaro já defendeu tortura para quem pediu para ficar em silêncio em CPI". Poder360, 18 maio 2021. Disponível em: <https://www.poder360.com.br/governo/bolsonaro-ja-defendeu-tortura-

para-quem-pediu-para-ficar-em-silencio-em-cpi/>. Acesso em: 9 out. 2023.

20 William Helal Filho, "Há 20 anos, Bolsonaro defendeu fechamento do Congresso e a morte do então presidente, Fernando Henrique". *O Globo*, 24 maio 2019. Disponível em: <https://blogs.oglobo.globo.com/blog-do-acervo/post/ha-20-anos-bolsonaro-defendeu-fechamento-do-congresso-e-morte-do-entao-presidente-fernando-henrique-cardoso.html>. Acesso em: 9 out. 2023.

21 "No JN, Bolsonaro diz que policial que mata bandido tem que ser 'condecorado', não condenado". *Zero Hora*, 28 ago. 2018. Disponível em: <https://gauchazh.clicrbs.com.br/politica/eleicoes/noticia/2018/08/no-jn-bolsonaro-diz-que-policial-que-mata-bandido-tem-que-ser-condecorado-nao-condenado-cjleg8tof053j01n0txgqaitf.html>. Acesso em: 9 out. 2023.

22 Reinhart Koselleck, *Futuro passado — contribuição à semântica dos tempos históricos.* Rio de Janeiro: Contraponto, 2006.

1. HERÓIS, BANDIDOS OU VÍTIMAS [PP. 29-44]

1 O jornalista Elio Gaspari publicou uma reprodução digital da carta com as anotações de Figueiredo em seu site Arquivos da Ditadura. Disponível em: <https://arquivosdaditadura.com.br/documento/galeria/conjunto-documentos-sobre-situacao-presos#pagina-3>. Acesso em: 12 ago. 2020.

2 Samuel Moyn, *The Last Utopia: Human Rights in History.* Cambridge: The Belknap Press of Harvard University, 2010, p. 121.

3 Renata Meirelles, *Acender as velas já é profissão: A atuação da Anistia Internacional em relação ao Brasil durante a ditadura (1961-1981).* São Paulo: FFLCH-USP, 2016, p. 43. Tese (Doutorado em História Social).

4 Samuel Moyn, op. cit., p. 132.

5 Paulo César Gomes, *A visão da comunidade de informações sobre a atuação dos bispos católicos na ditadura militar brasileira (1970-*

-1980). Rio de Janeiro: UFRJ, 2010, p. 29. Dissertação (Mestrado em História Social).

6   Renata Meirelles, op. cit., p. 42.
7   James Green, *Apesar de vocês: Oposição à ditadura brasileira nos Estados Unidos, 1964-1985*. Trad. de S. Duarte. São Paulo: Companhia das Letras, 2009, p. 209.
8   Ralph Della Cava, "Torture in Brazil", 24 abr. 1970. Arquivo Nacional, Fundo Divisão de Segurança e Informações do Ministério das Relações Exteriores, notação: br_dfanbsb_z4_rex_ibr_0021_d0001de0001.
9   American Committee for Information on Brazil, *Terror in Brazil: Adossier*. Abr. 1970. Arquivo Nacional, Fundo Serviço Nacional de Informações, notação: br_dfanbsb_v8_mic_gnc_eee_81006250_d0001de0001.
10 James Green, op. cit., p. 211.
11 Anistia Internacional, *Report on Allegations of Torture in Brazil*, 1972. Disponível em: <https://library.brown.edu/create/wecannotremainsilent/wp-content/uploads/sites/43/2012/11/amnestyreport.pdf>. Acesso em: 4 fev. 2021.
12 Ibid., p. 1.
13 Ibid., p. 9.
14 Maurice Politi, *Resistência atrás das grades*. Rio de Janeiro: Garamond, 2014.
15 A carta está citada e transcrita em ibid., p.139. Uma cópia da original pode ser encontrada no Arquivo Nacional, Fundo Divisão de Segurança e Informações do Ministério da Justiça, notação: br_rjanrio_tt_0_mcp_avu_0009_d001.
16 O panfleto está citado e transcrito em ibid., p. 149. Uma cópia do original pode ser encontrada no Arquivo Nacional, Fundo Divisão de Segurança e Informações do Ministério da Justiça, notação: br_rjanrio_tt_0_mcp_avu_0009_d001.
17 Citada e transcrita em ibid., pp. 163-5. Não localizei o original, que provavelmente está no acervo do Deops/SP, custodiado no Arquivo Público do Estado de São Paulo (Apesp).

18 Citado e transcrito em ibid., pp. 173-6. O original pode ser encontrado no Arquivo Nacional, Fundo Divisão de Segurança e Informações do Ministério da Justiça, notação: br_rjanrio_tt_0_mcp_avu_0009_d001.
19 "A punição dos presos políticos", *O Estado de S. Paulo*, 25 jun. 1972.
20 "Presos políticos?", *Folha de S.Paulo*, 30 jun. 1972.
21 Paulo César Gomes, op. cit., p. 40.
22 Ibid., p. 42.
23 Kenneth P. Serbin, *Diálogos na sombra: Bispos e militares, tortura e justiça social na ditadura*. Trad. de Carlos Eduardo Lins da Silva. São Paulo: Companhia das Letras, 2001.
24 O assassinato de Alexandre Vannucchi Leme e as suas repercussões para a já tensa relação entre a Igreja e a ditadura estão detalhadamente descritos e analisados em Kenneth P. Serbin, "The Anatomy of a Death: Repression, Human Rights and the Case of Alexandre Vannucchi Leme in Authoritarian Brazil" (*Journal of Latin American Studies*, Cambridge, v. 30, n. 1, pp. 382-407, 1998) e Kenneth P. Serbin, *Diálogos na sombra: Bispos e militares, tortura e justiça social na ditadura*. Trad. de Carlos Eduardo Lins da Silva. São Paulo: Companhia das Letras, 2001.
25 Ibid., p. 7.
26 Ibid., pp. 8-9.
27 O panfleto está anexado ao processo de Alexandre Vannucchi Leme na Comissão Especial sobre Mortos e Desaparecidos Políticos, hoje custodiado no Arquivo Nacional e acessível a partir da seguinte referência: Arquivo Nacional, Fundo Comissão Especial sobre Mortos e Desaparecidos Políticos, notação: br_dfanbsb_at0_0_0_0025_d0001de0001.
28 Kenneth P. Serbin, 2001, op. cit., p. 400.
29 Ibid., p. 404.
30 Aton Fon Filho et al. (Orgs.), *A repressão militar-policial no Brasil: O livro chamado João*. São Paulo: Expressão Popular, 2016, p. 47.
31 Ibid., p. 160.
32 Ibid., p. 132.

33 Ibid., p. 158.
34 Ibid., pp. 163-4.
35 Ibid., p. 166.
36 "OAB apronta as denúncias que fará a Geisel". *Folha de S.Paulo*, 1 ago. 1975.
37 Comissão da Verdade do Estado de São Paulo — Rubens Paiva, *"Bagulhão": A voz dos presos políticos torturados*. São Paulo: CEV-SP, 2014, p. 12.
38 Ibid., pp. 42-54.
39 Ibid., pp. 54-5.
40 Para as assinaturas manuscritas: Arquivo Nacional, Fundo Serviço Nacional de Informações, notação: br_dfanbsb_v8_mic_gnc_aaa_76091768_d0001de0002.
41 Pedro Rolo Benetti, "O exílio em revista". *Revista Sul-Americana de Ciência Política*, Pelotas, v. 2, n. 2, pp. 1-18, 2021.
42 Samuel Moyn, op. cit., p. 142.

2. AS CLASSES PERIGOSAS E OS CIDADÃOS DE BEM [PP. 45-70]

1 Citado em Gustavo Querodia Tarelow, *Antonio Carlos Pacheco e Silva: Psiquiatria e política em uma trajetória singular (1898-1988)*. São Paulo: Faculdade de Medicina de São Paulo, 2018, p. 178. Tese (Doutorado em Ciências).
2 "Resumo dos relatórios da viagem ao estrangeiro realizada em maio, junho e julho de 1971, por A. C. Pacheco e Silva". Arquivo Nacional, Fundo Divisão de Segurança e Informações do Ministério da Justiça, notação: BR_RJANRIO_TT_O_MCP_AVU_0356. Gostaria de agradecer ao jornalista João Pedro Soares, que foi fundamental na pesquisa e na elaboração de reflexões acerca da viagem de Antônio Carlos Pacheco e Silva.
3 Ver Cecília MacDowell Santos, "A justiça ao serviço da memória: Mobilização jurídica transnacional, direitos humanos e memória da ditadura". In: Cecília MacDowell Santos; Edson Teles e Janaína

Teles, *Desarquivando a ditadura: Memória e justiça no Brasil*, v. II. São Paulo: Editora Hucitec, 2009, pp. 472-95.

4   Arquivo Nacional, Fundo Divisão de Segurança e Informações do Ministério da Justiça, notação: br_rjanrio_tt_0_mcp_avu_0064_d001.

5   Arquivo Nacional, Fundo Divisão de Segurança e Informações do Ministério das Relações Exteriores, notação: br_dfanbsb_z4_rex_ibr_0001_d0001de0001. Todas as citações ao relatório feitas neste tópico se referem ao mesmo documento.

6   Maria Helena Moreira Alves, *Estado e oposição no Brasil (1964-1984)*. Petrópolis: Vozes, 1984, p. 36.

7   João Roberto Martins Filho, "A influência doutrinária francesa sobre os militares brasileiros nos anos de 1960". *Revista Brasileira de Ciências Sociais*, São Paulo, v. 23, n. 67, p. 42, 2008.

8   Ibid., p. 42.

9   Antonio Carlos Pacheco e Silva, "Guerra psicológica". *A Defesa Nacional*, Rio de Janeiro, v. 51, n. 600, p. 32, mar./abr. 1965.

10 Sidney Chalhoub, *Cidade febril: Cortiços e epidemias na Corte Imperial*. São Paulo: Companhia das Letras, 1996, p. 20.

11 Ibid., p. 22.

12 Ibid., p. 23.

13 Ibid.

14 Marcelo Rosanova Ferraro, *A economia política da violência na era da segunda escravidão: Brasil e Estados Unidos, 1776-1888*. São Paulo: FFLCH-USP, 2021, pp. 86-7. Tese (Doutorado em História Social).

15 Ibid., p. 89.

16 Ibid., p. 95.

17 Ibid., p. 96.

18 Código Criminal do Império do Brasil.

19 Thomas Holloway, *Polícia no Rio de Janeiro: Repressão e resistência numa cidade do século XIX*. Trad. de Francisco de Castro Azevedo. Rio de Janeiro: Editora FGV, 1997, p. 257.

20 Ibid., p. 257.

21 Para sobreviver a mudanças profundas na conjuntura internacio-

nal, forjou-se aquilo que os historiadores que se dedicam ao período caracterizam como uma "segunda escravidão". Profundamente conectada com o desenvolvimento do capitalismo, essa nova roupagem da escravidão garantiu sua manutenção por mais algumas décadas nos territórios de Cuba, dos Estados Unidos e do Brasil, mesmo num quadro de avanço do abolicionismo na esfera internacional. Ver em Rafael Marquese e Ricardo Salles (Orgs.), *Escravidão e capitalismo histórico no século XIX: Cuba, Brasil e Estados Unidos*. Rio de Janeiro: Civilização Brasileira, 2016.

22 Marcelo Ferraro, op. cit.
23 Sidney Chalhoub, op. cit., p. 48.
24 Maria Fernanda Ribeiro Cunha, *Coluna de jornal, grade de cadeia: A invenção oitocentista das classes perigosas nos termos de bem viver (1870-1890)*. Rio de Janeiro: PUC-Rio, 2022, p. 16. Dissertação (Mestrado em História Social da Cultura).
25 Paulo Cruz Terra, "Racismo, trabalho e ociosidade no processo de abolição: O Brasil e o Império Português numa perspectiva global (1870-1888)". *Revista Brasileira de História*. São Paulo, v. 41, n. 88, p. 159, 2021.
26 Maria Fernanda Ribeiro Cunha, op. cit., p. 17.
27 Sidney Chalhoub, *Trabalho, lar e botequim: O cotidiano dos trabalhadores no Rio de Janeiro da Belle Époque*. Campinas: Ed. da Unicamp, 2001, p. 49.
28 Fernanda Ferreira Pradal, *A "justiça de transição" no Brasil: O caso do Departamento de Ordem Política e Social (Dops) do Rio de Janeiro*. Rio de Janeiro: PUC-Rio, 2017, p. 57. Tese (Doutorado em Direito).
29 Lúcia Carpi e Jéssica Moura Campos, "Polícia, ciência e 'higiene social'". In: Arquivo Público do Estado do Rio de Janeiro. *Dops: A lógica da desconfiança*. Rio de Janeiro: Secretaria de Estado da Justiça, 1996, pp. 28-31.
30 Fernanda Pradal, op. cit., p. 56.
31 Myrian Sepúlveda dos Santos. "A prisão dos ébrios, capoeiras e vagabundos no início da Era Republicana". *Topoi*, Rio de Janeiro, v. 5, n. 8, p. 138, jan./jun. 2004.

32 Rodrigo Patto Sá Motta, *Em guarda contra o perigo vermelho: O anticomunismo no Brasil (1917-1964)*. Niterói: Eduff, 2020.
33 Ângela Britto, "A sala de detidos": Atuação e ascensão da polícia política da capital federal do Brasil, 1920-1937. Rio de Janeiro: FGV-Rio, 2011, p. 82. Tese (Doutorado em História, Política e Bens Culturais).
34 Ibid., p. 150.
35 Ibid.
36 Luciana Lombardo Costa Pereira, "Nos arquivos da polícia política: Reflexões sobre uma experiência de pesquisa no Dops do Rio de Janeiro". *Acervo*, Rio de Janeiro, v. 27, n. 1, p. 261, 2014.
37 Lei nº 38, de 4 de abril de 1935.
38 Lei nº 1802, de 5 de janeiro de 1953.
39 Marcos Luiz Bretas e André Rosemberg, "A história da polícia no Brasil: Balanço e perspectivas". *Topoi*, Rio de Janeiro, v. 14, n. 26, p. 172, 2013.
40 Michel Misse, *Malandros, marginais e vagabundos & a acumulação social da violência no Rio de Janeiro*. Rio de Janeiro: Lamparina, Faperj, 2022.
41 A íntegra do depoimento está disponível no site do Ministério Público Federal, em: <http://www.prrj.mpf.mp.br/institucinal/crimes-da-ditadura/atuacao-1/caso-rubens-paiva-integra-do-audios-dos-depoimentos/depoimento-de-riscala-corbage-1-3/view>. Acesso em: 25 jun. 2023. O militar fala sobre o tema entre 23'27 e 23'49.
42 Anthony W. Pereira, *Ditadura e repressão: O autoritarismo e o estado de direito no Brasil, no Chile e na Argentina*. São Paulo: Paz e Terra, 2010, p. 44.
43 Ibid., p. 53.
44 Sobre a retroalimentação da ação da ditadura e das oposições, ver Maria Helena Moreira Alves, op. cit. Sobre a luta armada, ver Jacob Gorender, *Combate nas trevas* (São Paulo: Ática, 1987) e Marcelo Ridenti, *O fantasma da revolução brasileira* (São Paulo: Unesp, 1993). Sobre a evolução da estrutura repressiva ao longo da ditadura, ver Carlos Fico, *Como eles agiam: Os subterrâneos da ditadura militar:*

Espionagem e polícia política. Rio de Janeiro: Record, 2001. Para um olhar específico sobre a Oban e os DOI-Codis, ver Mariana Joffily, *No centro da engrenagem* (São Paulo: Edusp, 2013).
45 Maria Pia Guerra, *Polícia e ditadura: A arquitetura institucional da segurança pública de 1964 a 1988*. Brasília: Ministério da Justiça e Cidadania, 2016, p. 16.
46 Ibid., p. 16.
47 Ibid., p. 19.
48 Ibid., p. 22.
49 Arquivo Nacional, Fundo Serviço Nacional de Informações, notação: BR_DFANBSB_V8_ MIC_GNC_AAA_71037868_d0001de0001.
50 "Murici aponta aliciamento de jovens para o terror". *Jornal do Brasil*, 19 jul. 1970.
51 Roberto Efrem Filho, "Os meninos de Rosa: Sobre vítimas, algozes, crime e violência". *Cadernos Pagu*, Campinas, n. 51, e175106, 2017.
52 Michel Misse, *Malandros, marginais e vagabundos: A acumulação social da violência no Rio de Janeiro*. Rio de Janeiro: Lamparina, Faperj, 2022.

3. LENTA, GRADUAL E SEGURA [PP. 71-90]

1 "Geisel dirige sua primeira mensagem à Nação". *O Globo*, 20 mar. 1974.
2 "Geisel anuncia distensão gradual e segura", *O Globo*, 30 ago. 1974.
3 Maria Celina D'Araújo e Celso Castro (Orgs.), *Ernesto Geisel*. Rio de Janeiro: FGV, 1997, p. 263.
4 Disponível em: <https://history.state.gov/historicaldocuments/frus1969-76ve11p2/d99?platform=hootsuite&fbclid=IwAR3pnAF7I4ODcMwpZHoUghM7BFDK9UPMmI2HZhVPfvLFE9eB_AyJRgzEe>.
5 Maud Chirio, *A política nos quartéis: Revoltas e protestos de oficiais na ditadura militar brasileira*. Rio de Janeiro: Zahar, 2012, p. 172.
6 Ibid., p. 170.
7 Marcus Faria Figueiredo e José Antônio Borges Cheibub, "A abertura

política de 1973 a 1981: Quem disse o quê, quando — Inventário de um debate". BIB, Rio de Janeiro, n. 14, pp. 29-61, 1982.

8   Adriano Codato, "Uma história política da transição brasileira: Da ditadura militar à democracia". *Revista de Sociologia e Política*, Curitiba, n. 25, p. 84, nov. 2005.

9   Rodrigo Lentz, *Pensamento político dos militares no Brasil: Mudanças e permanências na doutrina da ESG (1974-2016)*. Brasília: Universidade de Brasília, 2021, p. 90. Tese (Doutorado em Ciência Política).

10 Ibid., p. 109.

11 Ibid., p. 118.

12 Ibid., p. 136.

13 Ibid., p. 137.

14 Jurandyr da C. M. Campos et al., "Interpretação dos interesses e aspirações do povo brasileiro: Os objetivos nacionais permanentes". *Revista da Escola Superior de Guerra*, Rio de Janeiro, n. 19, pp. 149--64, dez. 1991. Disponível em: <https://revista.esg.br/index.php/revistadaesg/article/view/496>. Acesso em: 9 out. 2023.

15 Rodrigo Lentz, op. cit., p. 143.

16 Ver Lucas Pedretti, *Dançando na mira da ditadura: Bailes soul e violência contra a população negra nos anos 1970* (Rio de Janeiro: Arquivo Nacional, 2022); e Thula Pires, "Estruturas intocadas: Racismo e ditadura no Rio de Janeiro". *Revista Direito e Práxis*, Rio de Janeiro, v. 9, n. 2, pp. 1054-79, 2018.

17 Renan Quinalha, *Contra a moral e os bons costumes: A ditadura e a repressão à comunidade LGBT*. São Paulo: Companhia das Letras, 2021.

18 Maud Chirio, op. cit., p. 173.

19 Ibid., p. 174.

20 "Geisel anuncia distensão gradual e segura". *O Globo*, 30 ago. 1974.

21 Renato Luís do Couto Neto e Lemos, *Ditadura, anistia e transição política no Brasil (1964-1979)*. Rio de Janeiro: Consequência, 2018, p. 171.

22 Ibid., p. 171.

23 Cláudio Beserra de Vasconcelos, *Repressão a militares na ditadura pós-1964*. Rio de Janeiro: Arquivo Nacional, 2018.
24 Chico Otavio e Aloy Jupiara, *Os porões da contravenção: Jogo do bicho e ditadura militar — a história da aliança que profissionalizou o crime organizado*. Rio de Janeiro: Record, 2015.
25 Maud Chirio, op. cit., p. 176.
26 Thomas Skidmore, "A lenta via brasileira para a redemocratização (1974-1985)". In: Alfred Stepan (Org.), *Democratizando o Brasil*. Rio de Janeiro: Paz e Terra, 1988, p. 34.
27 Thomas Skidmore, op. cit., p. 34.
28 Arquivo Nacional, Fundo Serviço Nacional de Informações, notação: br_dfanbsb_v8_mic_gnc_aaa_76107176_d0001de0002 e br_dfanbsb_v8_mic_gnc_aaa_76107176_d0002de0002.
29 "Geisel: Desenvolvimento produzirá a distensão". *O Globo*, 2 ago. 1975.
30 Todas as citações do discurso estão em: Diário do Congresso Nacional, sexta-feira, 4 abr. 1975, pp. 735-44.
31 Maud Chirio, op. cit., pp. 171-2.

4. ENTRE PRESOS POLÍTICOS E PRESOS COMUNS [PP. 91-107]

1 Arquivo Nacional, Fundo Serviço Nacional de Informações, notação: br_dfanbsb_v8_mic_gnc_aaa_75084423_d0001de0003.
2 Arquivo Nacional, Fundo Serviço Nacional de Informações, notação: br_dfanbsb_v8_mic_gnc_aaa_75083659_d0001de0001.
3 Citado em Carlos Amorim, *Comando Vermelho: A história do crime organizado*. Rio de Janeiro: BestBolso, 2011, p. 105.
4 William da Silva Lima, *400 × 1: Uma história do Comando Vermelho*. Rio de Janeiro: Agência Nacional de Favelas, 2016.
5 Ibid.
6 Ibid.
7 Ver as pesquisas de Heloisa Greco, *Dimensões fundacionais da luta pela anistia*. Belo Horizonte: Universidade Federal de Minas Gerais,

2003. Tese (Doutorado em História); e Renato Lemos, *Ditadura, anistia e transição política no Brasil (1964-1979)*. Rio de Janeiro: Consequência, 2018.

8   Therezinha Godoy Zerbine, *Anistia: Semente da liberdade*. São Paulo: Movimento Feminino pela Anistia, 1979, p. 27.

9   Therezinha Zerbini narra o episódio em entrevista ao projeto Resistir É Preciso, do Instituto Vladimir Herzog. Disponível em: <https://www.youtube.com/watch?v=TU9zGkhRbrc>. Acesso em: 24 jan. 2023.

10 Therezinha Godoy Zerbine, op. cit., p. 29.

11 Para a carta dos familiares de desaparecidos, ver Reinaldo Cabral e Ronaldo Lapa, *Desaparecidos políticos: Prisões, sequestros, assassinatos*. Rio de Janeiro: Edições Opção, Comitê Brasileiro pela Anistia — RJ, 1979, pp. 37-8. Para a carta dos familiares de presos, ver Roberto Ribeiro Martins, *Liberdade para os brasileiros: Anistia ontem e hoje*. Rio de Janeiro: Civilização Brasileira, 1978, p. 135.

12 Movimento Feminino pela Anistia e Liberdades Democráticas, *Origens e lutas: Exposição dos quinze anos de atividades (1975-1990)*. Rio de Janeiro: Movimento Feminino pela Anistia e Liberdades Democráticas, 1990, p. 22.

13 *Estatuto do Movimento Feminino Pela Anistia, Memorial da Anistia, Fundo Movimento Feminino pela Anistia*. Série Administração Geral, Subsérie Estudos e Registros. Disponível em: <http://www.docvirt.com/docreader.net/DocReader.aspx?bib=DocBNM&Pasta=Movimento%20Feminino%20Pela%20Anistia&Pesq=&pagfis=84398>. Acesso em: 12 mar. 2021.

14 *O Pasquim*, n. 418, de 8 a 14 jul. 1977, reproduzido em Therezinha Godoy Zerbine, op. cit., p. 8.

15 Therezinha Godoy Zerbine, op. cit., p. 30.

16 Mariluci Cardoso de Vargas e Natalia Pietra Méndez, "O Movimento Feminino pela Anistia no Brasil (1975-1979) entre múltiplos horizontes e limites". In: Carlos Artur Gallo (Org.), *Anistia: 40 anos, uma luta, múltiplos significados*. Rio de Janeiro: Gramma, 2019. pp. 7-42.

17 Renato Lemos, op. cit., p. 189.

18 Therezinha Godoy Zerbine, op. cit., p. 61; e Movimento Feminino pela Anistia e Liberdades Democráticas, op. cit., p. 22.

19 Arquivo Público de São Paulo (Apesp), Fundo Deops/SP, localização no acervo: OP 1601. Disponível em: <http://www.arquivoestado.sp.gov.br/uploads/acervo/textual/deops/anistia/DEOPSOP0016010001.pdf>. Acesso em: 15 mar. 2021.

20 Sobre as manifestações de maio de 1977 no contexto da reorganização do movimento estudantil, ver Angélica Müller, *A resistência do movimento estudantil brasileiro contra o regime ditatorial e o retorno da UNE à cena pública (1969-1979)*. São Paulo: FFLCH-USP; Paris: Centre d'Histoire Sociale du xxème Siècle de l'Université de Paris 1 — Panthéon Sorbonne, 2010, p. 143. Tese (Doutorado em História Social).

21 "Proibidas as passeatas". *Folha de S.Paulo*, 10 maio 1977.

22 Angélica Müller, op. cit., p. 145.

23 "Ato público reúne oito mil". *Folha de S.Paulo*, 20 maio 1977.

24 Eder Sader, *Quando novos personagens entraram em cena: Experiências, falas e lutas dos trabalhadores da Grande São Paulo (1970-1980)*. São Paulo: Paz e Terra, 1988; e Ana Maria Doimo, *A vez e a voz do popular: Movimentos sociais e participação política no Brasil pós-70*. Rio de Janeiro: Relume Dumará, 1995.

25 Os nomes dos componentes da primeira diretoria estão em: Estatuto do Comitê Brasileiro pela Anistia, Memorial da Anistia, Fundo CBA — Comitê Brasileiro pela Anistia, Série Produção, Subsérie Administrativa, Pasta 01 — Estrutura do Comitê/Atribuições. Disponível em: <http://www.docvirt.com/docreader.net/DocReader.aspx?bib=DocBNM&Pasta=Movimento%20Feminino%20Pela%20Anistia&Pesq=&pagfis=70427>. Acesso em: 29 mar. 2021. Os outros nomes, identifiquei em uma cópia do mesmo documento apreendida e arquivada pelo Serviço Nacional de Informações. Arquivo Nacional, Fundo Serviço Nacional de Informações, notação: br_dfanbsb_v8_mic_gnc_aaa_78110862_d0001de0001.

26 Iramaya Benjamin, *Ofício de mãe — Depoimento a Margarida Autran*. Rio de Janeiro: Editora Marco Zero, 1982, p. 70.

27 "A anistia em julgamento". *Veja*, 1 mar. 1978.
28 Estatuto do Comitê Brasileiro Pela Anistia, Memorial da Anistia, Fundo CBA — Comitê Brasileiro pela Anistia, Série Produção, Subsérie Administrativa, Pasta 01 — Estrutura do Comitê/Atribuições. Disponível em: <http://www.docvirt.com/docreader.net/DocReader.aspx?bib=DocBNM&Pasta=Movimento%20Feminino%20Pela%20Anistia&Pesq=&pagfis=70427>. Acesso em: 10 out. 2023.
29 "Geisel anuncia Figueiredo e Aureliano". *Jornal do Brasil*, 5 jan. 1978.
30 "Figueiredo quer privatizar empresas estatais". *Jornal do Brasil*, 23 fev. 1978.
31 "A anistia em julgamento". *Veja*, 1 mar. 1978.
32 Arquivo Nacional, Fundo Serviço Nacional de Informações, notação: br_dfanbsb_v8_mic_gnc_000_79000057_d0001de0002.
33 "I Exército lembra hoje vítimas do terrorismo e da subversão". *Jornal do Brasil*, 27 mar. 1978.
34 *IstoÉ*, 5 abr. 1978. Citado em Renato Lemos, op. cit., p. 268.
35 Renato Lemos, op. cit., pp. 293-4.
36 Ibid., p. 297.
37 "A anistia em julgamento". *Veja*, 1 mar. 1978.
38 Ver Pâmela de Almeida Resende, *Os vigilantes da ordem: A cooperação Deops-SP e SNI e a suspeição aos movimentos pela anistia (1975-1983)*. Rio de Janeiro: Arquivo Nacional, 2015; e Heloisa Greco, op. cit.
39 Renato Lemos, op. cit., p. 312.

5. AS VÍTIMAS DA DITADURA [PP. 108-26]

1 Encontro Nacional de Movimentos pela Anistia, "Carta de Salvador". Memorial da Anistia, Fundo CBA — Comitê Brasileiro pela Anistia, Série Eventos, Subsérie Congressos, Pasta 66 — 1º Congresso Nacional. Disponível em: <http://www.docvirt.com/docreader.net/DocReader.aspx?bib=DocBNM&Pasta=CBA%20-%20Comite%20

Brasileiro%20Pela%20Anistia&Pesq=&pagfis=63099>. Acesso em: 22 fev. 2022.

2   "Começa em São Paulo Congresso pela Anistia". *Folha de S.Paulo*, 3 nov. 1978.

3   O recorte do jornal está anexado a um relatório do SNI, localizado em: Arquivo Nacional, Fundo Serviço Nacional de Informações, notação: br_dfanbsb_v8_mic_gnc_aaa_78115320_d0001de0001.

4   Entidades/Presentes na Abertura do I Congresso pela Anistia, site do Memorial da Anistia, Fundo CBA — Comitê Brasileiro pela Anistia, Série Eventos, Subsérie Congressos, Pasta 66 — 1º Congresso Nacional. Disponível em: <http://www.docvirt.com/docreader.net/DocReader.aspx?bib=DocBNM&Pasta=CBA%20-%20Comite%20Brasileiro%20Pela%20Anistia&Pesq=&pagfis=63065>. Acesso em: 22 fev. 2022.

5   Importante notar que havia, ainda, outros militantes encarcerados que se recusavam a assumir a demanda da anistia, por entender que isso representaria um tipo de admissão de culpa, quando eles entendiam e defendiam não ter cometido nenhum crime.

6   Os comitês de anistia criados no exterior pelos exilados e banidos foram muito relevantes e são um capítulo à parte dessa história, que não tive condições de aprofundar dado o escopo deste livro, ainda que eu tenha analisado brevemente o desenvolvimento do vocabulário dos direitos humanos no primeiro capítulo. Eventos como o Tribunal Russell, realizado na Itália em 1974, foram fundamentais não apenas para reforçar as críticas em relação à ditadura no exterior, como também do ponto de vista da organização e atuação política dos exilados. Sobre isso, ver: Denise Rollemberg, *Exílio: Entre raízes e radares*. Rio de Janeiro: Record, 1999; James Green, "Exilados e acadêmicos: A luta pela anistia nos Estados Unidos". *Cadernos AEL*, Campinas, v. 17, n. 29, pp. 295-311, 2012; Teresa Cristina Schneider Marques e Carla Simone Rodeghero, "A luta pela anistia no Brasil e a 'anistia ampla geral e irrestrita' enquanto um *master frame* do exílio brasileiro". In: Carlos Artur Gallo (Org.), *Anistia: 40 anos, uma luta, múltiplos significados*. Rio de Janeiro: Gramma, 2019, pp. 43-78.

7   Adoto aqui a *Veja* como um dos exemplos possíveis sobre como os veículos da grande imprensa lidaram com o tema da anistia. A opção se justifica porque, ao longo da campanha, a revista publicou longas matérias sobre o tema, as quais abrem caminho para a análise de várias das dimensões que interessam a este capítulo. Para uma análise de como outros meios de comunicação (notadamente o *Jornal do Brasil* e *O Globo*) trataram a anistia, ver: João Teófilo, "Lembrar ou esquecer? Punir ou perdoar? As disputas por anistia no Brasil durante a ditadura militar e a atuação da grande imprensa". In: Carlos Artur Gallo (Org.), op. cit., pp. 79-112.

8   "A anistia em julgamento". *Veja*, 1 mar. 1978.

9   *Anistia*, abr. 1978. Parte desse jornal foi editada e republicada em forma de livro: Roberto Ribeiro Martins, *Liberdade para os brasileiros: Anistia ontem e hoje*. Rio de Janeiro: Civilização Brasileira, 1978. Uma cópia integral do jornal pode ser encontrada nos arquivos da repressão. Arquivo Nacional, Fundo Serviço Nacional de Informações, notação: br_dfanbsb_v8_mic_gnc_aaa_78111554_an_02_d0001de0001.

10   Moção da Comissão de Desaparecidos e Mortos. Memorial da Anistia, Fundo CBA — Comitê Brasileiro pela Anistia, Série Eventos, Subsérie Congressos, Pasta 66 — 1º Congresso Nacional. Disponível em: <https://www.docvirt.com/docreader.net/DocReader.aspx?bib=DocBNM&pagfis=83016>. Acesso em: 22 fev. 2022.

11   "Resumo das resoluções do Congresso Nacional pela Anistia". Memorial da Anistia, Fundo CBA — Comitê Brasileiro pela Anistia, Série Eventos, Subsérie Congressos, Pasta 66 — 1º Congresso Nacional. Disponível em: <https://www.docvirt.com/docreader.net/DocReader.aspx?bib=DocBNM&pagfis=63047>. Acesso em: 22 fev. 2022.

12   Arquivo Público do Estado de São Paulo (Apesp), Fundo Deops/SP, notação: 50-Z-130-5.184.

13   Reinaldo Cabral e Ronaldo Lapa (Orgs.), *Desaparecidos políticos: Prisões, sequestros, assassinatos*. Rio de Janeiro: Edições Opção, Comitê Brasileiro pela Anistia — RJ, 1979, p. 15.

14 Virginia Vecchioli, "Políticas de la memoria y formas de clasificación social. ¿Quiénes son las 'víctimas del terrorismo de Estado' en la Argentina?". In: Bruno Groppo e Patricia Flier (Orgs.), *La imposibilidad del olvido: Recorridos de la memoria en Argentina, Chile y Uruguay*. La Plata: Ed. Al Margen, 2001, p. 85.

15 Desirée de Lemos Azevedo, *Ausências incorporadas: Etnografia entre familiares de mortos e desaparecidos políticos no Brasil*. São Paulo: Editora Unifesp, 2018, p. 157.

16 Reinaldo Cabral e Ronaldo Lapa, op. cit., p. 30.

17 Ibid., p. 31.

18 Ibid., p. 32.

19 Desirée de Lemos Azevedo, op. cit., p. 157.

20 Ibid., p. 159.

21 Liliana Sanjurjo, *Sangue, identidade e verdade: Memórias sobre o passado ditatorial na Argentina*. São Paulo: Edufscar, 2018, p. 120.

22 Sobre isso, ver Petrônio Domingues, "Movimento negro brasileiro: Alguns apontamentos históricos". *Tempo*, Niterói, v. 12, n. 23, pp. 100-22, 2007.

23 Ibid., p. 112.

24 Carta da Comissão Executiva Nacional do Movimento Negro Unificado Contra a Discriminação Racial para o Congresso Nacional pela Anistia, 2 out. 1978, site do Memorial da Anistia, Fundo CBA — Comitê Brasileiro pela Anistia, Série Eventos, Subsérie Congressos, Pasta 67 — 1º Congresso Nacional. Disponível em: <http://www.docvirt.com/docreader.net/DocReader.aspx?bib=DocBNM&pagfis=63181>. Acesso em: 22 fev. 2022.

25 Movimento Negro Unificado Contra a Discriminação Racial, "O papel do aparato policial do Estado no processo de dominação do Negro e a Anistia". Memorial da Anistia, Fundo CBA — Comitê Brasileiro pela Anistia, Série Eventos, Subsérie Congressos, Pasta 67 — 1º Congresso Nacional. Disponível em: <http://www.docvirt.com/docreader.net/DocReader.aspx?bib=DocBNM&Pasta=CBA%20-%20Comite%20Brasileiro%20Pela%20Anistia&Pesq=&pagfis=84127>. Acesso em: 22 fev. 2022.

26 Congresso Nacional — Comissão Mista sobre Anistia, *Anistia*. Brasília: Congresso Nacional, v. 1, 1982, p. 22.
27 Sobre o tema, ver Carlos Fico, "A negociação parlamentar da anistia de 1979 e o chamado 'perdão aos torturadores'". *Revista Anistia Política e Justiça de Transição*, Brasília, n. 4, pp. 318-33, jul./dez. 2010.
28 Comissão Mista sobre Anistia, op. cit.
29 Carlos Fico, op. cit., p. 329.
30 Renato Lemos, *Ditadura, anistia e transição política no Brasil (1964- -1979)*. Rio de Janeiro: Consequência, 2018, p. 461.

6. REVANCHISMO E CONCILIAÇÃO [PP. 127-39]

1 Henrique Lago e Ana Lagoa, "A repressão à guerrilha urbana no Brasil". *Folha de S.Paulo*, 28 jan. 1979, p. 6.
2 Ibid.
3 A reconstituição dos eventos relacionados a Inês Etienne é feita a partir da narrativa de Antonio Henrique Lago. Entrevista para o autor concedida em abril de 2023.
4 "Délio: fanáticos não montarão nova tragédia". *O Globo*, 12 fev. 1981.
5 "Ministro do Exército condena versões do combate à subversão". *O Globo*, 11 fev. 1981.
6 "O fantasma da revanche". *Folha de S.Paulo*, 17 mar. 1982.
7 "O voto sem radicalização". *O Globo*, 21 fev. 1984.
8 Luís Erlanger, "Liberais definem pontos do acordo com a Oposição". *O Globo*, 18 jul. 1984.
9 "No centro, o núcleo da transição". *O Globo*, 18 jul. 1984.
10 "A bússola da moderação". *O Globo*, 29 jul. 1984.
11 "Tancredo quer presidir acordo nacional". *O Globo*, 13 ago. 1984.
12 "Senador: Figueiredo alerta para revanchismo". *O Globo*, 18 set. 1984.
13 "Exclusivo: Tancredo reage ao temor de revanchismo. 'Minha candidatura não é anti-Revolução, mas pós-Revolução". *O Globo*, 19 set. 1984.

14 "Sofrimentos e anseios comuns". *O Globo*, 23 set. 1984.
15 "Tancredo quer presidir acordo nacional". *O Globo*, 13 ago. 1984.
16 Ronaldo Costa Couto, *História indiscreta da ditadura e da abertura. Brasil: 1964-1985*. Rio de Janeiro: Record, 1998, p. 386.
17 Tancredo Neves, Discurso no Colégio Eleitoral, 15 jan. 1985. Disponível em: <https://pt.wikisource.org/wiki/Discurso_do_Presidente_Tancredo_Neves_no_Col%C3%A9gio_Eleitoral_(15_de_janeiro_de_1985)>. Uma gravação da fala pode ser ouvida em: <https://www.youtube.com/watch?v=xrFNPif6g88>. Acesso em: 21 jan. 2022.
18 "Tancredo: Pacto de Moncloa é um modelo para nós". *O Globo*, 31 jan. 1985.

7. NUNCA MAIS [PP. 140-53]

1 "Anistia apoia homossexuais". *Lampião da Esquina*, dez. 1979. Disponível em: <https://www.grupodignidade.org.br/wp-content/uploads/2019/04/23-LAMPIAO-DA-ESQUINA-EDICAO-19-SEZEMBRO-1979.pdf>. Acesso em: 25 out. 2023.
2 Memória Globo, "Anistia e volta dos exilados", 28 out. 2021. Disponível em: <https://memoriaglobo.globo.com/jornalismo/coberturas/anistia-e-volta-dos-exilados/noticia/anistia-e-volta-dos-exilados.ghtml>. Acesso em: 6 fev. 2023.
3 Sobre o tema, ver Matheus Vitorino Machado, *A campanha pela reparação: As associações de trabalhadores e militares pela anistia*. Rio de Janeiro: IESP/UERJ, 2021. Dissertação (Mestrado em Ciência Política).
4 Branca Eloysa (Org.), *I Seminário do Grupo Tortura Nunca Mais*. Petrópolis: Vozes, 1987.
5 Ibid., p. 18.
6 Ibid., p. 19.
7 Ibid.
8 Ibid.
9 *Boletim Tortura Nunca Mais*, Órgão informativo do Grupo Tortura

Nunca Mais, n. 1, jan. 1986. Disponível em: <http://docvirt.com/docreader.net/docreader.aspx?bib=GTNM_Jornal&pesq=&pasta=1986&pagfis=609>. Acesso em: 16 jan. 2022.

10 *Boletim Tortura Nunca Mais*, Órgão informativo do Grupo Tortura Nunca Mais, n. 7, ago./out. 1988. Disponível em: <http://docvirt.com/docreader.net/docreader.aspx?bib=GTNM_Jornal&pesq=&pasta=1986&pagfis=79>. Acesso em: 16 jan. 2022.

8. A QUARTA TENTATIVA [PP. 154-65]

1 "Caso Ustra: Planalto diz que anistia é recíproca". *O Globo*, 25 ago. 1985.

2 Lucas Figueiredo, *Olho por olho: Os livros secretos da ditadura*. Rio de Janeiro: Record, 2013.

3 Priscila Brandão e Isabel Leite, "Nunca foram heróis! A disputa pela imposição de significados em torno do emprego da violência na ditadura brasileira, por meio de uma leitura do Projeto ORVIL". *Anos 90*, Porto Alegre, v. 19, n. 35, pp. 299-327, jul. 2012.

4 Marcelo Godoy, "O general Leônidas está de novo no caminho de Bolsonaro". *O Estado de S. Paulo*, 31 jul. 2019.

5 Centro de Informações do Exército, "Apreciação s/nº A1 — 27 de março de 1984". O documento não consta de nenhum acervo público. Foi revelado e reproduzido, em partes, em Priscila Brandão e Isabel Leite, op. cit. Em seguida, o jornalista Marcelo Godoy também obteve acesso ao informe e reproduziu partes dele na coluna citada acima. Eu obtive uma cópia do documento e o disponibilizei na íntegra em reportagem escrita para a Agência Pública. Cf. Lucas Pedretti, "Os ecos do *Orvil* em 2021, o livro secreto da ditadura". Agência Pública, 30 ago. 2021. O documento está disponível em: <https://apublica.org/wp-content/uploads/2021/08/os-ecos-do-orvil-em-2021-apreciacao.pdf>. Acesso em: 20 jan. 2022.

6 Centro de informações do Exército, *As tentativas de tomada do poder*, s/d, p. XVI.

7   Ibid., p. 839.
8   Ibid., p. 842.
9   Ibid., pp. 845-6.
10 Ibid., p. 846.
11 Ibid., p. 852.
12 Ibid., p. 856.
13 Ibid.
14 Ibid., p. 857.
15 Ibid., p. 918.
16 "Oficiais e ex-ministro falam em intervenção das Forças Armadas". *Folha de S.Paulo*, 9 out. 1987. In: René Armand Dreifuss, *O jogo da direita na Nova República*. Petrópolis: Vozes, 1989, p. 166.
17 Eduardo Costa Pinto, "Bolsonaro e os quartéis: A loucura com método". *IE-UFRJ Discussion Paper* 006, p. 5, 2019.
18 "Jurista fala à linha-dura: parlamentarismo é inviável". *Última Hora*, 6 nov. 1987.
19 Arquivo Nacional, Fundo Serviço Nacional de Informações, notação: br_dfanbsb_v8_mic_gnc_aaa_85050880_d0001de0002.
20 Entrevista concedida ao autor em 28 de jul. 2021.
21 Lucas Figueiredo, op. cit., pp. 122-3.
22 Ibid., p. 123.
23 Esses RPMS são relatórios produzidos pelo Centro de Informações do Exército, que, por se tratar de documentos de inteligência, tinham cópias enviadas ao SNI, que as custodiava no próprio acervo. Extinto em 1990, o SNI foi incorporado pela Agência Brasileira de Inteligência (Abin), que manteve a guarda da documentação até o envio do acervo para o Arquivo Nacional, em 2005, onde os RPMS foram localizados. Como é possível notar no processo administrativo de recolhimento da documentação (disponível no Arquivo Nacional, Fundo Comissão Nacional da Verdade, notação: 00092000 646201338_d0001de0001), a Abin enviou, junto ao acervo do SNI, possivelmente por erro, documentos produzidos depois de 1990. O acesso a esses poucos documentos da inteligência de 1991 nos permite atestar que o Exército continuou produzindo relatórios men-

sais de inteligência, que, no entanto, não mais se tornaram públicos. Vale ressaltar que já solicitei essa documentação via Lei de Acesso à Informação, tendo sido o acesso negado.

24 Arquivo Nacional, Fundo Estado-Maior das Forças Armadas, notação: br_dfanbsb_2m_0_0_0044_v_02_d0001de0001.
25 Ibid.
26 Arquivo Nacional, Fundo Serviço Nacional de Informações, notação: br_dfanbsb_v8_mic_gnc_aaa_90073833_d0001de0001.
27 Arquivo Nacional, Fundo Serviço Nacional de Informações, notação: br_dfanbsb_v8_mic_gnc_aaa_90073833_d0001de0001.
28 Entrevista cedida ao autor.
29 Arquivo Nacional Fundo Serviço Nacional de Informações, notação: br_dfanbsb_v8_mic_gnc_aaa_91075677_d0001de0001.
30 Maud Chirio, "Da linha dura ao marxismo cultural: O olhar imutável de um grupo de extrema direita da reserva sobre a vida política brasileira (*Jornal Inconfidência*, 1998-2014)". In: João Roberto Martins Filho (Org.), *Os militares e a crise brasileira*. São Paulo: Alameda, 2021, p. 177.

9. DIREITOS HUMANOS PARA QUEM [PP. 166-99]

1 A narrativa sobre Mari Pereira Soares é recontada aqui a partir do texto de Semayat Oliveira acerca do caso. Semayat Oliveira, "Tive que matar a Marli para viver". In: Carla Borges e Tatiana Merlino (Orgs.), *Heroínas desta história: Mulheres em busca de justiça por familiares mortos pela ditadura*. São Paulo: Instituto Vladimir Herzog; Belo Horizonte: Autêntica, 2019.
2 Ibid., p. 32.
3 "Em 157 rostos, cinco faltam: os assassinos", *O Globo*, 9 abr. 1980.
4 Semayat Oliveira, op. cit., p. 37.
5 A reconstituição do caso acompanha, aqui, a narrativa do livro de José Barbosa do Rosário, *Quando a polícia mata: O massacre do comerciário Barbosa*. Rio de Janeiro: Achiamé, 1983.

6   Ibid., p. 12.
7   "Comerciário morre, mas antes acusa policiais". *O Globo*, 8 fev. 1981.
8   José Barbosa do Rosário, op. cit., p. 28.
9   Ibid., p. 12.
10 Ibid.
11 Ibid., p. 36.
12 "Apresenta-se o ex-detetive matador para cumprir pena". *O Globo*, 21 jul. 1983.
13 "Menino de 13 anos é morto a tiro por policial da 15ª DP em 'batida' na Rocinha". *Jornal do Brasil*, 29 out. 1981.
14 Arquivo Público do Estado do Rio de Janeiro (Aperj), Fundo Polícias Políticas, Setor DGIE, Notação 293-B.
15 "Policial confirma ser autor do disparo que matou menino". *O Globo*, 30 out. 1981.
16 "OAB, o recurso final dos direitos humanos". *O Globo*, 1 nov. 1982.
17 "Marli: 'Polícia deve fazer seleção melhor'". *O Globo*, 3 out. 1981.
18 "Família de Barbosa quer Cr$ 22 milhões de indenização". *O Globo*, 3 out. 1981.
19 "Secretário de Segurança promete no primeiro dia da gestão: violência da polícia vai acabar no Rio". *O Globo*, 12 fev. 1981.
20 "Novo comandante da PM pede o apoio do povo". *O Globo*, 12 fev. 1981.
21 João Trajano Sento-Sé e Luiz Eduardo Soares, *Dilemas de um aprendizado difícil: Estado e segurança pública no Rio de Janeiro*. Relatório Final — Projeto Mare-Capes: "Reforma do Estado e Proteção Social: Os Setores de Saúde e Segurança Públicas no Rio de Janeiro", 2000.
22 João Trajano Sento-Sé e Luiz Eduardo Soares, op. cit.; Michel Misse, "Sobre a acumulação social da violência no Rio de Janeiro". *Civitas: Revista de Ciências Sociais*, v. 8, n. 3, pp. 371-85, 2008; Luiz Antonio Machado da Silva, "'Violência urbana', segurança pública e favelas: O caso do Rio de Janeiro atual". *Cadernos CRH*, Salvador, v. 23, n. 59, pp. 283-300, 2010.
23 João Trajano Sento-Sé e Luiz Eduardo Soares, op. cit., p. 2.

24 Michel Misse, *Malandros, marginais e vagabundos & a acumulação social da violência no Rio de Janeiro*. Rio de Janeiro: Lamparina, Faperj, 2022, p. 20.
25 Luiz Antonio Machado da Silva, op. cit., p. 291.
26 Ibid., p. 291.
27 Michel Misse, 2022, op. cit.
28 Id., 2008, op. cit., p. 378.
29 Luiz Antonio Machado da Silva, op. cit., p. 292.
30 Ibid., p. 286.
31 Ibid., p. 293.
32 Ibid.
33 Ibid., pp. 293-4.
34 Ibid., p. 293.
35 A prisão foi noticiada pela imprensa: "Do lado de fora, o passeio dos que nada viram". *Folha de S.Paulo*, 3 mar. 1981. No Arquivo Nacional, localizei um informe produzido pela agência de São Paulo do Serviço Nacional de Informações (SNI) sobre as detenções. Anexada a esse documento há uma cópia do panfleto, apreendido pelo Deops no momento da prisão. A partir dessa reprodução, foi possível saber o teor do documento distribuído pelos militantes. Ver: Arquivo Nacional, Fundo Serviço Nacional de Informações, notação: br_dfanbsb_v8_mic_gnc_eee_81005980_d0001de0001.
36 A campanha foi analisada de forma minuciosa pelo sociólogo Paulo César Ramos em sua tese de doutorado. Ver: Paulo César Ramos, *Gramática negra contra a violência de Estado: Da discriminação racial ao genocídio negro (1978-2018)*. São Paulo: FFLCH-USP, 2021. Tese (Doutorado em Sociologia).
37 Arquivo Nacional, Fundo Serviço Nacional de Informações, notação: br_dfanbsb_v8_mic_gnc_eee_81005980_d0001de0001.
38 Arquivo Nacional, Fundo Serviço Nacional de Informações, notação: br_dfanbsb_v8_mic_gnc_eee_82011816_d0001de0001.
39 Ibid.
40 Ibid., p. 148.
41 Paulo Cesar Ramos, op. cit., p. 148.

42 Ibid.
43 O documento final do encontro está anexado a um livreto. Cf. Centro de Defesa dos Direitos Humanos, 1982. Localizei uma cópia nos acervos da repressão, junto a um relatório do SNI. Arquivo Nacional, Fundo Serviço Nacional de Informações, notação: br_dfanbsb_v8_mic_gnc_aaa_84039960_d0001de0001.
44 Ver: Arquivo Nacional, Fundo Centro de Informações e Segurança da Aeronáutica, br_dfanbsb_vaz_0_0_03700_d0001de0001.
45 Arquivo Nacional, Fundo Serviço Nacional de Informações, notação: br_dfanbsb_v8_mic_gnc_aaa_84039960_d0001de0001.
46 Rodrigo Toniol e Carlos Alberto Steil, "A trajetória dos Direitos Humanos na Igreja católica no Brasil: Do discurso político ao discurso moral". In: Pedro A. Ribeiro de Oliveira e Geraldo de Mori (Orgs.), *Mobilidade religiosa: Linguagens, juventude, política*. São Paulo: Paulinas, 2012, p. 77.
47 Ibid., p. 78.
48 Adalton Marques, *Humanizar e expandir: Uma genealogia da segurança pública em São Paulo*. São Carlos: Ufscar, 2017, p. 51. Tese (Doutorado em Antropologia Social).
49 No livro de Getúlio Bittencourt e Paulo Sérgio Markun (*O cardeal do povo: D. Paulo Evaristo Arns*. São Paulo: Alfa Omega, 1979) sobre d. Evaristo Arns, há a informação de que o livreto *Violência contra os humildes* foi publicado no início de dezembro de 1977. O documento do SNI com as indicações de censura data de 27 desse mesmo mês. Não localizei informações capazes de assegurar qual foi o encaminhamento efetivo da publicação: se foi a público e, em seguida, censurada; ou se as indicações de censura propostas pelo SNI não chegaram a se concretizar. De todo modo, importa mais aqui notar a sanha do regime em vetar certos trechos do livreto.
50 Arquivo Nacional, Fundo Serviço Nacional de Informações, notação: br_dfanbsb_v8_mic_gnc_aaa_77108658_d0001de0001.
51 Rodrigo Toniol e Carlos Alberto Steil, op. cit.
52 Comissão Teotônio Vilela, *Democracia x violência: Reflexões para a Constituinte*. Rio de Janeiro: Paz e Terra, 1986, p. 14.

53 Paulo Sérgio Pinheiro, *Escritos indignados: Polícia, prisões e política no Estado autoritário*. São Paulo: Brasiliense, 1984, p. 90.
54 Comissão Teotônio Vilela, op. cit., pp. 140-1.
55 Ibid., p. 145.
56 Cristina Buarque de Hollanda, *Polícia e direitos humanos: Política de segurança pública no primeiro governo Brizola (1983-1986)*. Rio de Janeiro: Revan, 2005, p. 66.
57 Ibid., p. 67.
58 *Jornal do Brasil*, 14 nov. 1982. In: Cristina Buarque de Hollanda, op. cit., p. 67.
59 "Brizola expõe seu programa para a Justiça". *O Globo*, 24 ago. 1982.
60 Maria Pia Guerra, *Polícia e ditadura: A arquitetura institucional da segurança pública de 1964 a 1988*. Brasília: Ministério da Justiça e Cidadania, 2016.
61 Cristina Buarque De Hollanda, op. cit., p. 79.
62 "Secretários tomam posse com juramento e promessa". *O Globo*, 17 mar. 1983.
63 "PM contrata psicólogo para mudar mentalidade". *O Globo*, 21 maio 1983.
64 Cristina Buarque de Hollanda, op. cit., pp. 81-3.
65 Citado em Bruno Marques da Silva, *"Uma nova polícia, um novo policial": Uma biografia intelectual do coronel Carlos Magno Nazareth Cerqueira e as políticas de policiamento ostensivo na redemocratização fluminense (1983-1985)*. Rio de Janeiro: FGV-Rio, 2016, pp. 229-30. Tese (Doutorado em História, Política e Bens Culturais).
66 Ibid., p. 235.
67 Cristina Buarque de Hollanda, op. cit., p. 89.
68 Arquivo Nacional, Fundo Serviço Nacional de Informações, notação: br_dfanbsb_v8_mic_gnc_ccc_86013054_d0001de0002.
69 Cristina Buarque de Hollanda, op. cit., p. 97.
70 Adalton Marques, op. cit., p. 100.
71 Ibid., pp. 101-2.
72 Samira Bueno, *Bandido bom é bandido morto: A opção ideológico-institucional da política de segurança pública na manutenção de*

padrões de atuação violentos da Polícia Militar paulista. São Paulo: FGV, 2014, pp. 60-1. Dissertação (Mestrado em Administração Pública).

73 Eda Maria Góes, *Imagens da polícia: Relações entre cidadania e violência caracterizadas nas representações da polícia paulista — janeiro/83-março/85*. Assis-SP: Unesp, 1998. Tese (Doutorado em História).

74 Dácio Nitrini e Paulo Valle, "Garantir tecnologia e acabar com a corrupção". *Folha de S.Paulo*, 23 jan. 1983.

75 "Investigadores dizem que são discriminados". *Folha de S.Paulo*, 23 jan. 1983

76 "Justiça e Paz sonha não ficar sem respostas". *Folha de S.Paulo*, 24 jan. 1983.

77 Dácio Nitrini e Paulo Valle, "'Padre quer polícia mais humana". *Folha de S.Paulo*, 25 jan. 1983.

78 "'Policial não deve sair à rua para matar, mas para prevenir'". *Folha de S.Paulo*, 25 jan. 1983.

79 "Professor diz ser impossível mudar logo". *Folha de S.Paulo*, 25 jan. 1983.

80 Dácio Nitrini e Paulo Valle, "PMs dizem que baixos salários e punições levam à violência". *Folha de S.Paulo*, 26 jan. 1983.

81 "'Bicudo afirma estar provado que 'polícia sem povo não existe'". *Folha de S.Paulo*, 26 jan. 1983.

82 "Muylaert quer mudar ideia de que repressão é um mal necessário". *Folha de S.Paulo*, 26 jan. 1983.

83 "Planos de Dias são ironizados". *Folha de S.Paulo*, 17 mar. 1983.

84 Adalton Marques, op. cit., p. 104.

85 Ibid., p. 104.

10. BANDIDO BOM É BANDIDO MORTO [PP. 200-30]

1 Comissão Teotônio Vilela, *Democracia x violência: Reflexões para a Constituinte*. Rio de Janeiro: Paz e Terra, 1986, p. 66.

2   Ibid., p. 67.
3   Ibid., p. 26.
4   "Cartas dos Leitores — Direitos humanos". *O Globo*, 13 jun. 1983.
5   "Cartas dos Leitores — Pena de morte". *O Globo*, 15 jun. 1983.
6   "Cartas dos Leitores — Pena de morte". *O Globo*, 17 jun. 1983.
7   "Cartas dos Leitores — Direitos humanos". *O Globo*, 17 jul. 1983.
8   "Grande Rio violento: índice de criminalidade já aumentou em 40%". *O Globo*, 13 nov. 1983.
9   Cristina Buarque de Hollanda, *Polícia e direitos humanos: Política de segurança pública no primeiro governo Brizola (1983-1986)*. Rio de Janeiro: Revan, 2005, p. 133.
10 As execuções sumárias no Rio de Janeiro (1983-2018). Rio de Janeiro: Alerj, 2018 (Relatório), p. 21.
11 "Grande Rio violento: índice de criminalidade já aumentou 40%", op. cit.
12 "Cartas dos Leitores — Pena de morte". *O Globo*, 07 jan. 1984.
13 "Cartas dos Leitores — Direitos humanos". *O Globo*, 20 jan. 1984.
14 "Cartas dos Leitores — Direitos humanos". *O Globo*, 3 fev. 1984.
15 "Criminalidade em ascensão". *O Globo*, 18 mar. 1984.
16 "Contraofensiva urgente". *O Globo*, 1 jun. 1984.
17 "Clube culpa governo por criminalidade". *O Globo*, 9 jun. 1984.
18 "Cartas dos leitores — Direitos humanos". *O Globo*, 13 jun. 1984.
19 "O Rio contra o crime". *O Globo*, 16 jul. 1984.
20 "Seminário é aberto com defesa do direito à segurança". *O Globo*, 29 ago. 1984.
21 "Análise da pesquisa revela a grande aflição do carioca". *O Globo*, 29 ago. 1984.
22 "As sugestões de 228 327 respostas". *O Globo*, 29 ago. 1984.
23 Ibid.
24 "Carta faz 43 sugestões para reduzir a criminalidade". *O Globo*, 31 ago. 1984.
25 "Agora é que começa o trabalho". *O Globo*, 4 set. 1984.
26 Francisco Thiago Rocha Vasconcelos, *Esboço de uma sociologia política das Ciências Sociais contemporâneas (1968-2010): A formação do*

campo da segurança pública e o debate criminológico no Brasil. São Paulo: FFLCH-USP, 2014. Tese (Doutorado em Sociologia).

27 Mas é importante pontuar, novamente acompanhando o argumento de Adalton Marques, que essa associação automática e mecânica entre pobreza e violência nunca foi efetivamente formulada por autores que antecederam esta geração de sociólogos. O que havia eram "trabalhos que se esforçavam para construir correlações complexas entre o problema da desigualdade social e o problema da criminalidade". Ver Adalton Marques, *Humanizar e expandir: Uma genealogia da segurança pública em São Paulo*. São Carlos: Ufscar, 2017, p. 178. Tese (Doutorado em Antropologia Social).

28 Gabriel Feltran, *Stolen Cars: A Journey through São Paulo's Urban Conflict*. New Jersey: Wiley — SUSC Series, 2022.

29 Adalton Marques, op. cit., p. 202.

30 "Policiais sepultam colega e acusam governo". *O Globo*, 29 jun. 1986.

31 José Cláudio Souza Alves, *Dos barões ao extermínio: Uma história da violência na Baixada Fluminense*. Duque de Caxias: APPH; Rio de Janeiro: Clio, 2003.

32 "Policiais pedem que ministro socorra o estado". *O Globo*, 5 jul. 1986.

33 "Passeata antiviolência na Lagoa lembra universitário assassinado". *O Globo*, 5 jul. 1986.

34 "Criada entidade para defender a pena de morte". *O Globo*, 5 jul. 1986.

35 "Quando o voto tira voto". *O Globo*, 8 jun. 1989.

36 "Campanha de candidato a xerife". *O Globo*, 26 out. 1988.

37 Caco Barcellos, *Rota 66: A história da polícia que mata*. Rio de Janeiro: Record, 2015, p. 188.

38 Ibid., p. 192.

39 Ibid., p. 190.

40 Ibid.

41 Oswaldo Mendes, "Nas rádios, o crime garante a audiência". *Folha de S.Paulo*, 20 nov. 1983.

42 Junia Nogueira de Sá, "Três convites de muitos milhões". *Folha de S.Paulo*, 15 mar. 1984.

43 Rita Tavares, "Pena de morte, o polêmico tema que volta ao debate". *Folha de S.Paulo*, 24 nov. 1985.
44 "Nas rádios, o crime garante a audiência". *Folha de S.Paulo*, 20 nov. 1983.
45 Citado em Teresa Pires do Rio Caldeira, "Direitos humanos ou 'privilégios de bandidos'? Desventuras da democratização brasileira". *Novos Estudos Cebrap*, São Paulo, n. 30, pp. 162-74, jul. 1991.
46 "Afanásio, na opinião de patrulheiros e patrulhados". *Folha de S.Paulo*, 16 mar. 1984.
47 Eda Maria Góes, *A recusa das grades: Rebeliões nos presídios paulistas (1982-1986)*. São Paulo: IBCCRIM, 2009, p. 62.
48 Ibid.
49 Ibid.
50 Marcos César Alvarez, Fernando Salla e Camila Nunes Dias, "Das Comissões de Solidariedade ao Primeiro Comando da Capital em São Paulo". *Tempo Social*, São Paulo, v. 25, n. 1, p. 72, 2013.
51 Ibid.
52 Gustavo Lucas Higa e Marcos César Alvarez, "Humanização das prisões e pânicos morais: Notas sobre as 'Serpentes Negras'". *Estudos Avançados*, São Paulo, v. 33, n. 96, p. 73, 2019.
53 Ibid., p. 74.
54 Ibid.
55 "Dias manda apurar denúncia sobre 'Serpentes Negras'", *Folha de S.Paulo*, 23 jun. 1984.
56 Gustavo Higa e Marcos César Alvarez, op. cit., p. 78.
57 Ibid.
58 Marcos César Alvarez, Fernando Salla e Camila Nunes Dias, op. cit., p. 72.
59 Gustavo Higa e Marcos César Alvarez, op. cit., p. 78.
60 Marcos César Alvarez, Fernando Salla e Camila Nunes Dias, op. cit., p. 72.
61 Eda Maria Góes, op. cit., p. 50.
62 Gustavo Higa e Marcos César Alvarez, op. cit., p. 73.
63 Ibid.

64 Eda Maria Góes, op. cit., p. 54.
65 Ibid., p. 65.
66 "Povo quer polícia mais dura contra crime". *Folha de S.Paulo*, 11 set. 1983.
67 Maria Victoria Benevides, "'Pessoas desejam segurança mas repudiam a repressão'". *Folha de S.Paulo*, 11 set. 1983.
68 Antônio Erasmo Dias, "'Impunidade é um estímulo'". *Folha de S.Paulo*, 11 set. 1983.
69 "Boicote quase para a ação da polícia na Capital". *Folha de S.Paulo*, 23 out. 1983.
70 Ibid.
71 Ibid.
72 "Justiça e Segurança, as áreas mais criticadas". *Folha de S.Paulo*, 23 out. 1983.
73 "Montoro declara guerra permanente à criminalidade". *Folha de S.Paulo*, 1 nov. 1983.
74 Adalton Marques, op. cit., p. 139.
75 Ibid., p. 139.
76 Ibid.
77 Eda Maria Góes, op. cit., p. 38.
78 Id., "Limites da transição política no Brasil dos anos 70 e 80, ou como os pobres continuaram perigosos". *História*, n. 19, 2000.
79 Citado em Teresa Pires do Rio Caldeira, op. cit., p. 169.
80 "Afanásio diz que apoia Maluf e se candidatará a deputado". *Folha de S.Paulo*, 1 maio 1986.
81 "Erasmo Dias quer 'campos de concentração' para presos". *Folha de S.Paulo*, 30 jul. 1986.
82 "Montoro e candidatos condenam 'campo de concentração'". *Folha de S.Paulo*, 31 jul. 1986.
83 Vale a pena destacar que há uma espécie de "pré-história" desse tipo de personagem. Figuras como Tenório Cavalcanti, por exemplo, vinham desde antes da ditadura.
84 Mario Cesar Carvalho, "Afanásio volta ao rádio e inicia campanha". *Folha de S.Paulo*, 12 ago. 1987.

11. ENTRE FARDAS, ÓDIOS E NOJOS [PP. 231-58]

1. Antônio Sérgio Rocha, "Genealogia da Constituinte: Do autoritarismo à democratização". *Lua Nova*, São Paulo, v. 88, pp. 29-87, 2013.
2. Ibid., p. 54.
3. Ibid., p. 68.
4. Em 1985, José Sarney instituiu um colegiado de cinquenta membros, que ficaria conhecido como Comissão Afonso Arinos, com o intuito de elaborar um anteprojeto de Constituição. A Comissão realizou seu trabalho, mas Sarney decidiu não enviar oficialmente o documento à ANC. Assim, embora parte das propostas da Comissão Afonso Arinos tenha sido apresentada pelos próprios constituintes nas diversas subcomissões e comissões, o anteprojeto dessa "comissão de notáveis" não serviu de ponto de partida para os trabalhos da ANC.
5. *Tortura Nunca Mais — Órgão informativo do Grupo Tortura Nunca Mais*, n. 3, mar. 1987. Disponível em: <http://docvirt.com/docreader.net/docreader.aspx?bib=GTNM_J_Jornal&pesq=&pasta=1986&pagfis=65>. Acesso em: 22 fev. 2022.
6. René Armand Dreifuss, *1964 — A conquista do Estado: Ação política, poder e golpe de classe*. Petrópolis: Vozes, 1981.
7. Id., *O jogo da direita na Nova República*. Petrópolis: Vozes, 1989, p. 49.
8. "As novas forças na Constituinte". *Jornal do Brasil*, 16 nov. 1986. In: René Dreifuss, op. cit., 1989, p. 106.
9. Florência Costa, "Entidade de direita quer legalização para fazer lobby junto à Constituinte". *Tribuna da Imprensa*, 11 jan. 1988. Recorte de jornal anexado a um relatório do SNI sobre a UNDD, localizado no Arquivo Nacional, Fundo Serviço Nacional de Informações, notação: br_dfanbsb_v8_mic_gnc_ccc_88015549_d0001de0001.
10. Arquivo Nacional, Fundo Serviço Nacional de Informações, notação: br_dfanbsb_v8_mic_gnc_aaa_86058925_d0001de0001.
11. Arquivo Nacional, Fundo Estado-Maior das Forças Armadas, notação: br_dfanbsb_2m_0_0_0034_v_01_d0001de0001.

12 Eliézer Rizzo de Oliveira, *De Geisel a Collor: Forças Armadas, transição e democracia*. Campinas: Unicamp, 1993, pp. 198-9. Tese (Livre-Docência em Instituições Políticas Brasileiras).

13 O livro foi reproduzido na íntegra como anexo da dissertação de Arthur Trindade de Maranhão Costa, *O lobby militar e as relações civis-militares durante a Assembleia Nacional Constituinte*. Brasília: Universidade de Brasília, 1998. Dissertação (Mestrado em Ciência Política).

14 O livro do ccomsex apresentava, ainda, dois pontos menos polêmicos. O Exército defendia que fosse mantida na nova carta constitucional a "tutela constitucional da patente do oficial das Forças Armadas" e, por fim, que os cabos e soldados pudessem passar a ter direitos políticos — votar e ser votados —, com exceção dos "cabos e soldados não profissionais".

15 Citado em Pedro Rolo Benetti, *"Em defesa da ordem": Debates parlamentares sobre a violência no Brasil na Nova República*. Rio de Janeiro: Universidade do Estado do Rio de Janeiro, 2017, p. 97. Tese (Doutorado em Ciência Política).

16 "Fiuza fez relatório baseado nas sugestões apresentadas pelo Ministério do Exército". *O Globo*, 13 maio 1987.

17 Eliézer Rizzo, op. cit., p. 332.

18 Ibid., p. 234.

19 Pedro Rolo Benetti, op. cit., p. 82.

20 Ibid., p. 89.

21 Ibid., p. 90.

22 Ibid.

23 Eliézer Rizzo, op. cit., p. 253.

24 A convocatória foi apreendida pelo sni e está localizada no Arquivo Nacional, Fundo Serviço Nacional de Informações, notação: br_dfanbsb_v8_mic_gnc_aaa_85051444_d0001de0001.

25 Mayara Paiva de Souza, *Os usos do passado nas Constituintes de 1946 e 1987/1988: A anistia entre silêncios, ruídos e esquecimentos*. Goiânia: Universidade Federal de Goiás, 2016, p. 288. Tese (Doutorado em História).

26 Ibid., p. 274.
27 Ibid., p. 275.
28 Ibid., p. 276.
29 Citado em ibid., pp. 281-2.
30 Mateus do Prado Utzig, *A proibição da tortura na Constituinte de 1987-1988: Entre demandas por justiça e reconciliação nacional*. Brasília: Universidade de Brasília, 2015, p. 73. Dissertação (Mestrado em Direito).
31 Anais da Assembleia Nacional Constituinte, 11ª reunião da subcomissão dos direitos políticos e garantias individuais realizada em 29 abr. 1987, p. 102. Disponível em: <https://www.senado.leg.br/publicacoes/anais/constituinte/1c_Subcomissao_Da_Nacionalidade,_Dos_Direitos_Politicos,.pdf>. Acesso em: 3 jan. 2024.
32 Na Comissão da Organização Eleitoral, Partidária e Garantia das Instituições houve uma breve discussão sobre a competência do Congresso Nacional para decretar anistia, mas não chegou a ser relevante para o tipo de análise que me interessa aqui.
33 Mateus do Prado Utzig, op. cit., p. 28.
34 *Tortura Nunca Mais — Órgão informativo do Grupo Tortura Nunca Mais*. Boletim do Grupo Tortura Nunca Mais, n. 3, mar. 1987. Disponível em: <http://docvirt.com/docreader.net/docreader.aspx?bib=GTNM_Jornal&pesq=&pasta=1986&pagfis=11>. Acesso em: 22 fev. 2022.
35 Mateus do Prado Utzig, op. cit., p. 88.
36 "Ministros militares vetam anistia com reintegração". *Jornal do Brasil*, 25 jun. 1987.
37 Arquivo Nacional, Fundo Serviço Nacional de Informações, notação: br_dfanbsb_2m_0_0_0034_v_01_d0001de0001.
38 Arquivo Nacional, Fundo Serviço Nacional de Informações, notação: br_dfanbsb_2m_0_0_0034_v_01_d0001de0001.
39 Mayara Paiva de Souza, op. cit., p. 310.
40 Ibid., p. 316.
41 "Leônidas afirma que 'minoria' se impõe na Constituinte". *Folha de S.Paulo*, 28 ago. 1987.

42 "Arinos e Fernando Henrique encontram ministros militares". *Folha de S.Paulo*, 29 ago. 1987.
43 "'Moderados' apontam 'traição' de Cabral". *Folha de S.Paulo*, 29 ago. 1987.
44 Arquivo Nacional, Fundo Estado-Maior das Forças Armadas, notação: br_dfanbsb_2m_0_0_0034_v_02_d0001de0001.
45 Ibid.
46 Arquivo Nacional, Fundo Estado-Maior das Forças Armadas, notação: br_dfanbsb_2m_0_0_0034_v_02_d0001de0001.
47 É preciso lembrar que o líder do PMDB, Mário Covas, havia escolhido para as relatorias das Subcomissões e Comissões temáticas, em geral, parlamentares da ala mais progressista do partido. Como os relatores tinham assento na Comissão de Sistematização, esta comissão também ficou mais à esquerda, em comparação com o perfil ideológico geral da ANC.
48 Arquivo Nacional, Fundo Estado-Maior das Forças Armadas, notação: br_dfanbsb_2m_0_0_0034_v_02_d0001de0001.
49 Ibid.
50 Mateus do Prado Utzig, op. cit., p. 106.
51 Ibid.
52 Ulysses Guimarães, *Discurso na Assembleia Nacional Constituinte*, 5 out. 1988. Disponível em: <https://www.camara.leg.br/radio/programas/277285-integra-do-discurso-presidente-da-assembleia-nacional-constituinte-dr-ulysses-guimaraes-10-23/>. Acesso em: 19 fev. 2022.
53 Arquivo Nacional, Fundo Estado-Maior das Forças Armadas, notação: br_dfanbsb_2m_0_0_0034_v_04_d0001de0001.
54 Ibid.
55 Ana Penido et al., "O lobby dos militares no legislativo". *Boletim Especial*, Instituto Tricontinental de Pesquisa Social, n. 1, 2023.
56 Citado em Mateus do Prado Utzig, op. cit., p. 33.

ÍNDICE REMISSIVO

I Conferência Mundial da Mulher (1975), 95
II Conferência Geral do Episcopado Latino-Americano (1968), 38, 181
II Congresso Nacional pela Anistia (1979), 142
II Encontro Ecumênico de Direitos Humanos (1982), 180
III Conferência Geral do Episcopado Latino-Americano (1979), 183
V Conferência Nacional da Ordem dos Advogados do Brasil (OAB), 79
Oito de Janeiro (tentativa de golpe), 27-8, 40
XI Assembleia Geral da Confederação Nacional dos Bispos do Brasil (CNBB), 38
400 x 1: Uma história do Comando Vermelho (Lima), 93-4

abertura: lenta, gradual e segura, 21, 71-90, 108, 118; eleição indireta para governadores, 81; reação de militares radicais à, 80-2
Abreu, Flora, 245
Abreu, Gabrielle, 16
Academia Militar das Agulhas Negras (Aman), 161
Ação Libertadora Nacional (ALN), 39-40
Acari, Chacina de (1990), 11-2, 27, 257
Acari, favela de (Rio de Janeiro), 11
"acumulação social da violência", 62
Afonso Arinos (de Melo Franco), 234, 250
AI-1 *ver* (Ato Institucional nº 1)
AI-2 *ver* (Ato Institucional nº 2)
AI-5 *ver* (Ato Institucional nº 5)
Alemanha, 45
Aliança Democrática (PMDB/ PFL), 132-3, 233
Aliança Nacional Libertadora, 60
Aliança Renovadora Nacional (Arena), 78, 81, 98
Alvarez, Marcos, 220-3
Alves, Carlos de Queiroz, 209
Amaral Neto, 234
Amaral, Roberto Cardoso do, 33
Amarildo (Dias de Souza), 13

American Committee for Information on Brazil, 32
Amoroso Lima, Alceu, 98
Amoroso, Mauro, 17
anistia, 20, 103; ampla, geral e irrestrita, 20, 100, 102, 107-8, 113; Comissão de Anistia (2002), 12; Comitê Brasileiro pela Anistia, 101-2, 107-8, 111, 114-5, 123, 127, 143; debates sobre a, 108-13; definição, 95; discussões na Assembleia Nacional Constituinte (1987-8), 239, 251; como esquecimento, 104; limitações da, 21; proibição de passeatas em apoio à, 99; como reconciliação, 106; visão dos militares sobre a, 103-7; *ver também* Anistia, Lei da (1979)
Anistia Internacional, 30, 32-3, 37, 48-9, 115; presos de consciência e, 31; *ver também Report on Allegations of Torture in Brazil* [Relatório sobre alegações de tortura no Brasil]
Anistia, Lei da (1979), 21, 124, 127, 129, 141-4, 147-8, 153, 158, 173, 179, 186; aprovação no Congresso Nacional, 126; debate no Congresso sobre (1985), 242; discussões na Assembleia Nacional Constituinte (1987-8), 242-6; exclusão dos militantes da luta armada, 126; impunidade garantida para os militares, 256; restrições dos movimentos de esquerda, 125; torturadores e, 125
anticolonialismo, 118
anticomunismo, 61
Arena *ver* Aliança Renovadora Nacional (Arena)
Arns, d. Paulo Evaristo, 37-8, 89, 180, 182
Arraes, Miguel, 141
Assad, Mário, 243
Assembleia Legislativa do Estado de São Paulo (Alesp), 221
Assembleia Nacional Constituinte (1987-8), 21-2, 231; influência do empresariado sobre a, 234; influência das Forças Armadas sobre a, 235-56; formação do Centrão, 252-3; impunidade garantida aos militares, 245; *ver também* Constituição de 1988
Associação Brasileira de Defesa da Democracia (ABDD), 160
Associação Brasileira de Imprensa (ABI), 98, 103, 168; atentado a bomba na, 134; oposição ao regime militar, 40
Associação Democrática de Militares Nacionalistas (Adnan), 243
Associação dos Delegados de Polícia do Estado de São Paulo, 197, 228
Associação dos Direitos Humanos das Vítimas e seus Familiares, 216
Associação Integralista Brasileira, 160-1

Ato Institucional nº 1 (AI-1), 244
Ato Institucional nº 2 (AI-2), 64
Ato Institucional nº 5 (AI-5), 38, 41, 64, 83, 90, 243; revogação do, 106-7
Augusto, Agnaldo del Nero, 160
Avelino, Confúcio Danton de Paula, 71, 89
Azevedo, Desirée, 114-6

"Bagulhão" (documento criado pelos presos políticos relatando os crimes da ditadura militar, 1975), 42-3, 104-5
Baixada Fluminense, Chacina da (2005), 257
Barbosa Lima Sobrinho, Alexandre, 98
Barbosa, Francisco do Rosário, 167-8, 170-1
Barbosa, Milton, 176
Barbosa, Vivaldo, 188-9
Barcellos, Caco, 11, 217
Barcellos, Maria Auxiliadora Lara, 145
Barro Branco (presídio em São Paulo), 42
Bastos, Márcio Thomaz, 196
Benetti, Pedro, 241
Benevides, Maria Victoria, 195, 219, 224
Benjamin, César, 101
Benjamin, Cid, 101
Benjamin, Iramaya, 101
Bicudo, Hélio, 37, 181, 183, 197

Bigi, José de Castro, 219
Bisol, José Paulo, 243, 246
Blanc, Aldir, 141
Boaventura, Jorge, 236
Boff, Leonardo, 180
Bolsonaro, Jair, 23, 165; carreira política, 23; defesa da violação dos direitos humanos, 25; eleito presidente, 25; postura anti-democrática durante o mandato, 27
Borel, Chacina do (2003), 257
Borges, Carla, 166
Bosco, João, 141
Braga, Arnaldo, 197
Brandão, Priscila, 155
Brasil: nunca mais, 148-50, 153, 155, 246
Braun, Eric, 183-4
Bresser-Pereira, Luiz Carlos, 193
Bretas, Marcos, 62
Britto, Ângela, 60
Brizola, Leonel, 21, 130, 141-2, 146, 186-9, 191-3, 199-201; como governador do Rio de Janeiro, 202-17
Brossard, Paulo, 215-6
Brum, Mario, 17
Buarque de Hollanda, Cristina, 187-8, 190, 192, 205, 216
Bueno, Samira, 194
Butler, Judith, 18
Buzaid, Alfredo, 45-6

Cabral, Bernardo, 248-51
Caldeira, Teresa Pires, 219, 228
Calheiros, Orlando, 16
Câmara de Estudos e Debates Econômicos e Sociais (Cedes), 235
Câmara, d. Hélder, 32
Campanha Nacional Contra a Violência Policial (1981), 176
Campos, Andrés, 33
Campos, Geraldo, 244
Campos, Pedro Henrique Pedreira, 15
Candelária, Chacina da (1993), 11, 27, 257
Candido, Antonio, 183
capitalismo, racismo e, 119
"Cara de Cavalo", 214
Carandiru, Chacina do (1992), 11, 17, 27, 229, 257
Cardoso, Fernando Henrique, 193, 249-50
Carise, Eduardo, 205
Carpi, Lúcia, 59
Carrança, Flávio, 176
Carrancas, revolta de (1833), 55
Carvalho, Olavo de, 165
Casa da Morte (Petrópolis, RJ), 127-8
Casemiro, Denis, 143
Castelo Branco, Humberto, 86
Castro, Adir Fiuza de, 127
Castro, Claudionor Gonçalves de (Vareta), 169-70
Cavalcanti, Sandra, 234

Cavalos Corredores (grupo de extermínio), 11
Centrão: formação durante a Assembleia Nacional Constituinte (1987-8), 252-3
Centro Acadêmico XI de Agosto, 39
Centro de Comunicação Social do Exército (CCOMSEX), 239
Centro de Defesa dos Direitos Humanos (CDDH), 180
Centro de Informações da Aeronáutica (Cisa), 181
Centro de Informações do Exército (CIE), 71, 127, 155-6, 164, 249-56
Cerqueira, Nazareth, 189-90, 210
Cerqueira, Nilton, 172
Césaire, Aimé, 18, *Discurso sobre o colonialismo*, 18
Chalhoub, Sidney, 53-4, 57-8
Chaui, Marilena, 183
Cheibub, José Antônio Borges, 72
Chirio, Maud, 72, 78, 80-1, 90, 165
CIA (agência de inteligência, EUA), 72
Cidade do México, 95
"classes perigosas", 54, 58, 66, 69; negros e favelados como parte das, 60-2; raça e, 54; racismo e, 59
clero progressista, 31
Clube de Oficiais da Polícia Militar, 208
Codato, Adriano, 73
Código Criminal do Império (1830), 55-7, 61

Código Penal Brasileiro (1890), 58, 61
Colferai, Elza Lúcia, 217
Comando Vermelho, 92
Comissão Camponesa da Verdade, 15
Comissão de Anistia (CA, 2002), 12
Comissão de Familiares de Mortos e Desaparecidos Políticos (CFM-DP), 12, 112-3, 143-4, 146, 148, 152-3, 242
Comissão Interamericana de Direitos Humanos (CIDH), 47
Comissão Justiça e Paz (CJP), 37-9, 115, 181, 193, 195, 219; oposição ao regime militar, 40
Comissão Nacional da Verdade (CNV, 2011), 12-4, 16, 23
Comissão Nacional de Defesa da Anistia (CNDA), 243
Comissão Teotônio Vilela (CTV), 20, 183, 185, 200-1, 227; sobre o sistema prisional, 201-2
Comissões de Solidariedade (governo Montoro, SP), 220-2
Comitê 1º de Maio pela Anistia, 99
Comitê Brasileiro pela Anistia (CBA), 101-3, 107-8, 111, 113-5, 123, 127, 141-3
Comparato, Fábio Konder, 37, 181
Concílio Vaticano II (1962-5), 31, 38
Confederação Nacional das Instituições Financeiras (CNF), 235
Conferência Nacional dos Bispos do Brasil (CNBB), 36, 38, 82, 96, 98, 106; XI Assembleia Geral da, 38; oposição ao regime militar, 40
Congo, Manuel, 55
Congresso Nacional, eleições em 1974, 78
Congresso Nacional pela Anistia, 109, 111, 113-4, 119-20, 124
Conselho de Justiça, Segurança Pública e Direitos Humanos, 146, 191
Conselho de Segurança Nacional, 240
Conselho do Tribunal Superior de Magistratura, 221
Conselho Mundial de Igrejas, 32
Constituição de 1988, 231; como Constituição Cidadã, 254, 256-7; e a ditadura, 22; *ver também* Assembleia Nacional Constituinte (1987-8)
Convenção Contra a Tortura e Outros Tratamentos ou Penas Cruéis, Desumanos ou Degradantes (ONU), 246
Convergência Socialista, 119
"Coragem, mulher" (canção), 167
Corbaje, Riscala, 63
Corpo de Bombeiros, 208
corrupção policial, 225
Coutinho, Sérgio Augusto de Avelar, 162-4
Couto e Silva, Golbery do, 72, 79, 96, 98, 105, 139; acusado de traição à ditadura, 81, 83
Covas, Mário, 233

Cowan, Benjamin, 16
crime político, definições, 123; criminosos políticos, criminosos comuns e, 124
Cruz, Newton, 131
Cunha, Maria Fernanda, 57

Dallari, Dalmo, 37
Dallari, Pedro, 15
Dante de Oliveira, Emenda Constitucional de, 131
Declaração Universal dos Direitos Humanos (ONU), 30-1, 36
Defesa Nacional, A (revista do Exército Brasileiro), 52
Delegacia Especial de Segurança Política e Social (DESPS, 1933), 61
Delfim Netto, Antônio, 234
democracia brasileira pós-ditadura: militarização da, 22
democracia racial, mito da, 16, 76
Departamento de Ordem Política e Social (Dops), 61, 146, 169, 194
Departamento Estadual de Ordem Política e Social (Deops/SP), 34, 99, 176, 195
desaparecidos políticos, 114-7; prisões, sequestros, assassinato (CBA-RJ), 114-6
desigualdade, 177, 179
Destacamento de Operações de Informações do Centro de Operações de Defesa Interna (DOI-Codi), 63, 65, 88-9

"Diário de um detento" (canção), 8, 17, 19
Dias, Camila Nunes, 220, 222
Dias, Erasmo, 224, 228-9
Dias, José Carlos, 37, 39, 183, 194, 198, 220-3
Direito Internacional dos Direitos Humanos, 246
direitos humanos, 13-4, 19, 21, 26, 30-1, 33, 36, 39-44, 47, 49, 51, 86, 88, 91, 94, 96, 98, 105, 137, 142, 146, 166-99, 209, 212, 214, 245; como arma dos presos políticos, 30; boicote da polícia à política do governo Brizola, 205, 207; denúncias contra o regime militar, 155; editorial d'*O Globo* contra a política de Brizola, 208; governo Brizola e, 203-17; no governo Montoro, 220-30; nos governos pós-ditadura, 37, 200; Igreja católica e, 31; e a morte de Alexandre Vannucchi Leme, 39; dos menos favorecidos, 187; oposição popular à política de Brizola, 203-6, 208-9; tentativa de esconder as violações, 45; violação defendida por Bolsonaro, 25; violações pelo regime militar, 147, 152
"Diretas Já!", campanha, 21, 130-2, 232, 254
distensão *ver* abertura: lenta, gradual e segura
ditadura militar (1964-85), 11, 14, 33;

alinhamento aos Estados Unidos, 77; atos arbitrários da, 64; desaparecimentos forçados, 65, 111; direitos trabalhistas e, 77; execuções sumárias, 65; lutas antirracistas e, 76; mortes de indígenas, 14, 16; mortes de pessoas LGBTQIA+, 16; prisões arbitrárias, 64; sexualidades dissidentes e, 76; tortura, 64; *ver também* abertura: lenta, gradual e segura; Atos Institucionais; tortura

Divisão de Polícia Política e Social (DPS, 1944), 61

Domingues, Petrônio, 119

"Dossiê dos mortos e desaparecidos", 144-5, 152

Doutrina de Segurança Nacional, 16, 51, 66, 74, 78, 80, 85, 90, 188

Dowbor, Ladislaw, 33

Dreifuss, René, 15, 235

Duarte, Agostinho, 196

Duarte, Moacir, 134

Efrem Filho, Roberto, 68

Eldorado dos Carajás, Chacina de (1996), 257

eleição presidencial indireta (1985), 131

eleições gerais (1982), 129

Elis Regina, 141

Em Tempo (jornal), 104

empresariado: e a Assembleia Nacional Constituinte (1987-8), 234;
cumplicidade com o regime militar, 15

Encontro Nacional de Movimentos pela Anistia (1978), 108-9

Escola Superior de Guerra (ESG), 51-2, 74, 160; sobre a formação do homem brasileiro, 75-6

escravidão, 54; abolição da, 57; Lei do Ventre Livre, 57; linchamentos, 56; polícias colaboram na punição aos escravizados, 56; revoltas de escravizados (século XIX), 55

Esquadrão da Morte, 195, 214; *ver também* grupos de extermínio

esquerda, organizações de: tensões com outros movimentos sociais, 118

Estado de S. Paulo, O, 221, 223, 229; editorial favorável aos presos políticos, 36

Estado Novo (1937-45), 60

Estado-Maior das Forças Armadas, 46

Estados Unidos: influência sobre a ditadura brasileira, 47

ética cristã, 31, 38, 74-5, 97-8

Faculdade de Direito da USP, 39, 99

Fagundes, Eduardo Seabra, 134

Falcão, Armando, 99

Fallet-Fogueteiro, Chacina do (2019), 257

Fantástico (programa de TV), 168

fascismo, 27
Federação Brasileira das Associações de Bancos (Febraban), 235
feminicídio, 206
Ferraro, Marcelo, 55-6
Ferreira Filho, Manoel Gonçalves, 198
Ferreira, Romeu Antonio, 155-6, 159
Fiel Filho, Manoel, 89
Figueiredo, João Batista, 29, 72, 91, 103-4, 107, 124, 126, 130-1, 134, 137-8
Figueiredo, Lucas, 155, 162
Figueiredo, Marcus, 72
Fiuza, Ricardo, 240-2, 244
Fleury Filho, Luís Antônio, 229
Folha de S.Paulo, 42, 99-100, 109, 127-8, 130, 160, 183, 194-8, 218, 220-1, 223, 225, 228, 250; "Diretas Já!" e, 130-1; editorial contra os presos políticos, 37
Forças Armadas: influência sobre a Assembleia Nacional Constituinte (1987-8), 234-56; pensamento homogêneo pós-1964, 80; vitórias na Constituição de 1988, 256
Franco Montoro, André, 21, 186, 201; como governador de São Paulo, 192-9; política de direitos humanos no governo de, 220-30
Franco, Francisco, 138
Frei Tito, 33, 95, 145
Freire, Paulo, 181
Frente Brasileira de Informações (FBI), 32
Frente Negra para Ação Política de Oposição (Frenapo), 178, 180
Frota, Sílvio, 89

Gabeira, Fernando, 33, 183
Gaspari, Elio, 89
Gasparotto, Alessandra, 15
Geisel, Ernesto, 71-4, 77-80, 82-3, 89-90, 96, 98, 103, 105, 134, 139; reação de militares radicais à distensão, 80-2; visão deturpada da democracia, 77
Genevois, Margarida, 37, 181, 183, 195
"Genocídio: o Estado elimina fisicamente a população negra através da violência policial" (texto do MNU), 178
Genoino, José, 241
Globo, O, 129-30, 132, 134, 154, 167-8, 170-1, 187, 189, 212, 216, 229, 241; ataque à política de direitos humanos de Brizola, 202-17; "Diretas Já!" e, 131
Globo, Organizações, 209-10, 212
Globo, TV, 141
Godinho, José Guilherme (Sivuca), 161, 214-6, 229; eleito deputado estadual, 217
Godoy, Marcelo, 155
Goebbels, Joseph, 45
Góes, Eda Maria, 194, 220, 222-3, 227
Gomes, Gil, 218
Gomes, Paulo César, 31, 38
Gomes, Severo, 183

Gonçalves, Leônidas Pires, 154-5, 248-50
González, Felipe, 138
Goulart, João, 157, 186-7, 192
Gramsci, Antonio, 160, 163-4
Greco, Helena, 107
Green, James, 16, 32
Greenhalgh, Luiz Eduardo, 181
Gregori, José, 37, 181, 183
greves de metalúrgicos do ABC paulista, 118
Grupo de Operações Especiais (GOE-Polícia Civil do Rio de Janeiro), 215
Grupo Tortura Nunca Mais (GTNM), 146-7, 153, 191, 234; atuação na Assembleia Nacional Constituinte (1987-8), 234, 245-7
grupos de extermínio, 17, 41; *ver também* Esquadrão da Morte; Scuderie Le Cocq
Guerra Fria, 51, 61, 77
"guerra psicológica", 46, 48-9, 51-3, 67, 82-3, 85, 105
"guerra revolucionária", doutrina (França), 51-2
Guerra, Maria Pia, 65
Guimarães, Ulysses, 130, 231, 254, 257

Halfeld, José, 146
Henfil, 141
Herzog, Vladimir, 20, 157, 171; assassinato de, 88-9

Higa, Gustavo, 221-3
Holloway, Thomas, 56

Ibope, 173
Igreja católica, 182; apoio aos familiares de desaparecidos políticos, 181; atuação na defesa de presos políticos, 79; e o regime ditatorial, 38; Teologia da Libertação, 181
Ilha Grande, presído, 59, 91
Inconfidência (publicação militar), 161, 164
Instituto Liberal, 235
Intentona Comunista (1935), 157
IstoÉ (revista), 143, 191

Jacarandá, Walter, 146, 191
Jacarezinho, Chacina do (2021), 257
Jardim, Délio, 128-9
Jazadji, Afanásio, 12, 217-9, 228-30
"João" *ver* "repressão militar-policial no Brasil, A" (documento dos presos políticos da ditadura militar)
Jornal da Tarde, 223
Jornal de Brasília, 109
Jornal do Brasil, 67, 103, 169, 249
Jornal Nacional (programa de TV), 25, 141
Justiça Militar, 240
Juventude Universitária Católica, 192

King, Martin Luther, 118
Koselleck, Reinhart, 25
Kotscho, Ricardo, 226

Lago, Antonio Henrique, 127
Lagoa, Ana, 127
Lamarca, Carlos, 172
Lampião da Esquina (jornal), 140, 142
Le Cocq, Milton, 214
Lei da Anistia *ver* Anistia, Lei da (1979)
Lei de Segurança Nacional (LSN, 1967), 64, 92, 126, 232
Lei Falcão, 89
Leite, Eduardo (Bacuri), 34
Leite, Isabel, 155
Leme, Alexandre Vannucchi, 20, 38-9, 89
Lemos, Renato, 79, 98, 106-7
Lentz, Rodrigo, 74-6
LGBTQIA+, população, 14, 16
"liberdades democráticas", luta por, 101
Liga Operária, 99
Ligas Camponesas, 15
Lima, Antônio de Oliveira, 170
Lima, Mário, 244
Lima, Maurílio Ferreira, 243
Lima, William da Silva (Professor), 92-4
Lins, Ivan, 167
Lisbôa, Luiz Eurico Tejera, 143
Lisbôa, Suzana Keniger, 143
Livre noir: Terreur et torture au Brésil [Livro negro: Terror e tortura no Brasil], 32
"Livro branco" (texto elaborado pela ditadura militar), 47-8, 51, 66
Lodders, Mario, 128
Lombardo, Luciana, 60
Lorscheider, d. Aloísio, 106
luta armada: guerrilhas urbana e rural, 157; como terrorismo, 126
Luz Sobrinho, Haroldo Pinto da, 221
Luz, Robson Silveira da, 118
Lyra, Diogo, 205

Machado da Silva, Luiz Antonio, 174, 175
Maciel, Lysâneas, 243-6
Magalhães, Vera Sílvia Araújo, 33
Magé (RJ), 11
Malcolm X, 118
Malês, revolta dos (1835), 55
Maluf, Paulo, 132, 228-9
Mano Brown, 8
Marchezan, Nelson, 129
Marinho, Roberto, 210
Marques, Adalton, 181, 193, 198-9, 213, 226-7
Martins Filho, João Roberto, 52, 80
Martins, Vitor, 167
"marxismo cultural", 160
MDB *ver* Movimento Democrático Brasileiro
Medeiros, Iná de Souza, 101
Medeiros, Leonilde de, 15
Médici, Emílio Garrastazu, 45

Meireles, Iná, 101
Meirelles, Renata, 31-2
Melo, Ednardo d'Ávila, 89
Melo Franco, Afonso Arinos de *ver* Afonso Arinos (de Melo Franco)
Mendes, Bete, 154
Mendes, Narciso, 256
Merlino, Tatiana, 166
"milagre econômico" (anos 1970), crise do, 83
Ministério das Relações Exteriores, 46
Ministério do Exército: Assessoria Parlamentar do [Asspar], 236-8
misoginia, 206
Misse, Michel, 62, 174
Monteiro, Lyda, 134
Moraes, Maria Teresa, 167
Moreira Alves, Márcio, 32
Moreira Alves, Maria Helena, 51
Moreira, Eny Raimundo, 101
Moura, Jéssica, 59
Movimento Comunista Internacional (MCI), 49
Movimento de Libertação Popular (Molipo), 40
Movimento Democrático Brasileiro (MDB), 98, 125; vitória inesperada nas eleições de 1974, 81-2
Movimento Feminino pela Anistia (MFPA), 95-6, 99, 101-2, 107-8, 117, 141-2; "Manifesto da mulher brasileira em favor da anistia", 98; movimentos feministas e, 97
Movimento Feminino pela Anistia e Liberdades Democráticas, 242
Movimento Feminino por Direitos Humanos, 242
movimento feminista, 119
movimento gay, 119
movimento negro, 119
Movimento Negro Unificado (MNU), 20, 118, 176-80, 184, 227
Movimento Negro Unificado Contra a Discriminação Racial (MNU-CDR, depois MNU), 117-9; visão da anistia pelo, 120-4
movimentos sociais e a Constituinte de 1988, 234
Moyn, Samuel, 30, 44
Müller, Ana Maria, 101
Müller, Angélica, 100
Muller, Arthur Carlos da Rocha, 101
Muniz, Waldir, 172
Murici, Antônio Carlos, 66-8
Muylaert, Eduardo, 197-9

Nascimento, João, 204
Neves, Tancredo, 132-9, 232; eleito presidente, 137-8; sobre as Forças Armadas, 135; morte de, 139
Nova Brasília, Chacina de (1994), 11, 27, 257
Nova República, 17, 24-5, 138, 147-8
"novo sindicalismo", 118

OAB *ver* Ordem dos Advogados do Brasil

Oakim, Juliana, 17
Oliveira, Daniel Bispo de, 217
Oliveira, Dante de, "Diretas Já!" e, 130; *ver também* Dante de Oliveira, Emenda Constitucional; "Diretas Já!", campanha
Oliveira, Semayat, 166-7
Operação Bandeirante (Oban), 65
Operação Polo, 226
opositores da ditadura, como vítimas de violência ilegítima, 201
Ordem dos Advogados do Brasil (OAB), 42, 98, 168, 170, 196, 219; V Conferência Nacional da (1974), 79; atentado a bomba na, 134; moção em defesa da anistia, 79; oposição ao regime militar, 40
"ordem política e social", 62
"Organização Criminosa Serpentes Negras", 220-2
Organização das Nações Unidas (ONU), 30, 49-50, 95; Convenção Contra a Tortura e Outros Tratamentos ou Penas Cruéis, Desumanos ou Degradantes, 246; Declaração Universal dos Direitos Humanos, 30-1, 36; sobre a tortura, 246
Organização dos Estados Americanos (OEA), 47, 50
Orvil ver *Tentativas de tomada do poder, As* (*Orvil*, obra elaborada pelo Centro de Informações do Exército)

Pacem in Terris (encíclica,1963), 31
Pacheco e Silva, Antônio Carlos, 45-6, 48, 52-3
Pacote de Abril (Geisel, 1977), 90
Paiva, Rubens, 63, 254
Palácios, Sidney, 195
Pan, Chacina do (2007), 257
Panteras Negras (grupo ativista negro norte-americano), 118
Paranhos, Francisca Abigail, 101
Partido da Frente Liberal (PFL), 233
Partido da Social Democracia Brasileira (PSDB), 193
Partido Democrata Cristão (PDC), 192
Partido Democrático Social (PDS), 129
Partido Democrático Trabalhista (PDT), 193
Partido do Movimento Democrático Brasileiro (PMDB), 193, 233
Pasquim, O, 97
Passarinho, Jarbas, 130, 234, 238, 240, 242; discurso sobre a escalada de violência do regime militar, 85-8
Paulo VI, papa, 32, 38, 96
PDC *ver* Partido Democrata Cristão (PDC), 192
PDS *ver* Partido Democrático Social (PDS), 129
PDT *ver* Partido Democrático Trabalhista (PDT)
pena de morte, 24, 55, 203-6, 216, 218
Pereira, Anthony, 63-4, 66

Pereira, Antônio Expedito Carvalho, 33
Pereira, Caio Mário da Silva, 42
Perus, Vala de (cemitério clandestino, SP), 11
Pestana, Marco, 17
PFL *ver* Partido da Frente Liberal (PFL)
Pimentel, Manoel Pedro, 199
Pimentel, Marcelo, 161, 164
Pinheiro, Paulo Sérgio, 181, 183-5, 196
Pires, Thula, 16
Plano Cruzado, 233
PMDB *ver* Partido do Movimento Democrático Brasileiro (PMDB)
polícia política, surgimento na década de 1920, 60-1
Política de Humanização dos Presídios (governo Montoro, SP), 227; oposição à, 223-4; reação da imprensa à, 223
"Política Governamental de Comunicação Social no Campo Externo" (documento da ditadura militar), 46
Pontifícia Universidade Católica de São Paulo (PUC-SP), 109, 224; ato pela anistia (1977), 99
Pontos de Vista (publicação da ABDD), 161
Porto, Roberto, 203, 206-7
povos indígenas, mortes durante o período da ditadura, 14, 16
Pradal, Fernanda, 58-9
Prado, Josemir, 8

preconceito de classe, 206
presos políticos, 35, 91-4; carta de protesto das mães dos, 35; diferença de classe social entre presos comuns e, 92-4; greve de fome, 34-5, 125; opinião pública e, 29-30; *ver também* "Bagulhão"; "repressão militar-policial no Brasil, A" ("João")
Prestes, Luís Carlos, 141
Proclamação da República (1899), 57
PUC-SP *ver* Pontifícia Universidade Católica de São Paulo

Quadros, Jânio, 186
Quércia, Orestes, 229
Quinalha, Renan, 16

Racionais MC's, 17, 19
racismo, 12, 16, 118, 177, 181, 185, 206, 209
Ramos, Paulo César, 178
Reale Júnior, Miguel, 199
reforma agrária, 235
religiões afro-brasileiras, 59
Report on Allegations of Torture in Brazil [Relatório sobre alegações de tortura no Brasil] *ver também* Anistia Internacional, 33, 48, 50
"repressão militar-policial no Brasil, A" ("João", documento dos presos políticos da ditadura militar), 40-3

"Repressão, coisa do passado?" (texto do Grupo Tortura Nunca Mais), 148
"Resumo das resoluções do Congresso Nacional pela Anistia", 113
"revanchismo", 21, 105, 127-39, 147, 156, 187, 191, 244-5
Revolução de 1930, 60
Revolução Haitiana, 55
Revolução Russa (1917), 59
Richa, José, 250
"Rio contra o crime, O" (campanha e editorial d'*O Globo*), 209-10
Rio de Janeiro (RJ): boicote da polícia à política de direitos humanos, 205, 207; governo Leonel Brizola no, 192-3, 202-17; violência urbana no, 11, 172-6, 202-17
Riocentro, atentado a bomba no, 134
Rizzo, Eliézer, 239, 241
Rocha, Antônio Sérgio, 232
Rocha, Maria Alice, 167
Rocinha, favela da (Rio de Janeiro), 13
Rodrigues, Francisco Gilmar, 169-71
Romeu, Inês Etienne, 127-9
Rosa, Evaldo, 23
Rosário, José Barbosa do, 167-8
Rosemberg, André, 62
Rousseff, Dilma, e a Comissão Nacional da Verdade (2011), 23

Sader, Emir, 183
Salgueiro, Chacina do (2021), 27, 257
Salla, Fernando, 220, 222
Sanjurjo, Liliana, 116
Santos, Belisário dos, 123-4
Santos, Myrian Sepúlveda dos, 59
São Paulo (SP): política de direitos humanos no governo Montoro, 220-30
Sarney, José, 132, 154-5, 200, 232; candidato à vice-presidência, 133; como presidente, 139
Sarttori, Honorato, 202
Scuderie Le Cocq (grupo de extermínio), 161, 195, 214
Segunda Guerra Mundial, 61
Segurança Pública: no governo Brizola (Rio de Janeiro), 188; no governo Montoro (São Paulo), 196-9
Sento-Sé, João Trajano, 172, 174
Serbin, Kenneth, 38-9
"Serpentes Negras" (organização criminosa), 220-2
Serviço Nacional de Informações (SNI), 29, 46, 49-51, 72, 105, 180-1, 191; relatório sobre a atuação da Anistia Internacional, 48, 50-1, 66
Silva, Ângelo Pezzuti da, 145
Silva, Bruno Marques, 190
Silva, Ornalino Cândido da, 145
Silva, Ruth da, 206
Simas, Mário, 39
Sistema Nacional de Defesa do Consumidor (Procon), 195
sistema penitenciário: humaniza-

ção do, 198; questionado pelo MNUCDR, 122
Soares Filho, Paulo Pereira, 166, 170-1
Soares, Luiz Eduardo, 172, 174
Soares, Marli Pereira, 166-7, 171
Soares, Rafael, 17
Sobel, Henry, 89
Sobral Pinto, Heráclito, 115-6
Sousa e Silva, Jorge Boaventura de, 160
Sousa, Milton Tavares de, 71
Souza, Herbert de (Betinho), 141
Souza, Jorge de, 161, 203
Souza, Maria da Conceição de Figueiredo, 141
Souza, Mayara Paiva de, 244, 249
Spektor, Matias, 72
Superior Tribunal Militar (STM), 61, 126, 148
Suplicy, Eduardo, 183

Teló, Fabrício, 15
Temer, Michel, 23, 199, 226
tentativas de tomada do poder, As (Orvil, obra elaborada pelo Centro de Informações do Exército), 155-65
Terra, Paulo Cruz, 57
terrorismo, 248
Tição (jornal do Movimento Negro), 178
tortura: e a Constituição de 1988, 173; como "crime contra a humanidade", 234, 246, 248; discussão na Assembleia Nacional Constituinte (1987-8) sobre a, 239, 243, 245-8, 251, 253; equiparada ao terrorismo na Constituição de 1988, 255; morte e, 41; praticada pelas polícias, 12-3, 22, 26, 63, 118, 122, 166-7, 182, 184-5, 189, 194-7, 224-5, 230, 257; de presos políticos na ditadura militar, 15, 21, 30, 33, 40, 42, 45-6, 50, 63-4, 73, 82, 88-9, 103, 109, 113, 126-7, 145-54, 173, 191-2
"Torture in Brazil" (texto e dossiê do American Committee for Information on Brazil), 32
trabalhismo, 187, 193
tráfico de drogas, 174
Tribuna da Imprensa, 236
Tribunal de Segurança Nacional (TSN, 1936), 61
Tribunal Russell II (Itália, 1974), 73

Uchoa, Lúcio Flávio, 33
União Brasileira de Empresários (UB), 235
União Democrática Ruralista (UDR), 234-5
União dos Militares Não Anistiados (UMNA), 243
União Nacional de Defesa da Democracia (UNDD), 235-6
União Nacional dos Estudantes (UNE), 224; congresso clandestino (1968), 95

União Pró-Melhoramentos dos Moradores da Rocinha (UPMMR), 169-70
Unidade de Polícia Pacificadora (UPP), 13
Universidade Candido Mendes, 147
Ustra, Carlos Alberto Brilhante, 23, 154
Ustra, Renato Brilhante, 160
Utzig, Mateus, 245-7, 253

Vainer, Carlos, 33
Valente, Rubens, 16
van der Weid, Jean Marc, 33
Vanguarda Popular Revolucionária (VPR), 40, 127
Vannucchi, Aldo, 39
Vargas, Getúlio, 187
Vasconcelos, Francisco Thiago Rocha, 213
Vecchioli, Virginia, 114
Veja (revista), 104, 106, 110
Viana, Gilney, 15
Vieira Jr., Colombo, 101
Vigário Geral, Chacina de (1993), 11, 257
Vigevani, Tullo, 33
Vila Cruzeiro, Chacina da (2022), 257
Vilela, Teotônio, 125, 254
violência de Estado, 63, 65
violência policial, 166-72, 176-86; impunidade, 185; racismo, classismo, homofobia e, 258
violência política, 12, 14, 19, 24-5, 43, 69, 110, 153, 173, 176, 192, 201
violência privada: contra escravizados revoltados, 56
violência urbana, 12, 22, 172-99, 201-2, 210; causas socioeconômicas, 123, 210, 212-3, 216; combate pelo governo Montoro (São Paulo), 220-30; debate sociológico sobre a, 213; pesquisa no Rio de Janeiro sobre a, 210-2; no Rio de Janeiro, 11, 172-6, 202-17; em São Paulo, 196-9

Wright, Jaime, 89, 181

Zaluar, Alba, 211
Zelic, Marcelo, 16
Zerbini, Euryale de Jesus, 95
Zerbini, Therezinha de Godoy, 95-9, 102, 117

ESTA OBRA FOI COMPOSTA PELA SPRESS EM ABRIL TEXT
E IMPRESSA EM OFSETE PELA LIS GRÁFICA SOBRE PAPEL PÓLEN
NATURAL DA SUZANO S.A. PARA A EDITORA SCHWARCZ EM MARÇO DE 2024

A marca FSC® é a garantia de que a madeira utilizada na fabricação do papel deste livro provém de florestas que foram gerenciadas de maneira ambientalmente correta, socialmente justa e economicamente viável, além de outras fontes de origem controlada.